라틴아메리카의
종족성과 신사회운동

2013년도
대한민국학술원 선정
우수학술도서
이 도서는 교육부의 지원으로
대한민국학술원에서 선정한
"2013년도 우수학술도서"임.

이 저서는 2008년도 정부(교육과학기술부)의 재원으로 한국연구재단의 지원을 받아 연구되었음(NRF—2008—362—B00015).

라틴아메리카의
종족성과 신사회운동

주종택 지음

목 차

I.

서론

역사적으로 사회적 혼란과 고통이 가중되거나 사회 내부의 문제가 심각해져서 위기가 발생할 때에, 일부의 구성원들이 사회변화를 목표로 집단적으로 지속적인 조직적인 운동을 주도하는 경우가 주기적으로 발생했다. 이런 사회운동은 농업이 중심이었던 사회에서도 나타났지만, 산업사회가 등장하여 노동자와 자본가의 대립이 분명해지면서 더욱 심화되었다. 대체로 사회적 불평등이 극심해지면서 이런 사회운동이 활성화되지만, 객관적인 사회경제적 조건이 그다지 나쁘지 않아도, 사람들의 주관적인 욕구수준이 상승하면서 상대적 박탈감이 커져서 사회운동이 시작되기도 한다. 따라서 사회운동은 사회가 침체되거나 정체되었을 뿐 아니라 발전되고 있는 상태에서도 언제든지 발생할 수 있다. 사회운동은 참가자들이 자신들의 정치경제적 요구를 달성하기 위해 일으키는데, 경우에 따라서는 체제의 변혁을 시도하기도 한다. 사회운동의 일반적인 특징은 상이한 정치경제적 이해관계 때문에 일부 계급 혹은 집단의 불만이 커지고, 이것이 구체적인 갈등이나 대립으로 표현된다는 것이다.

20세기 중반에 이르면서 자유주의와 민주주의가 확산되고, 이에 발맞추어 그동안 제대로 들을 수 없었던 사람들의 목소리가 들리기 시작했다. 즉 단순한 정치경제적 이해관계에 기반을 둔 기존의 농민운동, 노동운동, 계급운동과는 다른 다양한 형태의 사회운동이 모습을 보였다. 사람들은 환경, 성, 종족성이나 인종, 지역의 특수성 등 새로운 가치관과 이념을 내세우면서 자신들의 권리를 사회에 요구했다. 새로운 형태의 사회운동에 참가하는 사람들은 자신들이 소유하거나 보존해 온 보편적 혹은 고유한 사회문화적 요소들을 전면에 등장시켰다. 이들은 자신들의 정체성과 이념, 세계관, 사회문화적 관습, 전통 등을 강조하면서 진정한 삶의 의미를 찾고 생활여건을 개선하려고 노력했다. 한편으로는 민주주의의 발전을 고려하여 직접 민주주의를 활성화시키고, 자신들의 입장이 정치적 영역에서 적극적으로 반영되도록 요구했다. 새로운 사회운동의 등장은 그동안 간과하거나 의도적으로 무시해 왔던 사회문화적 요소들을 새롭게 인식시키는 계기를 마련했다.

새로운 사회운동은 전 세계에 걸쳐서 광범위하게 나타났는데, 환경운동, 여성운동처럼 많은 지역에서 볼 수 있는 사회적 움직임도 있지만, 특정한 지역의 역사적 현실과 문화에 따라 독특한 사회운동이 출현하기도 한다. 라틴아메리카도 예외는 아니어서 다른 지역과 유사한 새로운 사회운동도 존재하지만, 이 지역만의 역사적·문화적 전통에 의거한 사회운동도 나타났다. 그중의 하나가 원주민들이 중심이 된 종족성을 배경으로 한 새로운 사회운동이다. 현재 라틴아메리카에서 원주민의 수가 과거에 비해 많지 않지만, 이들의 존재가 아직도 중요한 이유는 이들이 국가의 정통성을 확립시켜 줄 혈통과 문화를 아직까지 간직하고 있으며, 원주민과 백인의 혼혈인 메스티소(mestizo)가 사회에서 다수를 차지하면서 핵심적인 역할을 수행하기 때문이다. 이런 점에서 라틴아메리카의 원주민들은 사회적·정치적 영향력이 제한적인 다른 지역의 원주민이나 소수집단과는 뚜렷하게 대비된다.

　라틴아메리카의 원주민들은 식민시대 이후에 지배계급의 지속적인 정치적 억압과 경제적 착취에 시달렸지만 완전히 사라지지 않았고, 아직도 불리한 여건에서 제한적이기는 하지만 자신들의 고유한 문화와 전통을 이어 오고 있었다. 그러나 20세기 후반에 이르면서 라틴아메리카 국가들이 앞다투어 신자유주의 정책을 실시하면서, 빈익빈 부익부 현상이 두드러져서 원주민들의 생활은 날이 갈수록 척박해져 갔다. 더욱이 사회에서 경쟁이 일상화되면서, 조화로운 인간관계와 호혜성, 평등을 중시하던 원주민 사회는 신자유주의 정책의 실시와 함께 엄청난 타격을 입었다. 결국 20세기 말에 이르면서 원주민들은 생존이 위협받는 상황에 빠지게 되었다. 이런 실정에서 원주민들은 오랜 기간에 걸쳐 형성된 자신들의 문화를 수호하고 인간적인 삶을 영위하기 위해 종족성에 바탕을 둔 사회운동에 참여하기 시작했다. 라틴아메리카에서도 멕시코, 에콰도르, 볼리비아의 사회운동이 가장 활발하게 전개되었고 사람들로부터 많은 관심을 받았다. 따라서 이들 나라를 중심으로 원주민 운동의 의미를 살펴보는 것이 타당할 것이다. 원주민들의 사회운동은 그동안 낡고 쓸모없어 보이던 원주민 사회의 역사적 전통이 현대사회에서도 일정한 기능을 하고 유용하다는 것을 강조한다.

　세계화 시대에 국제교류가 활발해지고 정보의 이동이 빠르고 빈번해지면서 이제는 다른 지역의 사회운동도 우리에게 직접적으로 영향을 미친다. 이런 의미에서 라틴아메리카에서 발생하는 원주민들의 운동을 이해하고 관심을 가질 필요가 있다. 이 지역의 원주민 운동에 관여한 멕시코의 마르코스, 에콰도르의 코레아, 볼리비아의 모랄레스는 전 세계적으로 큰 주목을 받았거나 받고 있으며, 국제정치와 경제 분야에서 이들의 역할을 무시할 수 없다. 이들은 폭넓은 국제적 지지를 받기도 했으며, 다른 나라에도 다양한 부문에서 영향을 미쳤다. 그래서 라틴아메리카의 원주민 운동을 면밀하게 분석하고 정확한 지식을 갖는 것이 유익하다. 더욱이 국가 간의 관계가 밀접해지면서 정치경제적 거래를 위해서도 다른 지역의 사회변화의 실상을 제대로 파악하는 것이 필수적이다. 위의 사실을 감안하여 라틴아메리카의 종족성의 의미와 변화, 정부의 원주민 정책 그리고 라틴아메리카의 종족성과 신사회운동의 관계를 검토하고, 이어서 20세기 말부터 시작된 멕시코, 에콰도르, 볼리비아 원주민 운동의 원인과 배경, 과정, 영향 및 결과, 문제들을 체계적으로 살펴본다.

II.
라틴아메리카 종족성의
역사적 변화

1. 식민시대의 원주민 사회

라틴아메리카의 일상생활에서 종족성만큼 중요한 사회문화적 요소를 찾기 어렵다. 자신이 어떤 종족에 속하고, 또 어떤 종족정체성을 소유하느냐에 따라 사회에서 지위와 역할이 정해지는 경우가 흔하다. 식민시대 이전에도 라틴아메리카에서 원주민들 간의 갈등과 분쟁이 존재했지만, 종족에 따른 차별은 문제가 되지 않았다. 원주민 사회는 같은 집단에 속한 사람들과의 협력과 연대, 그리고 조화로운 관계를 중시했기 때문에, 집합적인 사회구조를 갖고 있었다. 구체적인 사례를 보면 스페인의 침략 이전까지 안데스(Andes)의 원주민 사회는 아이유라는[1] 친족에 기반을 둔 집단에 의해 유지되었다. 아이유에서는 종족정체성과 사회적 유대가 중요했고, 지도자들이 원주민 사회와 외부사회를 연결하는 중재자의 역할을 수행했다. 안데스의 원주민들은 토지나 동물을 공동으로 소유하고 관리하였다. 농사일이나 집을 짓는 일 그리고 수

---

1) 아이유(Ayllu): 안데스에서 케추아와 아이마라 원주민들의 전통적인 공동체의 형태이다. 잉카와 잉카 이전의 사회에서 존재하던 정치적·사회적 단위이다. 공동체 내에서는 기본적인 토지소유 단위가 아이유라는 공동의 친족집단이다. 기본적으로는 확대가족 집단이지만 친족이 아닌 구성원도 포함시킬 수 있어서, 자신들이 경작하는 토지의 안전을 보다 용이하게 확보할 수 있었다.

로를 만드는 등 많은 일손이 필요한 경우에는 마을 전체가 공동으로 참여했다. 공동작업은 성과 연령에 따른 분업을 통해 이루어졌다. 또한 각 아이유마다 독특한 수공예품을 제작하기도 했다(Patterson, 1993: 1). 그렇다고 해서 안데스 사회 전체가 평등한 구조를 유지하면서, 항상 평화로운 상태에 남아 있는 것은 아니었다. 아스테카(Azteca)나 마야(Maya)와 마찬가지로 이 지역에도 전쟁과 정치적 지배로 인해 많은 사람들이 고통을 받았다. 잉카(Inca) 제국은 많은 인근의 원주민 마을을 착취하고 강압적으로 통제했으며, 정복당한 원주민들을 다른 지역으로 강제 이주시켰기 때문에 많은 불만을 야기하였다. 잉카에서는 원주민들이 일정량의 농업생산물을 공물로 바치는 동시에 강제노역에도 참여해야 했다. 원주민들은 도로의 건설 및 보수, 군복무, 광산에서의 작업 등 다양한 일에 종사했다(Patterson, 1993: 2). 잉카는 여러 원주민들의 신화나 전통을 바꾸어서 자신들의 지배를 합리화시켰다. 이렇게 잉카사회에서 원주민들을 강압적으로 통치하면서 대다수의 사람들은 지배자들을 부정적으로 인식했지만, 신체적인 조건이 다르다고 해서 사회적·정치적 차별을 받는 일은 없었다. 이런 현상은 아스테카나 마야 사회에서도 동일하였다.

그러나 식민시대가 시작되면서 백인들이 들어오고, 백인과 원주민의 혼혈집단이 발생하면서 종족에 따른 사회정치적 차별이 등장했고 종족문제도 복잡해졌다. 식민시대에 초기에는 소수의 백인과 다수의 원주민 사이에 생물학적 혹은 문화적으로 분명한 차이가 있었다. 당시에는 '원주민공화국'(república de indios)과 '스페인인공화국'(república de españoles)이라는 명칭으로 원주민과 백인들을 뚜렷하게 구분하였다. 그러나 식민지배가 지속되면서 나중에는 정복자들이 효과적인 통치를 위하여 일부의 원주민들이 혼혈화 과정을 거쳐서 메스티소로 바뀌는 것을 허용하면서 문제가 발생했다. 백인들은 자신들에게 우호적인 메스티소를 중간집단으로 활용하면서 원주민에 대한 지배와 탄압을 강화했다. 이렇게 되어 보다 확실하게 지배층과 피지배층을 정치적·종족적으로 분리하려고 시도했다. 다시 말해 식민정부는 원주민 노동력을 착취하기 위해서 원주민과 백인들을 구분하는 동시에, 원주민들이 메스티소로 변화할 수 있는 길을 터놓아 원주민들을 유럽문화에 동화시키려는 노력을 동시에 실시하였다(Díaz Polanco, 1997: 45). 다시 말해, 부분적으로 식민정책에 동조하는 원주민들을 메스티소화함으로써 식민정부에 대한 지지세력을 넓히고, 지배와 착취의 대상을 줄여서 식민통치의 부담을 경감시킬 수 있었다. 이런 정책의 영향으로 메스티소로 바뀌지 않고 남아 있는 원주민들에게 열등한 지위를 차지하는 사람들이라는 부정적 편견을 남겨 놓았고 여러 가지 차별이 이루어졌다(Friedlander, 1975: 71; Knight, 1990: 100).

초기의 정복자들은 대규모로 백인과 원주민 사이의 종족결합이 일어나기 이전에는 두 집단 사이를 분명하게 구분하였다. 식민정책을 효과적으로 수행하기 위해서는 착취할 대상이 명확해야 했기에, 충분한 수의 원주민의 존재가 필요했고, 따라서 종족에 따른 차별정책을 정당화했다(Marino Flores, 1967: 13). 처음에는 신체적 외형과 함께 혈통도 종족을 구분하는 기준이 되었다. 점차로 스페인에서 온 정복자들은 원주민 여자들과 자유롭게 성적 접촉을 하게 되었으며, 피가 섞인 집단의 사람들이 날이 갈수록 많아졌다. 위험한 지역으로 인식되었던 식민지 라틴아메리카에는 스페인 여자들이 별로 많지 않았기 때문에, 백인과 원주민 사이에 종족 간의 결합이 불가피하였을 뿐만 아니라 경우에 따라서는 오히려 장려되었다. 더욱이 스페인인의 수도 전체 라틴아메리카 대륙을 지배하기에는 턱없이 부족해서, 효과적인 통치를 위해서는 식민지배자와 원주민들을 연결해 줄 수 있는 메스티소의 출현이 바람직했다. 그래서 라틴아메리카의 종족문제가 더 복잡해지고 새롭게 대두되는 계기가 되었다. 여기다가 대서양 연안지방에는 카리브 지역과 브라질의 사탕수수 및 커피농장으로 아프리카의 흑인노동자들이 옮겨 오면서 종족구조가 한층 복잡하게 되었고, 원주민과 백인만을 기준으로 한 기존의 종족 구분체계가 쓸모없게 되었다. 게다가 식민시대 후반으로 갈수록 외형적으로 메스티소와 원주민의 구분이 모호한 경우가 많아서, 원주민들도 이제는 자신들의 고유한 생물학적 특징을 잃지 않고도 스페인 문화를 따름으로써 지배적인 식민사회에 자연스럽게 참여할 수도 있게 되었다. 이런 점을 활용하여, 여러 지역에서 원주민들이 자신들이 살고 있던 마을을 떠나서 메스티소들이 요구하는 사회문화적 규범을 지키게 되면서, 원주민으로서의 정체성을 상실하고 메스티소 혹은 라디노(ladino)로 통용되는 일이 흔해졌다(Wagley, 1968: 167). 이에 따라서 상당수의 원주민들이 정치적·경제적 착취를 피하기 위해서 자발적으로 자신들의 정체성을 포기하는 일이 흔해졌다. 강제적인 동화정책 이외에도, 원주민 여성들은 자신들과 유럽인들 사이에 난 자식들이 원주민으로 간주되지 않고, 유럽인들이 원주민에게 부과했던 강제노동, 공물, 다양한 금지사항에 해당되지 않는다는 사실을 알게 되었다(Stein and Stein, 1970: 62). 이렇게 해서 원주민과 백인의 혼혈이 크게 증가하고, 식민시대 후반에는 외형적 요소와 더불어 문화적 요소도 원주민과 스페인인을 구분하는 변수가 되었다.

16세기 이후에 라틴아메리카의 원주민 식민화 정책은 억압과 강요에 의해 이루어졌는데, 이런 물리적인 힘의 사용이 오늘날 종족 간의 갈등에도 이어지고 있다. 소수의 백인들이 다수의 원주민들에 대한 식민통치를 쉽게 하기 위한 정책의 하나로써 채택된 문화적·생물학적인 '이종족 간의 결합'(miscegenation)은 원주민의 메스티소화(mestizaje 혹은 mestizoization)에 기여하게 되었고, 궁극적으로 라틴아메리카의 인구 구성을 다양하게 만드는 계기가 되었다. 시간이 흐를수록 라틴아메리카에서 종족성이 개인의 정치경제적 기회를 결정하는 중요한 변수가 되었다. 그렇지만 개인의 노력으로 종족성 때문에 발생한 모든 문제를 해결하기는 불가능했다. 또한 혼혈인 메스티소의 수가 많아지면서 원주민에 대한 차별은 더욱 강화되었다. 그러나 문제도 발생했는데, 메스티소가 많아지면서 이들의 피부색이 워낙 다양하여, 때로는 원주민과 메스티소를 단순히 피부색만 갖고 구분하는 일이 날이 갈수록 어렵게 되었다. 챈스(Chance, 1978: 118-119)는 17세기에 들어서면서 원주민들의 정체성에 위기가 찾아왔다고 했다. 즉 원주민들의 정체성을 결정하는 요소들이 피부색 같은 생김새에서 옷, 언어, 혈통, 문화 등으로 다양해지고, 스페인인들과의 관계가 중요한 변수로 등장하게 되었다는 것이다. 도시에 기반을 둔 스페인인들과의 접촉은 서로 다른 종족 간의 결합을 가져오게 되었고, 이것으로 인해 원주민만의 고유한 언어와 관습이 점차 사라지게 되었다. 이런 동화정책 아래서 원주민들이 취할 수 있는 행동은 스페인의 식민정책을 피해서 고립된 산간지역으로 피신하거나, 메스티소 사회에 흡수되거나, 아니면 식민체제에 무력을 이용해 저항할 수밖에 없었다(Stavenhagen, 1975: 208). 그렇지만 모든 원주민들이 스스로 의사결정을 할 수 있는 것은 아니었고, 대부분이 강압적인 식민정책에 수동적으로 따를 수밖에 없었다.

라틴아메리카에서 소수의 백인 정복자들이 다수의 원주민들을 지배하고 변화시키는 것은 대단히 어려운 과제였다. 식민시대에 원주민들을 메스티소로 종족적·문화적으로 변화시키는 데에 앞장선 것은 유럽에서 온 선교사들이었다. 선교사들은 원주민들에게 유럽의 문화를 주입시켜 변화시키려고 노력했다. 이런 맥락에서 전통적인 원주민 문화의 파괴는 원주민들에게 천주교의 복음을 전파하는 식민정책의 중요한 단계 중의 하나였다. 이것은 정책적으로 식민시대 초기의 원주민과 백인의 격리정책에서 동화정책으로의 전환을 의미한다. 라틴아메리카에 파견된 선교사들은 힘든 지역에서 활동을 할 수 있도록 이미 훈련이 잘 되어 있었다. 그들 중 상당수는 저항적인 이교도인 회교도들이 많이 살고 있던 이베리아 반도 남부지역에서 활동을 했기 때문에 육체적·정신적으로 강인하였다. 식민지에서 이들 선교사들의 역할은 식민지관료나 정치지도자들보다 훨씬 컸다. 정복자의 수가 충분하지 않은 상태에서, 교회가 자주 집회를 가질 수 있는 유일한 장소였기 때문에, 종교적 메시지는 원주민들의 일상생활을 직접 지배하는 데 매우 효과적인 의사전달의 수단이 되었다. 결국 원주민들의 천주교로의 개종은 원주민 사회의 전통적 사회구조를 해체시키는 데 큰 공헌을 했다. 이런 과정에서 식민지지배자들은 점차로 격리정책을 포기하고, 모든 원주민들을 자신들의 정치경제적 요구에 맞게 통합하기를 원했다. 이것은 필연적으로 원주민들의 위계질서를 무너뜨리고, 마을 내의 의무적 행위나 공동생활을 해체시키는 데 기여하게 되었다(Israel, 1975: 45).

선교사들은 원주민들이 믿는 토착신이 천주교의 하느님보다 열등하기 때문에, 원주민들을 스페인과 포르투갈의 침략으로부터 막지 못했다고 주장하면서 원주민들에게 천주교로 개종할 것을 요구했다. 그러나 원주민들을 용이하게 개종시키기 위해서는 원주민들의 다신교 사상 등 넘어야 할 벽이 많았다. 그래서 기독교의 신앙과 원주민의 신앙이 다르지 않다는 점을 내세웠다. 예를 들면, 선교사들은 원주민들이 숭배하던 옥수수의 신, 비의 신 등 여러 신들이 천주교의 성인과 동일하다고 주장하면서, 원주민들이 믿던 여러 신 위에 절대자인 하느님이 존재한다고 강조하였다. 또 원주민들이 인신공양을 하여 자신들이 숭배하던 신에게 바치는 것은, 예수가 인간의 죄를 대신하여 목숨을 바친 것과 동일하다고 주장했다. 이렇게 해서 종교적인 융합을 시도했다. 그밖에 선교사들은 원주민들이 천주교로 쉽게 개종할 수 있도록 세례절차를 간소화하여, 단기간에 많은 사람들에게 세례를 주었다. 결과적으로 원주민들이 토속신앙을 버리고 천주교로 개종한 것은 원주민들의 정체성을 약화시키거나 소멸시키는 데 결정적인 역할을 했다. 특히 동화정책의 일환으로, 원주민들의 종교와 관습을 근절시키는 것이 스페인인들의 최대목표였다. 이런 유형의 원주민 사회의 문화적·정신적 변형도 식민지배의 필수적인 과정의 하나였다.

실제로 언어나 문화가 상이한 원주민들과 선교사들 사이에 의사소통이 잘 이루어졌을 것이라고 보기는 어렵다. 그래서 일부의 선교사들은 가끔 원주민의 개종이 충실하지 않다고 불평을 하기도 했지만, 원주민들이 교회로 몰려와서 부역과 재화를 마련해 줌으로써 교회활동에 큰 도움이 되었다고 생각했다(Spores, 1984: 144-145). 원주민들도 천주교를 선택하면서 유럽의 문화를 수용함으로써 백인들의 의심을 덜 받아서 정치적 억압도 적게 받을 수 있었다. 간추려 말하면, 원주민과 스페인인들 모두 나뉘어 있기보다는 서로 협력을 함으로써 얻는 이득이 많다는 것을 인식했기 때문에 상호 간에 갈등관계를 계속 유지하는 데는 반대했다(Spores, 1993: 101). 즉 원주민들이 모두 사라지면 스페인인들에 의한 원주민들의 경제적 착취와 정치적 지배가 불가능해지고, 원주민의 입장에서도 천주교를 통해 자신들이 정치적으로 보호를 받을 수 있으며, 스페인인들이 마련해 준 광범위한 경제적 상권을 이용해서 생계를 해결하기가 용이했다. 이런 점을 고려해 보면, 식민사회에서 새로운 문화를 건설하려는 정복자들의 의도가 항상 원주민 문화의 전면적 부정을 의미하는 것은 아니었다. 필요에 따라 스페인인들은 원주민 문화를 부분적으로 수용하였다. 일부 정복자들은 원주민들에 대한 지배를 용이하게 하기 위해 귀족 출신의 원주민들에게 일정한 권리를 부여하여 식민통치에 참여시킴으로써 직접 통치의 부담을 줄였다(Tejera Gaona, 1993: 197). 스페인의 문화가 더 우수하다는 가정 아래에서 원주민 문화의 일부를 유럽의 문화와 접합시킨 문화적 융합(cultural syncretism)은 종교적 융합과 더불어 원주민들을 효과적으로 통제하는 유효한 수단으로 적극적으로 장려되었다(Liss, 1975: 142). 이런 계획은 소수의 원주민들의 저항을 불러일으켰지만(Barabas, 1986: 223), 대체로 큰 문제없이 성공적이었다.

선교사들의 초기의 꾸준한 노력에도 불구하고 일부 원주민들은 식민사회에 동화되기를 거부하고, 그들 자신의 독특한 문화를 보존하기를 원했다. 이들은 접근이 대단히 어려운 고립된 추운 산간지역 등으로 피신하여 자신들만의 독립된 사회를 이루었다. 실제로 소수의 스페인의 식민지배자들이 지리적으로 고립된 원주민 마을을 모두 다 통제하기란 불가능하였다. 이런 원주민 마을에서는 스페인의 영향을 완전히 무시할 수는 없지만, 마을이 새롭게 조성되고, 전통적인 문화 이외에 새로운 요소들이 첨가되면서 그들 자신의 언어와 종족정체성을 유지할 수 있었다. 이런 지역에서는 외부의 요구사항을 어느 정도 충족시키면서 원주민 사회의 지역적 자율성을 지켜 나갔다(Lockhart, 1976: 118). 결국 소수의 원주민들은 경제적 조건이 열악함에도 불구하고, 스페인인들을 위해서 일하기보다는 그들 스스로 제한된 범위에서 자급자족적인 경제체제를 갖는 데 만족했다. 흔히 식민지배의 중심지에서 먼 원주민 마을일수록 이런 특징을 갖는 원주민 사회가 많았다. 이런 과정을 통해 배타적인 문화적 고립이 식민시대가 종료된 이후에도 원주민 사회의 특징을 나타내는 중요한 요소가 되었다. 이렇게 해서 소수의 원주민들이 식민정부의 동화정책에도 불구하고 살아남게 되었다.

이렇게 살아남은 원주민 사회로서 스페인의 식민통치를 거부하며 추운 고지대에 자리 잡은 '폐쇄적 원주민-농민공동체'(the closed peasant corporate communities)에서는 원주민들이 나름대로 전통적 의례행위나 축제, 고유한 언어를 지켜 나감으로써 종족의식을 강화시킬 수 있었다(Wolf and Hansen, 1972). 그렇지만 원주민들이 거주하던 대부분 지역의 토양이 비옥하지 못하고, 기후조건도 좋지 못해서 농업생산성이 상당히 낮았기 때문에, 사회경제적 수준을 향상시키지는 못했다. 더욱이 지리적 여건으로 인해 새로운 기술과 물자를 받아들이기가 어려워서 사회발전을 이루기가 불가능했다. 이렇게 원주민 마을들이 정치적·사회경제적·지리적으로 격리되어 있다는 사실이 식민사회 이래로 종족에 근거한 차별의 구실이 되었다. 아직도 원주민들이 발전시켰던 사회와 문화에 대한 편견은 상당해서 이들의 의술을 마술로, 종교를 미신으로, 역사를 신화로, 예술을 민속으로, 언어를 방언으로 여기는 경우가 보편적이다. 그럼에도 불구하고 이런 원주민 공동체들이 식민시대를 힘겹게 버텨서 지금까지 원주민 문화가 지속될 수 있었다.

한편으로 식민지배자들이 모든 원주민들을 메스티소화하려고 적극적으로 노력하지 않은 것은 정치적·경제적 이유도 있었다. 그들은 정치적·경제적 착취를 위해서 일정한 수의 원주민들이 남아 있는 것이 바람직하다고 판단했을 것이다. 예를 들어서, 특정한 작업을 위해서 강제로 원주민들의 노동력을 이용할 수 있는 레파르티미엔토(repartimiento) 혹은 미타(mita) 제도가 있었는데, 이런 제도를 지속시키기 위해서도 원주민들을 모두 없앨 수는 없었다. 특히 라틴아메리카의 자연자원을 채굴하여 유럽으로 가져가기 위해 광산에서 은을 채굴하는 데 노동력이 필요하게 되자, 모든 원주민 마을에서 해마다 성인남자의 1/7을 강제로 동원하여 노동자로 사용했다는(Wolf, 1982: 136) 예를 감안하면, 처음부터 원주민들의 메스티소화는 일정한 한계가 있을 수밖에 없었다. 한편 원주민 사회에서도 원주민 모두가 동일한 정치경제적 상황에 놓인 것은 아니었다. 보다 구체적으로 보면, 식민시대가 끝나갈 무렵이 되면 모든 원주민들이 다 같이 궁핍한 상태에 있었던 것은 아니었다. 일부의 원주민들은 강압적인 식민지배가 조금씩 누그러진 틈을 타서 외부사회와의 접촉을 점진적으로 넓혀서 교육을 받고 시장에도 참여하면서 농작물이나 수공예품을 판매하여 이익을 얻어 중산층으로 올라가기도 하였다(De la Peña, 2005: 720). 그래서 식민시대 말기에는 원주민 사회 내부적으로 그리고 원주민 사회 상호간에 경제적으로 분명한 차이가 존재했다.

그렇지만 원주민 사회의 내적 차이가 원주민과 비원주민의 차이만큼 심각한 것은 아니다. 식민시대에는 종족과 계급이 밀접한 관계를 유지했다. 백인은 '이성적 사람'(gente de razón)이라 불리며 높은 사회적 지위를 차지했고, 그에 비해 원주민은 '비천한 사람'(gente humilde)이라 해서 낮은 사회적 지위를 점유했다. 식민시대에는 '혈통의 순수성'(limpieza de sangre)의 원칙 아래 종족이 구분되었다. 이런 과정에서 피부색에 따른 법적·사회적 차별이 확고해지면서 원주민들이 가장 낮은 지위를 갖게 되었다. 백인, 메스티소, 물라토, 흑인노예, 원주민의 순서로 지위가 결정되었다. 식민시대에 백인들과는 달리 유색인들은 정치적 지위나 교육의 기회가 제한되었다. 특히 식민정부는 유색인 남자와 백인여성의 결혼을 엄격하게 금했다. 그밖에도 원주민과 메스티소, 백인 사이에는 옷, 예절, 언어에서 뚜렷한 차이가 존재했다. 열악한 생활환경에도 불구하고 원주민공동체의 구성원들은 1808년에서 1825년 사이에 발생한 라틴아메리카 독립운동에 거의 참가하지 않았다. 독립운동의 지도자들은 거의 백인 엘리트에 속했고, 원주민 문제에 크게 개의치 않았다. 라틴아메리카의 독립운동은 라틴아메리카에서 출생한 백인들인 크리오요스(criollos)들이 이베리아 반도 출신의 백인인 페닌술라레스(peninsulares)에 의해 차별을 받는 것에 대해 불만을 제기하면서 시작되었다. 따라서 처음부터 원주민들이 독립운동에서 자리를 잡기는 쉽지 않았다. 비록 원주민 마을에 사는 많은 원주민들이 독립투쟁에 참여하지 않았지만, 멕시코 등지에서는 원주민 마을을 떠나 스페인 사람들과 함께 거주하던 소수의 원주민들이 식민지배에 저항했다. 식민정부에 대한 저항은 미겔 이달고(Miguel Hidalgo) 신부를 중심으로 멕시코 시 북부의 농업과 광업지역에서 시작했다. 수많은 하층의 스페인 사람들과 메스티소, 그리고 원주민들이 이 운동에 참여했다. 독립운동에 참여한 원주민들은 비록 오래전에 원주민공동체를 떠났지만, 계속해서 정부에 공물을 바치고 불합리한 사회적·정치적 질서에 의해 차별을 받았기 때문에 식민정부에 저항했다.

요약해 보면, 역사적인 관점에서 라틴아메리카의 종족문제는 국가의 형성과 밀접하게 관련되어 있다(Adams, 1967). 이런 과정은 원주민들의 메스티소화라는 정책으로 나타났다(Aguirre Beltrán, 1976; Anderson, 1983; 1988). 식민시대에는 효과적인 통치를 위해서 불만을 가진 집단이 확산되는 것을 막으려는 목적으로 피지배층을 정치적·종족적으로 통제하는 것이 유리한데, 라틴아메리카에서는 이것이 메스티소화로 나타났다. 즉 일부의 원주민을 메스티소로 만드는 작업이었다. 17세기에 들어서서 메스티소들이 증가해서 하나의 완전한 집단으로 성장하면서, 메스티소와 원주민의 대립적인 구조가 생성되었다. 18세기 후반에는 메스티소의 수가 폭발적으로 늘어나면서, 이들은 종래의 중간자적 입장에서 벗어나서 원주민 세계를 지배하는 위치에 올라서게 되었다(Lockhart, 1984: 298). 이런 이유로 인해 원주민들은 백인은 물론 메스티소들로부터도 경제적 착취, 인종차별, 정치적 억압 등에 시달리게 되었다. 즉 메스티소의 등장으로 기존의 전통적인 사회적·정치적 질서가 불안해졌다고 보겠다. 유럽인들이 들어오기 전에는 원주민들은 스스로 자신들을 집단적으로 규정하는 정체성을 지닐 필요가 없었다. 그러나 백인들에 의해 메스티소가 등장하면서 원주민들은 백인들이나 메스티소의 입장에서 새롭게 정의되기 시작했다. 다양한 문화를 지닌 원주민들을 하나로 묶어서 동질적인 집단으로 인식하면서, 원주민들을 메스티소와 차별화시킨 것이다 (Hewitt de Alcántara, 1984: 47; Wade, 1997: 41). 메스티소화가 바람직한 현상으로 인식되면서, 메스티소가 중요한 사회적 역할을 수행하는 사람으로 인식되었고, 원주민은 주변적인 존재로 전락하게 되었다. 이런 문제는 오늘날에도 그대로 지속되고 있다. 즉 메스티소들은 원주민에 대한 여러 가지 편견을 내세우면서 원주민들을 야만적이고 무지하다고 보는 것이다(Parra Mora y Herández Díaz, 1994: 161). 메스티소들은 백인들의 도움을 받아 원주민들을 자기들과는 다른 존재로 인식하면서 원주민들에게 열등한 지위를 부여했고, 자신들의 착취가 정당하다는 것을 강조했다.

원주민들이 차별을 받고 사회경제적으로도 낮은 위치를 점유하면서도 그들의 존재가 중요한 것은, 그들이 순수한 원주민의 혈통을 지니고 있으며 고유한 문화를 발전시킨 사람들이어서 메스티소에 비해 도덕적·정신적으로 우월한 위치를 점유한다는 것이다. 그것은 현재의 지배적인 메스티소들이 스페인의 정복자와 겁탈당한 원주민 여성들 사이에 난 후손들이기 때문이다(Paz, 1985: 65-88). 보다 구체적으로 스페인에서 온 정복자인 에르난 코르테스(Hernán Cortés)의 정부이자 통역사의 역할을 한 원주민 여성이었던 말린체(La Malinche)는 멕시코인들에게는 매춘부이자 국가를 배반한 반역자로 비추어진다. 말린체는 메스티소 종족의 어머니(Mexican Eve)이고 멕시코 정체성의 창시자이지만, 그녀에 대한 부정적인 상은 멕시코 사회에 항상 잠재적으로 내재해 있다. 그녀의 역할과 기능에 관한 실제적 평가는 역사의 시기에 따라 달라진다. 원주민과 메스티소적 요소 중에서 어느 쪽에 비중을 두느냐에 따라서 평가가 달라진다는 것이다. 이런 면에서 궁극적으로 원주민들은 멕시코 사회 내에서 그들의 권리를 주장하는 데 있어서 정당성과 합법성이 주어진다고 생각한다. 이밖에도 원주민들이 콜럼버스 정복 이전의(pre-Columbian) 문화유산을 지켜 오면서 멕시코문화의 정통성을 마련했다는 것도 그들을 완전히 무시하지 못하는 원인이다. 이런 인식은 멕시코 이외의 다른 라틴아메리카 국가에서도 거의 동일하게 나타난다.

2. 라틴아메리카의 종족성과 원주민 정책

원주민(indígena)과 메스티소, 백인들의 종족관계는 정치·경제적 갈등과 연관되어 있어서, 전반적인 사회문화현상을 이해하는 데 있어서 중요한 역할을 한다. 여기서 종족성(ethnicity)은 "일정한 사람들이 상호 접촉을 하면서 다른 집단과는 구별되는 문화를 소유하면서 갖는 사회관계의 한 측면(Eriksen, 1993a: 12)"이라고 본다. 이렇게 종족성을 포괄적인 개념으로 사용하는 이유는 특정한 집단의 종족성이 역사적·사회경제적 상황에 따라 변화할 수 있기 때문이다. 더욱이 메스티소는 백인과 원주민 사이의 혼혈집단으로서 백인에 가까운 사람부터 원주민과 흡사한 사람까지 다양한 피부색을 갖고 있어서, 종종 다른 집단과의 차별성이 모호한 경우가 많다는 점에서 이런 정의가 타당하다고 본다(주종택, 1997: 60-71).

식민시대에는 백인들이 직접 통치권력을 행사하였기 때문에 메스티소들의 역할은 상대적으로 미약했다고 보겠다. 그러나 독립 이후 라틴아메리카가 종족적 다원성을 인정하고, 메스티소의 수가 점차 많아지면서 그들의 세력은 커질 수밖에 없었다. 특히 원주민들의 동화와 함께 보다 강력하고 동질적인 국가적 메스티소 문화의 수립이 중요한 정책과제가 되면서 메스티소의 역할이 주목을 받았다. 스페인에서 온 침략자들에 의해 시작된 원주민의 메스티소화는 20세기에 들어와서 동질적 문화를 확립시키며 국가의 본질을 마련하는 것으로 정당화되었다(Hernández Díaz, 1993: 32-34; Knight, 1990: 85). 그렇지만 일련의 국가적 정책이 목표하는 것과는 달리 실제로는 원주민 종족의식과 메스티소 종족의식이 뚜렷하게 구분된다고 말하기 어렵다. 개인의 입장으로 볼 때는 원주민이나 메스티소 둘 중에 반드시 하나를 선택해야 하는 것이 아니라, 두 가지 성격 모두를 가지고 있을 수도 있다. 다시 말해 이런 의식들이 상호 배타적이거나 부정적인 것만은 아니다. 그렇기 때문에 실제로 그들의 일상생활에서 정체의식이 어떻게 나타나며 이해되는가를 살펴볼 것이 요구된다. 더욱이 메스티소화는 원주민들을 메스티소로 만드는 과정에서 다양한 사람들을 하나로 묶어서 동질적인 집단을 만들려는 노력으로 보이지만, 실제로는 서로 다른 성격의 집단들을 차별화하는 것이다. 즉 국가정체성을 표현하는 데 있어서 메스티소화는 동질화뿐 아니라 흑인성과 원주민성을 뚜렷하게 규정함으로써 차별화의 과정을 포함하고 있다. 즉 상징적이고 구조적인 차원에서 배제와 포함이라는 과정을 모두 가지고 있다(Wade, 2005: 240). 그래서 라틴아메리카의 종족성의 문제와 원주민 정책은 다양한 요소를 포함하는 복합적인 성격 때문에 쉽게 이해될 수 없다.

식민지배가 끝나고 독립 이후에 라틴아메리카 국가들은 국가정체성을 확립하기 위한 노력을 기울인다. 이런 노력은 국민들 사이의 동질성을 확보하기 위한 형태로 나타나게 되었다. 특히 독립 이후 보수주의자들과의 경쟁에서 승리한 자유주의자들은 억압과 복종으로 얼룩진 식민시대의 과거를 청산하고 유럽의 문화를 수용하여 새로운 국가적 기반을 마련하려고 했다. 이런 상황에서 원주민의 존재에 대해 부정적 견해를 가지고 있던 정치지도자들은 원주민들을 근대화의 과정에 끌어들이는 것이 필수적이라고 생각했다(Mattiace, 2003: 57). 이들은 국가를 종족적으로 개선시키려는 의도에서 유럽에서 이민자들을 받아들여서 국민들의 피부색을 '희게 만들고'(blanqueamiento), 원주민들을 동화와 교육을 통해 변화시키려고 하였다. 이렇게 원주민의 적극적 개선과 변화를 유도하는 원주민 정책이 지속되었다. 행정적으로도 메스티소들이 많이 거주하는 마을이 인근의 원주민 마을을 관할하게 하여, 원주민 사회를 효과적으로 통제하려고 하였다(Dietz, 2004: 34). 이런 까닭으로 실질적으로 독립 후에도 식민시대의 종족구분이 지속되었다. 상류계층은 '사회적 다윈주의'(social Darwinism)의 바탕에서 서구의 실증주의와 소위 과학적 인종주의를 개발해서 가장 우월한 백인들이 유럽의 문명을 이어받았다고 생각했다. 그들에게 발전은 모든 인구를 종족적·문화적으로 백인화하는 것이었다. 결국 원주민의 메스티소화정책은 '피가 섞이는 것'(café con leche)으로 나타났다.

자유주의자들에 의해 설립된 독립 이후의 라틴아메리카 국가들은 원주민들에 대한 보호와 더불어 그들에게 식민시대에 부과되었던 의무를 없애는 대신에, 원주민을 완전하고 평등한 시민으로 만들어야 된다는 판단을 했다. 한편 원주민 사회에서 공동으로 소유되던 토지도 분배되어 개인이 소유하거나 팔 수 있도록 해야 된다고 믿었다. 그러나 초기의 정부는 힘이 미약하고 정치적으로 불안했기 때문에 이런 목표를 효율적으로 수행할 수 없었다. 이들 국가들은 세수의 확보에 급급한 나머지 몇십 년 동안 원주민들로부터 공물을 걷었고, 중미와 안데스 지역에서는 원주민에 대한 강제노역도 지속되었다. 이런 상태에서 독립 직후에는 식민시대처럼 원주민들의 반란이 발생했다. 과거와 다른 점은 원주민들이 단순히 자신들을 보호하기 위해 저항하는 것이 아니라, 국가와 사회에 대해 보다 공격적인 자세를 가졌다는 것이다. 예를 들면, 정치적으로 분리된 엘리트, 국가경제의 악화, 비효율적인 정부에 대응해서 많은 원주민 공동체들이 마을 인근의 대규모 농장인 아시엔다(hacienda)를 점유했다. 멕시코에서는 1840년대에 여러 지역에 걸쳐서 반란이 일어나 원주민들이 자신들의 영토에서 비원주민들을 몰아내려고 했었다.

종족성의 문제가 큰 사회문제로 대두되면서, 국가정체성을 확립하려면 종족정체성을 제대로 이해할 필요가 있다는 점에서 라틴아메리카에서 종족성에 대한 관심은 독립 이후부터 지속적으로 국가적 정책으로 수행되었다(Doremus, 2001; Purnell, 2002; Tressiera, 1994: 187-189; Wade, 2001). 이런 원주민 정책은 초기의 동화(assimilation), 통합(integration) 정책을 지나면서 조금씩 바뀌기 시작했다. 20세기에 들어서서 정부가 원주민들에게 여러 가지 혜택을 부여함으로써 원주민을 보호하려는 온정주의적 정책인 인디헤니스모(Indigenismo)가 등장하였고, 이에 맞서서 원주민들 스스로 자신들이 중심이 되어 조직적인 활동을 통해 자치와 독립을 요구하는 원주민의 주체적인 사상인 인디아니스모(Indianismo)를 발전시켰다. 이런 갈등으로 원주민들은 국가의 정책에 반대하거나 이의를 제기하여 종종 골칫거리로 등장하기도 했다. 정부의 관리들은 한편으로는 원주민들을 달래기 위해 문화정책을 실행하여 통일된 국가정체성을 마련하는 데에 관심을 쏟았다(De la Peña, 2005: 719). 결국 라틴아메리카에서 원주민의 불만을 부분적으로 해소하려는 목적으로 시행된 각종 사회문화 정책은 인디헤니스모와 밀접하게 관련된다. 인디헤니스모의 입장에서는 원주민의 의사를 무시하며 원주민을 강압적 혹은 일방적으로 착취하는 것을 거부하는 대신에, 사회 내에서 문화적 동질성을 추구하며, 사회통합과 문화접변을 통해서 원주민을 포함하는 시민권을 확대하려 노력한다. 이런 과정에서 일부의 원주민 조직들은 인디헤니스모의 정책이 과거의 동화 혹은 통합 정책과 별 차이가 없다고 주장하면서 본격적인 다문화(multicultural) 정책을 실시할 것을 요구한다(De la Peña, 2005: 718). 1970년대 이후에 인디헤니스모는 원주민 집단뿐 아니라 다양한 집단으로부터 비판을 받게 되었다. 특히 좌파 정치 세력들은 인디헤니스모의 정책이 서로 다른 집단 사이의 분열과 혼란을 초래할 뿐 아니라, 제국주의적 기구의 손에 놀아나는 것이라고 비난했다(De la Peña, 2005: 731).

그럼에도 불구하고 원주민 사회의 고유한 문화에 어느 정도 관심을 기울이는 이론적 접근방법인 인디헤니스모의 등장은 원주민 사회의 유대관계를 증진시키는 데 결정적인 역할을 했다. 인디헤니스모가 사회의 여러 분야에 광범위한 영향을 미쳤던 멕시코의 사례를 보면, 이 사상은 원주민 사회와 멕시코의 여타 부문이 서로 불평등한 관계를 맺고 있다는 가정 아래서 출발하고 있다. 1950년대에 시작된 이 사상은 유럽의 인류학자들이 원주민들의 생활상태를 식민지적 상황의 연속이라고 보면서 시작되었다. 그 후 종속이론가들의 개념인 '내적식민주의'(internal colonialism)라는 용어를 사용하면서 원주민들의 문제를 표면화시켰다. 여기서 한 가지 흥미로운 것은, 인디헤니스모를 주장하는 인디헤니스타(Indigenista)들이 내세우는 대부분의 원주민 특유의 문화적 특징들이 사실은 식민시대 이전부터 존재했던 것이 아니라, 식민시대에 유럽인들이 개입하여 생겨난 것이다. 예를 들면, 프리들랜더(Friedlander, 1975: 100)는 원주민 마을의 정교하고 복잡한 행진, 천주교의 성인을 기리는 축제인 마요르도미아(mayordomía) 제도, 축제 때 쓰는 원주민들의 음식, 여러 가지 놀이형태와 음악 등이 모두 식민시대에 그 기원을 두고 있다고 주장했다. 그렇지만 인디헤니스타들은 의례행위나 기타 관습의 기원에는 별다른 관심이 없고, 현재 원주민 사회에 아직도 남아 있는 독특한 요소에 주목하고 있다. 한편 멕시코 정부도 아직 남아 있는 원주민의 유산이 멕시코사회의 근대화에 결정적으로 장애가 되지 않는 한 계속 보존되기를 원한다. 구체적으로 살펴보면, "멕시코의 원주민 유산을 찬양하기 위한 노력의 일환으로 정부는 현존하는 원주민들을 살아 있는 전 시대의 유물로 보존하는 것이 경제적으로 혹은 이념적으로 유용하다는 것을 알아냈다. 그 결과로 현재의 원주민들은 모순 속에 살게 된 것이다. 한편으로는 멕시코의 고상한 원주민들이 과거의 유산을 소유하며 사는 실체로 인정받는 반면에, 메스티소가 중심이 된 사회에서 원주민이라는 이유만으로 차별을 받게 된다."(Friedlander 1975: 130) 이것은 국가의 정체성을 마련하기 위한 목표로서 원주민의 메스티소화와 동시에 메스티소의 원주민화도 함께 지향하고 있는 것을 역설적으로 말해 준다(Knight 1990: 86). 이런 사실을 고려하면, 원주민과 관련된 정책은 과거와는 약간 변화되었다고 말할 수 있다.

예전보다는 덜 억압적이지만 19세기에서 20세기에 걸쳐서 새로운 멕시코 정부는 세 가지의 정책 축을 바탕으로 원주민 공동체를 위협했다. 행정의 근대화, 공동토지의 사유화, 농촌의 산업화 등이 핵심적인 내용이다. 우선 정치적 혹은 행정적으로 원주민 사회를 국가에 통합시키려는 목적으로 원주민 거주지역을 포함하고 있는 거의 모든 메스티소 마을들이 새로 생긴 무니시피오(municipio)에서 중심 마을(cabecera)이 되었고, 원주민 마을은 메스티소 마을에 딸린 부속마을(tenencia)이 되었다(Dietz, 2004: 34). 또 원주민들을 시장경제에 편입시켜서 원주민 사회의 경제구조를 근대화하고 계획적인 문화접변으로 원주민들을 사회적·문화적·종족적으로 멕시코 사회에 통합시키려고 노력했다(Dietz, 2004: 41). 이 시기에 원주민 사회를 변화시키는 데 가장 중요한 역할을 한 것은 '국립원주민연구원'(Instituto Nacional Indigenista: INI)이었다. 국립원주민연구원의 정책은 달라진 사회현실을 반영하여 1950년대와 1960년대의 동화주의에서 탈피하여 1970년대와 1980년대에는 참여 인디헤니스모로 바뀌었다(Leyva Solano, 2005: 568; Mattiace, 2003: 55). 참여 인디헤니스모에서는 국가기관이 시행하는 여러 가지 사업에 원주민들이 부분적으로 참여할 수 있게 허용했다.

국립원주민연구원은 원주민들의 우려를 고려하여 동질화와 문화적 메스티소화를 목표로 하는 강압적인 방식, 그리고 원주민 사회의 주권과 창의성의 발전을 가로막는 온정주의적인 방법의 종식을 요청했다(Mattiace, 2003: 67). 또한 참여적 인디헤니스모의 효과적인 실행을 위해 내부 구조를 개혁했다. 지역공동체위원회를 신설하여 자문기구로 만들어 원주민들이 정부가 주도하는 광범위한 프로그램과 정책에 좀 더 적극적으로 가담하도록 허용했다(Mattiace, 2003: 69). 구체적으로 국립원주민연구원은 교육 프로그램과 경제발전 계획을 세웠다. 이런 많은 노력에도 불구하고 인디헤니스모는 두 가지 측면에서 실패했다. 첫째, 교육정책은 지역 주민들을 마을을 벗어나서 도시에 나가 성공적으로 상급학교에 진학하는 소수의 사람들과, 초등교육을 간신히 마치거나 중도에서 포기하는 대다수 사람들로 구분하게 만들었다. 둘째로 사회경제적 측면에서 마을을 개방시키고 농민인 원주민들을 노동자로 변화시키지 못했다. 이밖에도 새로 만든 여러 협동조합도 지역 원주민들의 참여부족으로 실패했다(Dietz, 2004: 42). 시간이 지나면서 원주민들의 관심이 부족한 상태에서 참여 인디헤니스모의 문제는 눈에 띄게 두드러졌다. 1970년대가 되면 학교에서 원주민어를 거의 가르치지 않거나 사용하지 않았다. 그 이유는 이중언어 교육을 담당할 교사가 절대적으로 부족했기 때문이었다. 이중언어 교사들은 지역주민들 특히 자신들의 언어와 역사, 문화가 훼손될 것을 우려하는 전통적인 마을 원로들로부터 환영받지 못했다. 이런 상황에서 1980년까지는 상이한 정부와 원주민들의 입장이 반영되어 두 가지 서로 다른 원주민 조직이 모든 원주민 사회에 존재했다. 즉 인디헤니스모의 혜택으로 등장한 이중언어 교사들과 원주민 지도자들이 각각 별도의 조직을 구성했다. 이와 더불어 또 다른 조직들도 구성되기 시작했는데, 지역과 전국의 농민조직이 토지개혁을 기대하면서 만들어졌다(Dietz, 2004: 43). 이런 문제에도 불구하고, 국립 원주민 연구원은 급진적인 성격을 띠지는 않았지만 두 가지 점에서 독립적인 원주민 운동에 기여했다. 첫째, 원주민의 문화적 부흥에 관련된 계획을 위한 공간을 마련해 주었고, 둘째, 원주민 사회에 비판적인 정부에 비해 원주민 사회의 점진적인 변화를 인정했다. 그럼에도 불구하고 법과 제도를 바꾼다고 해서,

식민시대 이후부터 계속되었던 백인이나 메스티소들의 원주민에 대한 사람들의 태도가 일시에 달라지는 것은 아니었다(Mattiace, 2003: 56).

결과적으로 인디헤니스모의 사례를 보더라도 정부의 원주민에 관한 일련의 정책들이 원주민들에게 항상 유리한 쪽으로 활용되는 것은 아니다. 멕시코 정부는 필요에 따라 원주민의 존재를 능숙하게 조작하면서, 그들이 대대적으로 정치적·경제적 행위에 참여하는 것을 방해하고 있다. 특히 종족의 구분이 역동적인 과정이라서 시간과 공간을 초월해서 종족관계를 일반화하기가 대단히 어렵고, 완전한 원주민 사회의 전형을 찾기 어려운 상태에서, 인디헤니스모는 백인과 메스티소 등 비원주민들의 입장에서 원주민 문제를 표현하는 방편이기도 했다(Knight, 1990: 73-77). 한편 인디헤니스모는 다양한 목적을 가지고 실행되었으며, 그것의 구체적 정책방향과 실천목표는 종족문제에 대한 국가의 담론이 변화하면서 수시로 바뀌게 되어 일관성이 결여되는 모습을 보이기도 했다.

어쨌든 정부의 정책의 변화에도 불구하고 20세기에 들어서 원주민에 관한 정책이 원주민의 입장에서 실시되는 것이 아니고, 또 비원주민들이 자의적으로 원주민문제를 정의해서 해결해 나가는 것이 바람직한 것이 아니라는 판단에서, 기존의 정책에 반대를 하는 세력이 새롭게 나타났다. 이들은 원주민 자신들을 위한 원주민 정책이라는 생각에서 인디헤니스모라는 용어 대신에 인디아니스모라는 용어를 사용했다. 국가 주도의 인디헤니스모가 원주민들의 생활과 활동에 심대한 영향을 미치자, 원주민들은 자신들의 고유한 문화와 영토, 권리 등이 빼앗기거나 위축될 것이라는 우려에서 인디아니스모를 전면에 내세우며 자신들의 주장을 관철시키기 위해 노력했던 것이다. 인디헤니스모는 원래부터 살고 있던 사람들을 현재의 국가체제에 통합시키려고 노력한다. 이에 비해 인디아니스모는 집합적인 의미에서 원주민들을 해방시키려는 이념적·정치적 운동이다. 이것은 아래로부터의 운동이고 인디헤니스모와 관계를 맺는 국가나 정당을 초월한다.

인디아니스모의 주요한 특징과 문제를 살펴보면 다음과 같다. 에르난데스 디아스(Hernández Díaz, 1993: 45-46)는 이들의 주요한 요구사항을 다음의 네 가지로 요약했다. ① 원주민들의 이질성을 유지하기 위한 원주민권리의 존중, ② 원주민어를 공식언어로 인정, ③ 조상들의 문화를 재검토하고 존중, ④ 전통적 생산기술을 유지하기 위한 조건의 확립 등이다. 인디아니스모는 원주민들의 문제를 분명히 제시하고, 원주민들이 요구하는 정치적·경제적 권리를 명시했다는 점에서 주목을 받을 수 있었다. 그러나 원주민들의 요구사항이 워낙 다양해서 모든 원주민들의 의견을 수렴하는 것이 불가능하여 일정한 한계가 있을 수밖에 없었다. 그러나 일반적으로 원주민들의 운동이 분산되어 있고, 단편적이지만 이런 움직임들이 정부가 원주민 사회의 해체를 유도하기 위해 마련한 강력한 조치들을 다소나마 완화시키는 역할을 한다는 것은 부인하기 어렵다. 이런 긍정적인 기능도 있지만, 원주민들의 입장을 지나치게 강조한 인디아니스모는 원주민 집단 내부의 갈등과 분열을 조장하면서 큰 힘을 발휘하기 어려운 상태에 빠지게 되었다. 결국 인디헤니스모나 인디아니스모의 진행과정을 보면, 원주민 사회와 관련하여 멕시코에서 원주민 문화의 보존이나 해체에 대한 확실한 결론은 있을 수 없다. 라이딩(Riding, 1984: 203-204)은 이런 복잡한 상황이 학자들 간에도 이견이 생기도록 만들었다고 말했다. 첫째, 전통적 인류학자들은 문화적 관심에 근거하여, 정부가 보호자의 역할을 하면서 원주민들을 고립된 채로 남겨 놓아야 한다고 주장한다. 둘째로 마르크스주의자들은 문화적 격리가 원주민들의 프롤레타리아화에 역행한다고 강조하면서, 원주민들을 자본주의경제에 편입시켜 여러 가지 문명의 혜택을 입게 해야한다고 말한다. 마지막으로 일부의 진보적 인류학자들은 원주민 집단의 존재가 멕시코 전체의 문화를 풍성하게 하기 때문에, 과거와 같은 통합정책은 잘못된 것이라고 지적한다. 그들은 정부가 원주민들에게 필요한 지원만 하면 되고, 온정주의나 통제를 통한 지배는 지양해야 한다고 믿는다.

인디헤니스모를 비롯한 다양한 사상의 등장으로 정부의 원주민에 대한 정책이 과거의 강압적인 동화, 통합정책에서 원주민들의 자율성을 상당 부분 인정하는 추세로 바뀌었다. 그러나 이런 이념적 변화의 배경에는 사회경제적 조건도 결부되어 있다는 것을 알아야 한다. 교통, 통신의 발달과 도시의 성장, 제조업제품의 유입으로 기존의 자급체제였던 원주민 사회에도 많은 변화가 생겼다. 원주민 사회는 과거와 같이 동질적이거나 평등하지 못하고, 상당수의 원주민들이 생계를 해결할 수단이 부족한 농촌마을을 떠나서 도시로 이주하고 있다. 그러나 고용기회의 불충분으로 실업자들이 크게 늘어난 도시들은 이미 새로 유입되는 원주민들을 노동시장에 흡수하기 어려운 실정이다. 이런 상황 아래서 정부는 종족적 문화가치를 내세워 원주민들의 외부사회에 대한 욕망을 제한하면서 농촌에 그대로 남아 있기를 바란다. 물론 현대사회의 원주민들이 정부가 원하는 대로 무조건 수동적으로만 움직이는 것은 아니다. 사회에서 원주민들의 위치가 정부의 태도에 따라 크게 변하지만, 원주민 사회의 변화를 결정하는 과정에 원주민 개인들의 의사결정권이 완전히 무시되는 것은 아니다. 예를 들어 현재의 원주민 마을의 생활에 만족하지 못한 사람들은, 비록 여러 가지 제한적 조건이 있음에도 불구하고, 다양한 통로를 거쳐서 원주민 사회를 등지고 지배적인 메스티소 사회에 동참하여 구성원으로 활약할 수 있다.

이런 원주민과 관련된 정책적 관심에서 대두되는 가장 중요한 문제는 어떻게 원주민과 비원주민을 구분하고, 무엇을 근거로 원주민을 정의하는가 하는 것이었다. 다시 말해서 종족정체성을 연구하는 데 있어서 종족 간의 차이를 구분하는(Cornell, 1996: 269-270; Hagendoorn, 1993: 26-27; Trager, 1999) 것이 필수적인 전제조건이었다. 그렇기 때문에 정책적인 필요에 의해 원주민과 메스티소 및 백인들 간의 차별성을 강조하는 연구가 많이 등장하게 되었다. 종족 간의 차이를 밝히려는 시도는 주로 종족집단의 생물학적·사회문화적 성격과 특징(공통의 생물학적·문화적 특질, 가치관과 신념, 생활양식 등)을 파악하려는 노력으로 나타났다. 그렇기 때문에 많은 학자들은 원주민과 비원주민들이 신체, 언어, 역사와 기원, 종교 등과 같은 생물학적·문화적 특징에 따라 구분된다고 보았다(Nash, 1989: 4-5). 이와 더불어 원주민들은 비원주민에 의한 차별 때문에 정치·경제적 조건도 다른 집단과는 상이하다고 보았다. 예를 들면, 사회관계에서 원주민은 전통적인 공동체

지향적이며 외부세계와는 거리감을 두는 데 비해서, 비원주민들은 국가 및 권력체계와 긴밀하게 연관이 되어 있고 외부세계와 밀접한 관계를 유지한다는 것이다(McGee, 1990: 128; Wolf and Hansen, 1972: 74). 이런 사회적 차별로 인해 원주민들은 주류사회에 진입하기 어려우며, 고유한 언어, 가족과 사회생활, 경제체계, 의례와 정치행위를 가지면서 자신들만의 정체성을 유지한다고 보았다(Vogt, 1990). 그밖에도 메스티소에 비해 원주민 문화가 자연과의 조화로운 관계를 통해 문화가 유지되고 있다고 보면서(Argueta, 1993: 216), 세계관과 인식론에도 차이가 있다고 주장하는 학자도 있다. 이런 차이를 발견하려는 노력은 학문적 입장에 의해서도 상이하게 나타난다. 단적으로 인류학자들은 집단의 주관적인 정체성의 인식에 관심을 두는 반면에, 사회학자들은 종족집단의 객관적·외형적 성격을 강조한다(Banks, 1966).

이렇게 다른 종족집단과 비교해서 원주민들의 신체적·문화적 차이가 종족을 구분하는 중요한 수단이었지만, 20세기에 들어서면서 원주민의 수가 급격히 감소하고, 또 원주민과 비원주민의 교류가 빈번해지면서 기존의 관점을 그대로 적용하기가 대단히 까다로워졌다. 즉 메스티소의 피부색이 항상 어디서나 일정하고 유사한 것이 아니라, 거의 백인에 가까운 피부색을 가진 사람부터 원주민과 별 차이가 없는 피부색을 가진 사람까지 다양한 모습으로 변화되었다는 것이다. 이것과 함께 현재는 문화적인 측면에서도 원주민만의 고유한 특징이나 관습을 분리해서 찾아보기 어려운 실정이다(Friedlander, 1975: 72). 점차로 원주민 언어를 제외한 원주민들의 종교, 관습, 의례, 의식주생활, 가족과 친족 및 사회제도, 생업과 기술 등은 비원주민 사회와 유사한 성향을 보이고 있다. 또한 원주민어의 사용을 기준으로 원주민을 정의하는 것도 문제가 전혀 없는 것은 아니다. 왜냐하면 원주민어를 사용하는 거의 대부분 사람이 스페인어를 동시에 사용하고 있으며, 그 비율은 시간이 흐를수록 증가하고 있다는 것이다(Gonzalez, 1994: 30). 그렇기 때문에 오늘날 종족문제를 전통적인 생물학적·문화적 의미로 분석하려는 것은 오류를 범하기 쉽다. 결과적으로 현대사회에서 원주민의 정체성을 제대로 정의하는 데에는 많은 문제가 있다. 그것은 메스티소가 유사한 생물학적 특징을 공유하지 않는 다양한 특질을 포함하는 집단이기 때문에, 원주민들과 이들을 구분하는 데 혼란이 발생할 수도 있기 때문이다. 또 지금은 피를 섞지 않고, 문화적 동화만으로도 원주민의 상태를 벗어날 수 있다는 가능성 때문에, 원주민과 메스티소와의 관계는 유동적이라고 볼 수 있다. 라틴아메리카의 일부국가에서는 원주민들을 구분하는데 그들이 거주하는 지리적 위치나 '주관적 인지'(self-identification)를 변수로 쓰기도 하나, 멕시코를 비롯한 대부분의 지역에서는 아직도 원주민 언어와 스페인어의 사용 여부를 기준으로 한다(Psacharopoulos and Patrinos, 1994: 26). 칠레의 경우에는 개인의 성을 추가로 사용하여 원주민을 구분한다(De la Peña, 2005: 728). 이렇게 누가 원주민인가를 정의하는 데 있어서 서로 의견이 일치하지 않기 때문에, 원주민의 정체성을 규정하는 데 '메스티소가 아닌 속성'(non-mestizo-ness)의 존재 여부를 알아보는 것이 훨씬 쉽다. 문화도 계속해서 변화하기 때문에, 이제는 원주민 문화를 근거로 원주민 정체성을 평가하기도 곤란하다. 언어의 경우도 문제가 복잡해서, 상당수의 사람들은 이미 원주민어를 잃어버렸지만, 아직 원주민의 공동체적인 제도를 유지하고 원주민 정체성도 간직하고 있다.

이런 사실들을 감안하면, 오늘날 원주민의 정의는 조심스럽게 이루어져야 한다. 왜냐하면 그것이 언어, 의복 같은 문화적 요소뿐만 아니라, 유전적 요소, 사회경제적 요소들을 모두 포함하고 있기 때문이다. 따라서 우리는 종족문제를 다루는 데 있어서, 특정한 요소만을 강조하는 환원주의적 입장을 피해야 하겠다. 예를 들면, 칵크라프트(Cockcroft, 1983: 193)는 일부 지역에서 경제적인 차이가 종족의 구분을 가져오는 경우가 있다는 것을 밝혀냈다. 즉 많은 경우에 가난한 농민들이 자신들의 노동형편이나 경제적 조건들을 고려해서 스스로 혹은 다른 사람들에 의해 원주민이라고 간주된다는 것이다. 이렇게 해서 통계상의 원주민 수는 실제보다 훨씬 많아지게 된다. 이와는 다르게 프리들랜더는 우에야판(Hueyapan)이라는 원주민 마을에서 종족의식을 조사했는데, 메스티소와 원주민의 의식에 큰 차이가 없다고 말했다. "먼저 마을사람들은 그들이 인근의 원주민이 아닌 사람들과 외형적으로 별다른 차이가 없다고 생각한다. 둘째로 그들은 혁명 이후 정부의 공식입장에 영향을 받아서, 오늘날 원주민이 유전적 기준보다는 문화적 관점에 의해 구분된다고 믿고 있다."(Friedlander 1975: 77) 이렇게 원주민의 정의는 주어진 상황 아래에 여러 가지 조건들을 검토한 뒤에 이루어져야 한다.

20세기에 후반에 들어서면서 원주민에 대한 정부의 인식과 정책은 또 다른 변화를 겪게 되었다. 즉 라틴아메리카 국가들이 유럽과는 다른 역사적·사회적 전통을 추구하면서 원주민 문화에 대한 새로운 이해가 싹트기 시작했다. 원주민들 스스로 자신들의 뿌리를 찾기 위한 노력과 아울러, 원주민 문화를 관광자원으로 이용하려는 정부와 지배집단의 생각이 이런 현상으로 발전되었다. 이렇게 되면서 현재 원주민에 대해 라틴아메리카의 국가들은 상반된 정책을 동시에 펴고 있다. 즉 한편으로는 고대문명을 계승하고 발전시킨 원주민 문화를 찬양하면서, 다른 한편으로는 원주민 문화를 미개한 것으로 인식하고 수치스럽게 생각한다. 이렇게 메스티소와 원주민을 구분하는 정책의 결과로 오늘날 라틴아메리카의 원주민 정책은 모순에 빠지게 되었다(주종택, 1996: 69). 한편으로는 국가적 문화의 본질적 원천으로써 식민시대 이전의 원주민 문화를 긍정적으로 평가하면서, 원주민들에게 스페인어의 사용을 강요하고 메스티소 정체의식을 주입시키려고 노력해 왔다. 즉 원주민과 원주민 문화는 근대화의 과정에서 새롭게 바꾸어야 할 대상이면서, 동시에 국가정체성과 합법성을 확립하는 데 없어서는 안 될 중요한 요소가 되었다.

그러나 아직까지 상당수의 연구결과를 면밀히 살펴보면, 많은 경우에 원주민 사회에 대한 기술은 기존의 편견과 선입관을 그대로 반영하는 것이어서 잘못되었다(Eriksen, 1993b; Nutini, 1997; Schryer, 1993: 203)는 사실을 찾아낼 수 있다. 지금까지의 연구에서 간과하는 것은 원주민 사회가 과거와 달리 이질적이며 시대에 따라 꾸준하게 변화되고 있다는 것이다. 예를 들면, 원주민 사회는 완전히 통합되어 있지도 않고 내적 차이도 존재한다(Tejera Gaona, 1993: 192). 또한 종족정체성의 측면에서도 원주민만이 소유하는 '원주민성'(Indianness)이라는 이념도 찾아보기 어렵다

(Ströbele-Gregor, 1994: 113-114). 한편 원주민과 메스티소의 상호작용을 통해 종족정체성을 보려는 시도에서는 원주민과 마찬가지로 메스티소도 동질적이지 않고 다양한 사회문화적·정치경제적 위치에 놓여 있다(Hale, 1994: 28)는 점에 주목해야 된다.

원주민이나 메스티소의 정체성은 국가의 종족정책에 의해 일방적으로 정의할 수 있는 것도 아니고, 사회에서 보편적으로 적용될 수 있는 뚜렷한 종족성의 개념이 존재하는 것도 아니다. 이런 현상은 우선 원주민이나 메스티소가 어떤 사람인가를 명확히 정의할 수 없기 때문이다. 한편으로는 원주민이나 메스티소 사회도 상당히 이질적이고 다양한 변화과정을 겪고 있기 때문에, 일방적으로 이들 사회의 구성원들이 당연하게 특정한 정체성을 갖는다고 간주하기 어렵다. 이런 이유로 원주민 사회가 동질적이라고 생각하며, 그들의 문화와 행위를 기준으로 종족집단의 성격을 파악하는 것은 문제가 된다(Valdez, 1998: 149-150). 메스티소는 백인과 원주민의 혼혈이라는 점을 고려하면 원주민과 메스티소는 분리하기 어려운 특질을 일정 부분 공유하고 있다고 볼 수 있다. 그런 까닭으로 메스티소와 원주민을 구분하는 피부색이나 문화적 특징을 연속적인 것으로 파악할 필요가 있다. 다시 말해서 문화적이나 신체적으로 어디부터 원주민이며 어디까지 메스티소인지가 분명하지 않다는 것이다. 단지 사회적으로 형성된 편견과 더불어 사회적 상황이나 관계에 의해 특정한 사람의 종족정체성이 일시적으로 형성되며, 시간이나 장소의 변화에 의해 종족성도 달라질 수 있는 것이다. 따라서 원주민과 메스티소의 상호작용에 의해 이들의 종족성이 어떻게 이해되고 재구성되는지 정치경제적 혹은 사회문화적 상황을 고려하여 파악할 필요가 있다.

다음으로 원주민을 비롯한 종족집단에 대한 단순한 정의나 구분보다는 종족성이 근대화나 사회발전과 변화, 그리고 국가정체성에 어떻게 작용을 하고 있느냐 하는 관심이 근래에 많아졌다 (Enloe, 1986). 그중에서도 20세기 후반이 되면서 원주민들이 자신들의 권리를 주장하면서 사회체제의 변화를 요구하게 되었고, 이는 사회운동과 종족성의 관계를 통해 표출되었다. 일부 원주민들은 메스티소가 지배적인 사회에서 생존을 위하여 조직을 결성하여 자치와 자결권을 요구하는 새로운 형태의 사회운동을 일으켰다 (Bourgois, 1988 참조; Díaz Polanco, 1997; Hellman, 1995: 166; Nagengast and Kearney, 1990). 특히 1970년대부터 원주민들은 다양한 목소리를 내면서 국내적으로 열악한 자신의 상황을 외부세계에 노출시킴으로써 국제적인 지지와 인정을 받고 있다(Brysk, 1994: 31-32; 1996: 39-47; Kearney and Varese, 1995: 221-227; Van Cott, 1994). 원주민 운동은 정치적 독립이나 인위적인 고립을 요구하는 것이 아니라, 문화적 다양성을 누릴 권리가 주어지기를 원한다. 결국 몇몇 국가의 헌법에서 자신들이 다문화 국가임을 언급하였고, 원주민들이 고유의 문화나 지속 가능한 개발, 정치적 대표성, 제한된 영역에서의 자신들의 정치를 수행하도록 허용하였다(De la Peña, 2005: 732). 즉 이제는 학자들의 관심이 원주민은 누구인가라는 관점에서 탈피하여, 원주민들이 처한 현실은 어떤 것이고, 왜 이들이 사회에 대한 불만을 원주민 운동으로 표현하였으며 원주민 운동의 특징, 경향, 성과와 과제는 무엇인가에 초점이 맞추어져 있다.

원주민 운동은 그것이 종족성과 종족관계에 미치는 영향에 있어서 상당히 다양하다. 예를 들면, 원주민 사회의 자치를 요구하는 운동이나 경제적 혜택을 정부에 촉구하는 운동, 자신의 문화를 교육하고 계승시키려는 운동 등 사회적 움직임과 조직의 목표에 따라 종족성을 생각하고 판단하는 자세는 다른 모습을 보이고 있다. 한편 대부분의 원주민 사회는 서로 고립되어 있고, 생활을 위한 사회경제적 조건도 상이하며 언어도 달라서, 교류와 상호작용이 쉽지 않아, 원주민 운동에 참여하지 않는 경우가 많다. 이와 더불어 원주민 운동이 발생하였을 경우에도 요구하는 내용도 같지 않아서 원주민들이 항상 동일한 목소리를 내기 힘들다. 최근에는 원주민 운동의 경우에도 메스티소를 비롯한 비원주민들의 참여가 증가하면서 원주민만의 고유한 성격이 상당히 감소되는 경향도 있다(Varese, 1996: 66). 이런 사실을 고려하면 원주민 운동에 대한 관심은 증가하고 있으나 이에 대한 연구는 원주민 사회현실의 일부만을 보는 잘못을 저지를 수 있다는 것을 알 수 있다.

종족의 구분과 원주민 운동에 관련된 문제가 여러 가지의 혼란을 초래하면서 종족성을 바라보는 인식론에 관한 논의가 과거보다 활발해졌다. 즉 종족과 관련된 문제를 해결하려면 종족성의 의미가 무엇이고 어떻게 종족성이 인식되는지를 알아야 되기 때문이다(주종택, 2002: 205-206; 2005: 239-240). 지금까지 종족성에 관한 관점은 주로 근원주의(primordialism)와 도구주의(instrumentalism) 혹은 상황주의(circumstantialism 혹은 situationalism)로 나누어졌다(Eller and Coughlan, 1993; Jenkins, 1996: 811; Scott, 1990: 148). 근원주의는 종족성을 주어진 개인과 집단에 존재하는 원초적 형태의 의식으로 간주한다. 즉 종족성을 집단과 개인의 문화적 · 심리적 · 생물학적 인간성에 기반을 둔 것으로서 태어날 때부터 정해진 것이며, 변화되지 않는 본질적인 인간의 존재와 의식에 관련된 것으로 인식한다. 이에 비해 도구주의는 종족성이 상황에 의해 규정되고 전략적으로 수정될 수 있다고 본다. 쉽게 말해서 종족성이 생물학적으로 생성되지만 사회적으로 자신들의 입장에 맞추어 새롭게 형성된다는 것을 강조한다. 예를 들면, 공적 영역에서 사람들이 자신들의 요구를 합법화하기 위해서 선택적으로 문화요소를 활용한다는 점에서 정치경제적 이해관계를 중시한다. 상황주의는 종족성은 사회적으로 변화하며 조작할 수 있는 것이기 때문에, 일정한 시점에 개인이나 집단이 필요에 따라 자신에게 유리하도록 정체성을 형성한다는 것이다.

그러나 개인의 정체성이 사는 장소나 시기, 그리고 사회적 경험에 의하여 변화될 수 있다는 점에서 위의 관점은 상당한 문제를 안고 있다. 게다가 사회적으로 열악한 지위를 지니고 있는 집단은 때로는 자신의 종족성을 스스로 규정하기가 대단히 어려운 실정이다. 따라서 현실에 쉽게 적용될 수 있는 유연한 분석틀이 필요하게 되었다. 구성주의(constructionism, constructivism)의 등장은 이런 의미에서 매우 유익하다고 하겠다(Cornell and Hartmann, 1998: 72-73; Tilley, 1997: 499-515). 구성주의에서는 종족성이 사람에 따라 원천적으로 주어지기는 하지만 시간의 흐름에 의해 변화될 수 있는 것으로 인식한다. 이렇듯 주어진 상황에 의해 달라질 수 있지만, 종족성을 관련 집단이 임의로 규정하고 이용할 수 있는 것은 아니며, 사회적 여건에 의해 다른 방식으로 외부사회에 의해 강요되기도 한다. 결과적으로 구성주의를 활용하면서 종족성을 구체적 상황에서 보다 분명하게 이해할 수 있다. 즉, 라틴아메리카 원주민들이 자신들의 종족정체성을 어떻게 형성하는지, 그리고 이들의 정체성이 외적인 조건에 의해 어떤 영향을 받아서 문제가 발생하는지를 분석하는 것이 필요할 것이다.

3. 원주민 사회와 종족정체성의 변화

앞에서 언급한 것처럼 라틴아메리카에서는 오랜 기간 원주민들을 주류문화에 통합시키려는 메스티소화 정책의 존재에도 불구하고 원주민 집단은 완전히 소멸되지 않았고, 동질적인 국가문화를 형성하지도 못했다(Van Cott, 1994: 3). 원주민의 수가 지속적으로 감소하고 있으며 정치경제적으로 메스티소의 역할이 두드러지지만, 아직도 원주민의 문화는 결코 무시할 수 없다. 메스티소는 원주민과 유럽인의 피가 섞인 집단이어서 순수한 혈통을 유지하지 못한다는 점에서 원주민의 존재는 국가정체성의 확립과 유럽과는 상이한 고유한 문화적 전통을 이어받는다는 점에서 대단히 중요하다. 이런 현실에도 불구하고 라틴아메리카 정부는 근대화라는 이름으로 원주민 문화를 메스티소 문화에 동화시키려는 노력을 지속적으로 수행했다. 한편 대부분의 국민들도 원주민의 존재를 달갑지 않게 여기고 있으며, 원주민들은 시대에 뒤떨어진 사람들이어서 새로운 문화를 받아들여야 할 대상이라고 인식한다. 이런 현상은 라틴아메리카의 모든 지역에서 동일하게 나타난다.

예를 들면, 원주민들은 술에 취해 있거나 영양결핍, 위생상태 불량, 질병, 조혼의 풍습, 빈곤 등 여러 가지 문제를 지니고 있다는 인식을 바탕으로 부정적으로 인식되고 있으며(Garrard-Burnett, 2000), 이런 사회적 견해를 고려하여 원주민들은 가능하면 자신들의 전통문화와 종족성이 눈에 띄지 않게 하려고 노력한다(Friedlander, 1975). 이런 문제는 식민시대 이후부터 변함없이 오늘날까지 지속되고 있다.

이런 실정에서 원주민들은 어떻게 자신들의 정체성을 정의하고 자신들의 원주민성을 표현해야 하는지 그때마다 주어진 상황에 따라 현명하게 판단해야 한다. 역사적 전통을 계승한다는 점에서 원주민들의 정체성이 지니는 본질적 의미가 있지만, 원주민들은 자신들의 종족성을 필요에 따라 변화시킬 수 있기 때문에 문제는 한층 복잡해진다. 예를 들면, 멕시코의 실리틀라(Xilitla)에서는 사람들이 자신들의 종족정체성에 대한 주관적 인지가 매우 유동적이다. 이 지역의 사례를 보면, 원주민, 농민, 메스티소의 개념은 고정된 범주가 아니라 특정한 맥락에 따라 다양한 언어적 의미를 가질 수 있어서 상관성의 정체성을 구성하고 있다(Tiedje, 2002: 269). 일부의 구성원들은 메스티소, 나우아(Nahua), 그리고 원주민이라는 연속성 가운데 필요에 따라 자신의 정체성을 선택하기도 한다(Tiedje, 2002: 270). 심지어 일부의 사람들은 원주민어를 전혀 사용하지 못함에도 불구하고 원주민성을 자랑스럽게 과시하려 한다(Tiedje, 2002: 301).

현대의 라틴아메리카에서는 혈연관계를 통한 종족의 구분이 매우 어렵기 때문에, 현실적으로 혈통보다는 주로 외양과 행동에 의해 정체성을 구분한다(Poynton, 1997: 65). 게다가 문화적으로 종족성을 구분하는 것도 쉬운 일이 아니어서, 전체 사회에서 원주민만의 독특한 문화를 분리시켜 생각하기 쉽지 않다. 멕시코에서도 원주민이 가장 많이 사는 오아하카(Oaxaca) 지역에서조차 원주민 사회와 메스티소 사회 사이에 문화적 차이는 거의 없어서, 의복, 주택, 음식, 농업행위 등에 있어서 유사한 성향을 보이고 있다 (Rees, 1996: 112)고 한다. 역사적으로 식민화와 근대화 과정을 거치면서 원주민만의 고유한 특질은 많이 사라지고, 일부의 원주민 문화요소는 유럽의 문화와 융합된 채로 남아 있다. 이렇게 오늘날 원주민 사회의 독특한 문화를 규정하는 것이 어렵지만, 원주민 사회의 유지와 보존을 위해 원주민의 종족정체성은 대단히 중요한 의미를 지닌다. 그것은 종족성이 생활양식을 규정하고 주어진 계급과 정체성에 대항하는 수단으로서 중요한 자원으로(Rees 1996: 120) 활용될 수 있기 때문이다.

종족정체성은 현재의 사회경제적·정치적 상황에 따라 다양하게 나타난다. 원주민들의 경우에도 사회적 조건들이 자신들에게 유리할 때는 종족정체성을 강화하려 하고, 불리하게 진행이 될 때에는 종족의식을 소멸시키거나 표현하지 않으려고 노력한다. 먼저 대부분의 원주민 사회에서 외부사회와의 접촉이 빈번해지면서, 원주민들의 정체성이 급격히 상실되고 있다. 여기다가 원주민은 가난하고 어리석은 농민이라는 사회적 통념 때문에 원주민이라는 자부심을 갖기가 어렵다. 특히 경제적으로 빈곤한 지역에서 생계를 해결하기 위해 미국으로 국경을 넘어 불법노동이주를 하는 빈도수가 많아지면서, 영어와 새로운 서구의 물질문화가 유입된다. 이로 인해 원주민들은 상대적으로 열등의식을 느끼게 되고 전통문화와 원주민언어를 무시하게 된다(Joo, 1995). 또 개발을 한다는 정부의 명분으로 장기적으로 원주민들이 살고 있는 정치적·경제적 환경을 개선하려는 노력은 종족집단으로서의 원주민의 존재를 위협한다. 게다가 현재에는 원주민 사회에서도 개인의 역할이 과거보다 더욱 중요해져서, 집단적인 마을의 통제가 여의치 않은 경우도 많다. 마을의 연대성을 무시하고 각 개인들이 자신의 경제적 이익만을 위해서 행동할 때, 그렇지 않아도 취약한 원주민 마을의 구조는 쉽게 무너질 우려가 있다.

지금은 라틴아메리카의 원주민 집단이 매우 다양하고 이질적인 상태로 변화해서 정치적·경제적으로 적절한 종족정체성을 찾아내기가 쉽지 않다. 이것은 역사적으로 정부에서 동화와 통합 정책을 병행해서 실시하면서 원주민들을 효과적으로 통치할 수 있게 만든 반면에, 원주민들 상호 간의 의사소통을 방해함으로써 그들 사이의 유대관계가 제대로 형성되지 못했기 때문이다. 오아하카의 원주민들이나(Ruiz González, 1990: 54) 치아파스 주의 원주민들의(Wasserstrom, 1983: 215) 경우를 살펴보면, 원주민들은 동질적 집단을 이루지 못하고, 사회경제적 지위, 문화적 조건에 따라 큰 차이가 난다는 것을 발견할 수 있다. 다시 말해 일부의 원주민들은 상당한 규모의 토지를 소유한 반면에, 대부분의 원주민들은 극심한 가난 속에 허덕이고 있다. 이렇게 사회경제적 분화가 진행되면서 원주민들의 정체성이 상당히 영향을 받고 있다. 한편으로는 정치적으로 원주민 마을이 분리되어 대립되는 경우도 있다. 프리들랜더(Friedlander, 1975: 79-80)는 우에야판에서 메스티소 문화를 수용해서 변화해야 한다고 주장하는 진보적 집단과 원주민 자신들의 문화를 고수해야 된다는 보수파가 서로 대립하는 상황에 주목했다. 더욱이 한 마을에서 원주민어만 쓰는 사람과 스페인어도 사용할 수 있는 사람이 혼재해 있을 때는, 그들이 외부사회와 접촉할 수 있는 여건이 다르고, 추구하는 목표도 다를 수가 있어서 원주민 사회가 내부적으로 분할되는 경우도 있다. 다시 말해 원주민 사회는 문화적·정치경제적으로 더 이상 동질적이지 않아서 원주민들 사이의 소통이 마냥 순조로운 것은 아니다. 원주민들의 조직도 분파주의를 벗어날 수 없어서 내적인 갈등이 수시로 발생한다. 종족과 계급의 연대를 강조한다고 해도 이런 파벌을 쉽게 해결할 수 없다. 특히 토지를 둘러싼 분쟁이 발생했을 때에는 이해관계가 첨예하게 대립되어, 원주민 정체성이 대단히 유동적이고 다원적으로 변화한다(Jackson and Warren, 2005: 553). 간추려 말하면, 현대사회에서 라틴아메리카의 원주민들은 매우 많은 변화를 겪고 있어서 사는 지역도 국내외로 다양해지고, 계급적으로 프롤레타리아화되었으며, 이중언어를 사용하고, 전문직에 종사하는 경우도 있는 등 다양한 성격의 집단이 되었다(Jackson and Warren, 2005: 558).

위와 같은 사례를 통해서 보면, 원주민 사회가 항상 조화로운 관계를 유지하고 서로 협동적인 결정을 내리는 것은 아니라는 사실을 알 수 있다. 이렇게 되면서 국가에 저항하면서 자신들의 요구사항을 관철시키려는 라틴아메리카의 원주민 운동은 원주민성에 기반을 둔 공통적이고 일관성 있는 새로운 사회의 구체적 모형을 제시하지 못하는 어려움에 빠질 수 있다(Ströbele-Gregor,

1994: 113). 그러나 오늘날 원주민 사회의 독특한 문화를 규정하는 것이 어렵지만, 원주민 사회의 유지와 보존을 위해 정체성은 대단히 중요한 의미를 지닌다. 20세기에 들어 많은 지식인들은 유럽과 북미의 정체성에 대비되는 라틴아메리카만의 정체성을 확립하여 라틴아메리카 고유의 문화를 존중할 필요가 있다고 주장했다. 사람들을 종족적·문화적으로 혼합시킴으로써 라틴아메리카가 백인들의 힘을 능가하는 독특한 성격을 확보할 수 있다고 생각했다 (Rahier, 2004: 284).

이렇게 정부의 노력과 원주민 사회의 변화로 원주민 정체성을 확립하려는 노력이 어려움에 빠지면서 이를 극복하려는 움직임이 다시 등장하였다. 원주민 사회를 둘러싼 새로운 조건이 형성되면서 새로운 종족정체성이 만들어지고, 이것이 사회변화를 유도하기도 한다. 특히 1970년대와 1980년대에 들어 원주민들은 극심한 사회변화와 함께 국가와 새로운 관계를 형성했다. 유연한 경공업의 발전과 서비스산업의 확장으로 저임금과 실업의 증가로 소규모의 비공식 경제행위가 증가하였다. 특히 1980년대의 신자유주의 정책으로 중하층계급의 고통이 심각해졌다. 당연히 가장 가난한 집단인 원주민들이 가장 큰 피해를 입었다. 이런 상태에서 원주민들의 정체성이 파괴될 뿐만 아니라, 때로는 부분적으로 재창조된다. 결과적으로 전통적이지도 않고 현대적이지도 않은 새로운 방식의 원주민정체성이 등장하는 계기가 되었다. 이와 더불어 원주민 사회에도 초국가화라는 현상이 영향을 미치게 되었다. 이제는 초국가적 힘과 사건에 영향을 받아서 역사적으로 같은 원주민들이었던 사람들이 서로 다른 나라에 거주한다. 또한 국경을 넘어 이주하는 사례가 늘면서 원주민들의 초국가주의는 지속적으로 확장되고 있다. 특히 1970년대 이후에 보다 나은 경제적 기회를 찾아서 도시나 다른 나라로 이주하는 원주민의 수가 증가하면서 이런 문제는 날이 갈수록 심각해진다. 원주민 사회의 초국가화는 원주민 사회의 응집력을 약화시키거나 원주민들을 분열시키기도 하지만, 한편으로는 국제적인 네트워크를 형성하여 국내외로부터 폭넓은 지지를 받게 만드는 계기가 되기도 한다. 또 자신들의 주장을 효과적으로 정부나 다른 집단에게 전달하기 위해 초국가화로 만들어진 현상을 활용하여 원주민들이 전 세계의 다양한 사회세력과 힘을 합치는 경우도 발생했다. 예를 들면, 세계의 생태계를 보호하려는 관심을 갖는 원주민들이 국제무대에 나서게 되었다. 이와 더불어 영토의 권리추구, 국가 내에서 원주민들의 자치, 원주민 언어의 인정과 함께 법률의 개혁 등을 요구한다. 외부의 인사들과 초국가적 시민사회를 형성해서 보편적인 정치, 문화, 환경의 측면에서 원주민 권리 확보를 목표로 하는 공동의 주권을 위한 지역적 투쟁에도 가담한다. 원주민들의 탈국가화 현상은 대안적인 종족정치를 인정하는 형태에 기반을 둔 집단적 정체성을 개발하는 데 훌륭한 이념적·문화적 토양을 마련한다. 종종 원주민과 초국가적 기업이 충돌하는 경우도 발생한다. 이런 경우에 원주민들의 입장에서는 이런 문제를 국제화시키는 것이 해결에 훨씬 유리하다. 원주민들은 자신들의 '약점을 강점으로' 만들려는 시도를 통해 자신들의 주장을 관철시키려고 노력한다.

III.
원주민의 종족성과
신사회운동

1. 원주민 사회와 원주민 운동

(1) 식민시대의 원주민 운동

라틴아메리카에서 일부의 원주민 사회는 직접적으로 식민지배를 경험하지 못했던 지역도 있었다. 식민통치를 해야 할 지역이 워낙 광대해서 정복자들의 세력이 미치지 못했기 때문이었다. 예를 들면, 수익성이 있는 자원이 별로 없었던 유카탄(Yucatán) 지역의 식민지배는 멕시코 중부나 안데스 지역처럼 적극적이거나 광범위하지 않았다. 결과적으로 식민시대 유카탄의 문화 변화와 원주민의 저항과정은 매우 달랐다. 원주민 노동력을 체계적으로 동원하지도 못했고 교회의 수도 적어서 원주민을 기독교로 개종시키는 일도 지극히 제한될 수밖에 없었다. 게다가 일부의 원주민들은 식민지배를 피해 변경지역으로 도망가면서 스페인의 통치를 지속적으로 불가능하게 만들었다. 열대지역이라는 환경조건으로 인해 정복하기가 쉽지 않았고, 원주민들은 위험에 빠지게 되면 흩어졌다가 주기적으로 다시 공격해서 정복자들을 힘들게 했다 (Farriss, 1993).

그러나 오랜 식민지배 기간 동안 대부분의 원주민들은 끊임없는 정치적 억압과 경제적 착취에 시달리게 되었고, 종교를 이용한 통제를 견뎌야 했다. 물론 이런 상황에서 일부의 원주민들은 가난, 인종차별, 박해 등 식민지배의 결과에서 비롯된 어려움에서 벗어나려고 험준한 산악지역이나 그 밖의 접근이 용이하지 않은 장소로 피하거나 저항했다. 이와 반대로 많은 원주민들은 식민지배에 제대로 저항하지 않고 현실을 받아들여서 식민지배에 순응하였다. 심지어 멕시코와 페루의 많은 원주민들은 스페인의 군사적 정복을 경험하지 못한 상태에서 평화적으로 굴복했다. 예를 들면, 멕시코 오아하카 주의 믹스테코(Mixteco) 사람들도 여기에 속한다. 이 지역은 시장경제에 완전히 통합되지 않아서 식민시대 초기에도 백인들은 거의 없었다. 따라서 원주민 사회의 층화구조, 가족제도, 주거형태는 거의 바뀌지 않았다. 그렇기 때문에 정복자들이 기대하는 행정구역이나 교구, 원주민 노동력의 분배는 오랜 원주민의 전통에 따라 실시되었다. 점차로 지역의 정치권력자인 카시케(cacique)들은[2] 식민시대에 대농장의 지주가 되었고, 스페인의 사회경제체계에 서서히 적응해 나갔다. 그렇게 되면서 스페인의 성직자나 행정관리들이 비공식 지도자인 카시케들을 이용하여 쉽게 원주민들을 통제할 수 있게 되었다(Spores, 1993).

종종 식민통치로 인해 원주민들의 생활이 어려워져서 견디기 힘들 때, 원주민들은 정복자들을 상대로 저항운동을 벌였다. 원주

---

2) 원래는 식민시대 이전에 카리브 지역의 원주민 지도자를 이렇게 불렀다. 식민시대에 접어들면서 정복자들은 이 용어를 라틴아메리카의 다른 원주민 지도자들에게도 동일하게 사용하였다. 독립 후에는 상당한 권력을 지닌 지역의 유지나 정치적 보스를 의미하게 되었다. 이런 지역 내의 지도자들의 권력에 의해 정치가 이루어지는 것을 카시키스모(caciquismo)라고 부른다.

민들의 공격적인 저항의 경우에는 폭력적 혹은 수동적 등 여러 방식으로 대처했다. 과테말라나 페루에서 보는 것과 같이 때때로 지배집단에 반대하는 내란에 참여하기도 하고, 자신들만의 조직을 결성하여 대항하기도 했다. 한편 자연자원을 찾아서 자신들의 거주지역을 침범하는 광산업이나 농작물 회사를 상대로 싸우기도 했다. 식민시대 초기에는 정복자들의 영향이 미치지 못하는 지역이 많아서 원주민들이 큰 불만을 표시하지 않았으나, 1560년대가 되면서 원주민의 수가 감소하고 이에 따라 원주민공동체에 대한 노동수요가 커지면서, 정복 이전의 사회질서로의 복귀를 요구하는 많은 반란이 발생했다(Stern, 1993). 많은 원주민들이 유럽에서 들어온 홍역이나 인플루엔자 같은 단순한 전염병에 전혀 면역이 되어 있지 않아서 죽었다. 따라서 원주민 인구는 큰 폭으로 감소하였다. 식민지배가 시작된 지 1세기가 지나면서 살아남은 원주민의 비율이 10%가 안 되는 지역도 많았다. 이런 실정에서 시간이 흐를수록 정복자들은 더 많은 경제적 이익을 추구하였기 때문에, 살아남은 원주민들의 부담이 가중되었다.

일부의 원주민들은 식민지배에 적극적으로 저항하면서 자신들이 식민시기 초기에 빼앗겼던 토지를 되찾으려고 했다(Taylor, 1993). 이런 것을 보면 식민시대에 제한적이기는 하지만 원주민들이 광범위한 지역에서 자신들의 권익을 보호하기 위해서 조직적인 투쟁을 전개하였다는 것을 알 수 있다. 원주민 마을끼리 힘을 합치기도 하며 종종 지역이나 국가 규모의 조직을 구성하기도 했다. 그러나 원주민들의 조직 결성에는 현실적으로 많은 어려움이 뒤따른다. 먼저 식민시대의 엄격한 통제와 감시를 뚫고 원주민들끼리 반란을 모의하기 위해 의사소통을 하기 어려웠다. 게다가 저지대와 고지대 등 접근이 쉽지 않은 지역에 원주민들이 많이 사는 관계로, 의견을 교환하는 것은 매우 힘든 작업이었다. 더욱이 문화적 차이도 있어서 상이한 언어를 사용하는 원주민 조직 사이에 연대를 결성하기 어렵다. 그리고 원주민들은 원주민에게 호의적인 메스티소나 백인 등 비원주민의 정치조직과 농민조직을 의심하기 때문에 서로 신뢰하기가 어려웠다. 결국 원주민 조직과 비원주민 조직 사이의 유기적인 협조를 기대하기도 용이하지 않았다. 이러한 어려움에도 불구하고 일부 지역에서는 원주민 조직이 활성화되고 있어서 자신들의 생존권과 권익옹호를 위해서 노력하기도 했다.

어려운 상황에서도 많은 원주민들이 스페인의 식민지배에 저항했다. 그중에서도 남미의 칠레의 아라우코(Arauco) 지역의 성공적인 저항에 대해 많은 연구가 있다. 아라우코 원주민들은 1880년경에 칠레의 군대에 의해 패할 때까지 자신들의 영토를 지켰고, 아르헨티나의 남부지역도 차지했었다. 이들은 정치적 자치를 유지하고 효율적인 저항을 위해 식생활과 주거형태 등 생활양식에 많은 변화를 가져왔다. 또한 스페인의 싸움전략을 연구하고 적절한 방어책을 마련했다. 일부의 스페인 이탈자들이 이들 원주민과 생활하며 저항에 참여하기도 했다(Padden, 1993). 그밖에도 1780년에 안데스 지역의 카시케였던 호세가브리엘 데 콘도르칸키(José Gabriel de Condorcanqui)가 고지대의 많은 원주민들을 거느리고 반란을 일으켰다. 그는 자신이 잉카의 마지막 지배자로 1572년에 처형된 투팍 아마루(Tupac Amaru)의 후손임을 주장하면서 스스로 투팍 아마루 2세라고 불렀다. 그는 몇 개월 동안 쿠스코의 고지대를 점령했고, 심지어 메스티소와 하층계급의 스페인인으로부터도 지지를 받았다. 그는 리마에서 파견된 군대에 패해서 처형되었지만, 페루와 볼리비아를 포함하는 안데스 지역에서 오랫동안 주기적인 반란이 계속되었다. 북중미에서는 식민시대에 멕시코 북서부에 사는 야키(Yaqui) 원주민들이 강한 종족적 연대를 유지했으며, 외부의 부당한 요구에도 강력하게 저항했다. 이들도 정치적 자치를 유지할 목적으로 자신들의 문화를 일부 수정하였다. 이들의 정부에 대한 저항은 독립 이후에도 계속되었다. 특히 19세기 말에 독재자인 포르피리오 디아스(Porfirio Díaz) 시절에 자신들의 토지를 뺏으려는 정부의 시도에 대해 단호하게 맞섰다. 이런 투쟁은 18세기와 19세기의 다른 지역의 원주민 운동과 비슷한 것이다 (Hu-DeHart, 1993).

식민시대에 원주민 운동이 여러 지역에서 수시로 발생했지만, 체제를 위협할 정도로 활발하게 전개되지 못한 것은 정복자들의 통제가 엄격하기 때문이기도 했지만, 원주민들 사이에도 다양한 형태의 알력이 존재했기 때문에 서로 협력을 하기 어려웠다. 특히 토지문제를 두고 원주민과 메스티소 사이에만 갈등을 일으키는 것이 아니라, 서로 다른 원주민 사회끼리도 많은 갈등이 존재해서 이들이 힘을 합쳐서 식민지배에 저항하기가 용이하지 않았다 (Schryer, 1993: 203). 원주민들 사이의 갈등은 독립 이후에도 지속되었고 오늘날에도 완전히 사라지지 않았다. 더욱이 식민지 지배세력에 대한 원주민들의 저항은 명확한 지도력 아래에서 움직이는 집단적 대중반란의 성격을 띠어서 효과적이기는 했지만, 대부분이 즉흥적이어서 오래 지속되지 못하는 한계를 지니기도 했다

(Taylor, 1993: 111). 원주민 마을에서의 반란은 식민지배의 중심지였던 멕시코와 페루지역에서 빈번하게 발생했는데, 대부분 지역 내의 불만을 표출하는 것이어서 정부에 대한 대규모의 조직적 저항으로 발전하지 못하는 사례가 많았다.

(2) 독립 이후의 원주민 운동

독립 이후에 라틴아메리카의 국가들은 원주민 문제를 해결하기 위한 여러 정책을 실시했다. 식민시대와 비교해서 강압적인 원주민 정책 대신에 보다 완화된 다양한 형태의 정책이 등장했다. 이에 따라서 원주민들도 새로운 정부의 변화를 기다리는 경우도 있었다. 그렇기 때문에 독립 직후에는 원주민들의 저항이 그다지 흔하지 않았다. 그렇지만 원주민들의 생활여건이 크게 개선된 것은 아니었다. 원주민들의 생존이 위협받는 사례도 종종 발생했다. 일부의 국가에서는 적극적으로 원주민의 존재를 인정하지 않고, 새로운 국가의 질서에 원주민들을 완전히 편입시키려는 노력을 했다. 그중에서 아르헨티나나 브라질처럼 경제발전의 명목으로 원주민의 토지를 빼앗아 원주민들을 주거지에서 내쫓는 경우도 있었고, 한편으로는 원주민들을 고립되고 척박한 땅에 제한적으로 거주하게 하였다. 전반적으로 원주민과 원주민 사회에 대한 눈에 보이지 않는 차별은 여전해서, 원주민들의 생활형편은 식민시대에 비해 크게 달라지지 못했다. 이렇게 원주민의 존재를 바람직하지 않은 것으로 생각하는 입장에 대해 원주민들은 당연히 반대하였고, 원주민 고유의 종족적·문화적 특징을 부각시키면서 공동체적 유대관계와 정체성을 고수하였다. 비록 소수이기는 하지만 일부의 원주민들은 20세기에 들어서자 서서히 정부에 대항하면서 자신들의 요구조건을 실현시키기 위해 노력했다.

20세기 중반 이전까지 외부의 여건이 어려워지면서 원주민들이 조직운동에 적극적으로 참여하기보다는 그들 고유의 전통적인 종교적, 이념적 체계들을 강조하면서, 외부사회와는 구별되는 체제를 유지하려 한다. 이런 현상은 식민지시대부터 시작되었던 '종족적 퇴행'(Ethnic Involution) 같은 형태에 그 원인이 있다고 보겠다. 해리스(Harris, 1964: 40-41)에 의하면 일부의 원주민들은 그들이 가장 낮은 사회계층에 속한다는 사실을 알고, 메스티소들과 경쟁을 하기보다는 자신들 내부의 문제에만 관심을 기울이고, 필요한 경우를 제외하고는 외부인들과의 접촉을 꺼리게 된다는 것이다. 원주민들은 자신들의 권리나 자산을 보호하기 위해 '우리'와 '그들'을 구분하여 마을 내의 생활에 외부인이 참여하는 것을 막았다. 또 사회구성원들의 동질성을 강화하려는 목적으로 고유한 문화적 전통이나 관습을 지속시켜 나간다. 결국 적지 않은 수의 원주민 사회가 식민시대 때부터 시작되었던 폐쇄적 농민공동체의 성격을 부분적으로 유지했기 때문에, 원주민들이 사회에서 부당한 대우를 받고 불평등한 관계에 놓여도, 원주민들이 적극적으로 문제를 해결하려는 사회운동에 참여하지 않았다.

원주민들의 본격적인 저항은 전 세계적으로 소수집단에 대한 관심이 증가하기 시작한 20세기 중반부터 시작되었다. 대표적인 계기는 1940년에 멕시코의 대통령이었던 라사로 카르데나스(Lázaro Cárdenas, 1934~1940)의 초청으로 멕시코의 팟스콰로

(Pátzcuaro)에서 원주민과 라틴아메리카정부 대표들이 모여 원주민에 관한 정책을 논의한 사건이었다. 이 모임을 통해 원주민들이 조직적인 활동을 시작했고 정부의 관심을 유도하여 정책에도 영향을 미칠 수 있게 되었다. 원주민들은 이런 기회를 활용하여 자신들의 문제를 적극적으로 제시하려 했지만, 즉각적으로 큰 효과를 볼 수는 없었다. 이 행사 이후에 1950년대와 1960년대에 들어서도 원주민들을 변화시키려는 라틴아메리카 정부의 제도적인 노력은 지속되었다. 자유주의자들은 빈곤과 저개발의 문제를 안고 있는 원주민 사회를 근대화, 교육, 문화의 전파, 기술발전 등을 통해 해결해야 된다고 인식했고, 좌파의 지식인들은 원주민 문제를 문화적으로 파악하기보다는 억압받는 피지배계층의 하나로 고려하면서 경제적인 문제를 해결할 것을 강조했다(Van Cott, 1994: 5).

원주민 운동에 있어서 주목할 만한 변화는 20세기 후반, 특히 1970년대에 들어 정치적·사회적 행위자로서의 원주민의 중요성이 증대되면서 나타났다. 이것은 원주민의 정체성이 새롭게 발전하고 이를 바탕으로 원주민들이 다양한 조직을 구성하여 국제적인 연대를 형성하여 새로운 사회운동에 적극적으로 가담하게 되었기 때문이다(Brysk, 1994; Korovkin, 1997; Stavenhagen, 1997). 예를 들면, 1971년 세계교회협의회(the World Council of Churches)의 주최로 바베이도스(Barbados)에서 '원주민의 해방'이라는 주제로 국제회의가 개최되었다. 이를 계기로 그동안 원주민 문제가 일부의 지식인들에 의해 다루어지던 실정에서 탈피하여, 전 세계적인 관심사가 되었다. 원주민 문제에 대한 국제적 관심은 1977년과 1982년에 유엔에 의해서도 표출되었다. 유엔이 중심이 된 회의에서 원주민의 권리를 지키기 위한 다양한 논의가 이루어졌다(Van Cott, 1994: 6). 원주민들은 이런 기회를 활용하여 자신들이 처한 현실을 탈피하고자 정부나 사회를 상대로 필요한 것을 요구하는 사회운동을 전개하기 시작했다. 이렇게 됨으로써 원주민에 대한 국내외적 관심이 증대되고 이들이 겪고 있는 여러 문제가 바깥으로 표출되었다. 이렇게 라틴아메리카에서는 원주민들이 자신들의 고유한 정체성을 기반으로 한 투쟁에 적극 참여하고 있는데 헤일은 이를 '문화적 정체성의 정치'라고 규정했다(Hale, 1997).

원주민들은 자신들이 처한 열악한 현실을 국내적으로 해결하기가 쉽지 않다는 것을 깨닫고 새로운 시각을 발전시켰다. 즉 원주민 운동이 활성화된 것은 국내적으로 약자라는 현실을 국제적인 문제로 부각시킴으로써 성공할 수 있었다(Brysk, 1996: 39). 이런 상황에서 원주민 의식을 새롭게 인식하고 원주민의 전통문화의 중요성과 의미를 부각시키는 현상이 등장했다. 이런 움직임이 모든 원주민 사회에서 동일하게 나타난 것은 아니었다. 실제로 원주민의 종족정체성은 같은 지역에서도 주어진 상황에 따라 강화되기도 하며 약화되기도 한다. 멕시코의 오아하카 주의 경우에도 후치탄(Juchitán) 지역과 같이 원주민성을 기반으로 하는 사회정치운동이 활발한 지역이 있기도 하지만, 대부분의 지역에서 보는 것과 같이 원주민의 문화와 정체성이 지속적으로 소멸되기도 한다(주종택 1996: 82-85). 후치탄에 거주하는 사포테코인(Zapoteco)들은 자신들의 고유한 언어, 전통의례, 예술 등 문화활동을 통해 원주민성을 강조함으로써 독자적인 정치세력을 발전시킬 수 있었다(Rubin, 1994: 131). 이 지역은 오랫동안 정치경제적으로 소외되어 상대적으로 박탈감을 느끼면서 중앙정부에 대한 불만이 많았던 곳이다. 이렇게 정치적 세력화가 가능했던 이유는 이들이 산간지역에 사는 원주민과는 달리 평지에 살고 있어서, 다른 집단이나 사람들과 교류가 활발하여 정보를 교환하기 용이하였기 때문이다.

　정부의 정책 및 사회적인 인식과 더불어 원주민 운동의 확산과 원주민정체성의 발전에 기여하는 것은 원주민 집단 내부의 문제와 원주민과 비원주민의 대립관계이다. 종족정체성을 강조하는 현상이 통상적으로 갈등이나 경쟁의 상황에서 발생한다(Stephen, 1996: 18)는 점을 고려하면, 원주민 사회가 외부사회와 어떤 이해관계를 갖는지를 살펴볼 필요가 있다. 즉 원주민들이 자신들만의 고유한 문화를 바탕으로 자신들의 사회가 메스티소 사회와 어떤 차이가 있는지를 주장하면서, 자신들이 처한 현실을 개선할 수 있을 때는 정체성을 강조하는 것이 유리하다. 그러나 현실적으로 별다른 이익이 없을 때에는 정체성을 적극적으로 내세우지 않는다. 그것은 원주민들의 문화적·사회적 자원을 보존하고 부활시키는 것이 정체성과 유대감을 강화시키는 역할을 하지만, 동시에 정체성의 강조는 외적 차별성을 부각시켜서 억압과 탄압의 구실을 마련해 주기 때문이다(Kearney, 1996: 7).

　특히 1970년대 이후에 원주민의 조직적 운동이 활발해진 이유는 공동토지의 사유화 등 신자유주의적인 경제정책이 실시되어 원주민들의 생활이 극심한 어려움에 빠졌기 때문이었다. 사회의 각 분야에서 경제적 이익을 극대화하기 위한 경쟁이 심화되면서 원주민들은 더욱 불리한 위치에 놓이게 되었고, 이것이 원주민들의 사회운동을 촉발시키는 계기가 되었다. 그전까지만 해도 지역,

언어, 문화 등 여러 가지 차이로 인해 원주민들의 조직운동이 활성화되기 어려웠는데, 경제적인 문제가 보편적인 원주민 사회의 관심의 초점이 되면서, 서로 다른 원주민 집단 사이에 쉽게 연대가 형성될 수 있었다. 1970년대와 1980년대를 거치면서 인디헤니스모에 대한 비판으로 발전된 원주민운동은 정부에 공정한 원주민 정책을 요구하게 되었다. 또한 단순하게 지역적 차원에서 원주민 사회의 생활조건을 개선하려는 요구에서 벗어나서, 점차 민주주의와 시민권을 포함한 국가적 영역까지 관심의 영역을 확대했다(Sieder, 2002: 193).

남미 지역에서도 원주민들의 조직적인 정치적 행동이 조금씩 싹트기 시작했다. 1970년대에 에콰도르, 콜롬비아, 볼리비아 등지에서 원주민들이 조직을 형성하여 자신들의 문화를 유지하면서 경제적·정치적 이익을 지키기 위해 싸웠다. 이런 활동에 힘입어 안데스지역에서도 원주민들의 권익을 보호하기 위한 자생적 조직이 광범위하게 만들어졌다(Van Cott, 1994: 9). 1980년대 후반이 되면 원주민 조직은 본격적으로 원주민 사회의 완전한 자치를 요구하게 되었다. 이런 움직임은 대부분의 원주민 조직이 참여하여 1990년 7월에 에콰도르의 수도인 키토(Quito)에서 열린 제1차 원주민 대륙회의에서 분명하게 확인되었다(Díaz Polanco, 1997: 129). 초기의 과격한 원주민 사회운동에 대해 군사정부와 권위적 독재자들은 무장게릴라에게 했던 것과 마찬가지로 원주민들의 움직임을 무력으로 탄압하려 했다. 그렇지만 권위주의 체제에서 민주체제로 이행된 1980년대에는 무력으로 인한 탄압이 어려워지면서 원주민운동이 활성화되었다. 과거에 비해 정부의 탄압이 크게 줄어들고, 일부의 원주민 단체들이 정치적 민주화 운동을 할 수 있어 선거정치에도 참여할 수 있게 되었다(Van Cott, 1994: 10). 특히 1992년 유럽인들이 미대륙에 도착한 지 500년이 되는 해를 맞이하여 각국에서 원주민 조직들이 활발한 운동을 벌였다. 이런 운동은 1992년 마야의 원주민인 과테말라 출신의 리고베르타 멘추(Rigoberta Menchú)가 원주민 운동에 기여한 바로 노벨평화상을 수상하고, 1993년을 유엔이 '원주민의 해'로 지정하면서 획기적인 전환점을 마련하였다(Van Cott, 1994: 8).

오늘날 원주민 사회에서 정부에 공통적으로 요구하는 것은 기존의 통합 및 동화정책에 반대되는 다원적 사회를 구성하라는 것이다. 구체적으로는 자결 및 자치권의 인정, 정치적 개혁의 실시, 토지와 자연자원에 대한 권리를 바라고 있다. 이렇게 함으로써 원주민의 고유한 전통과 관습을 유지할 수 있고, 원주민에 대한 차별과 불평등을 없앨 수 있다는 것이다(Van Cott, 1994: 12). 이러한 원주민들의 주장에 대해 라틴아메리카의 정부들은 원주민의 독특한 문화적 전통을 유지하는 것에 대해서는 부분적으로 허용하려 하지만, 정치적 자치에 관해서는 국가의 주권을 위협한다는 점에서 분명히 반대하고 있다. 이런 한계에도 불구하고, 거의 대부분의 원주민 조직들은 자치권을 획득함으로써 원주민 사회의 발전에 관련된 의사결정 과정에 영향을 미치고 제도정치에도 참여할 수 있는 기반을 마련하려고 한다(Van Cott, 1994: 13).

2. 원주민 운동의 변화와 신사회운동

식민시대부터 독립 직후까지 라틴아메리카의 원주민들은 경제적 궁핍, 상이한 언어와 관습, 그리고 다양한 정치적 이해관계로 인해 심각하게 분할되어 있어서, 전 세계 다른 국가의 소수민족들처럼 소수집단의 운동을 활발하게 전개할 수 없었다. 그러다가 1970년대에 들어서면서 극적인 변화가 일어났다. 원주민들은 세계적인 사회적 변화에 부응하면서 자신들만의 독특한 문화를 중요한 자원으로 활용하여, 정치적 주변화와 빈곤을 극복하려는 목적으로 다양한 요구를 하는 사회운동을 할 수 있었다(Warren and Jackson, 2002: 1). 1970년대에 원주민들은 상호 간의 문제를 해결하기 위해 공동으로 대처할 필요를 느끼게 되었고, 국가나 지역에 따라 원주민 의회를 조직했다. 이들은 법집행에 있어서 차별이 없는 공정성을 요구하고, 도시에 집중된 제반 시설을 농촌 지역에도 설치하고, 생산활동을 지원하며, 메스티소의 지배를 없애면서 자신들의 관습을 지켜 나갈 권리를 주장했다(Hewitt de Alcántara, 1984: 118). 이런 종류의 새로운 원주민들의 움직임은 단순히 종족의식이 새롭게 인식되었기 때문에 시작된 것이 아니다. 부분적으로 원주민들이 지역적·국가적 차원에서 사회적·경제적·정치적으로 제한된 기회만을 강요받아 왔기 때문에 원주민 사회가 위기에 봉착했고, 이에 대한 반작용으로 발생한 것이다.

원주민 운동이 새로운 전기를 마련하게 된 배경에는 라틴아메리카 국가들이 앞다투어 신자유주의 정책을 실시하면서 원주민들의 삶이 더욱 열악해졌기 때문이다. 이렇게 되자 1970년대 말과

1980년대 초의 최초의 신자유의적 개혁에 맞서서 원주민들은 다양한 조직과 운동을 통해서 자신들의 주장을 내세우기 시작했다 (Dietz, 2004: 46). 한편으로는 신자유주의 개혁이 민주화, 경제적 자유화, 그리고 탈중앙집권화를 촉진시켜서, 원주민들이 활동할 수 있는 공간을 열어 주었다. 게다가 국제적인 비정부기구와 유엔 등 다양한 기관의 압력으로 많은 국가들이 차이에 따른 권리를 인정하게 되어, 원주민들도 고유한 전통과 공동체에 대한 담론을 사회에 요청할 수 있었다. 이런 과정에서 권위적인 정부에서 점진적으로 민주적 정부로의 전환이 이루어졌다. 이어서 1980년대와 1990년대의 라틴아메리카의 정치적 자유화의 결과로 국가가 원주민들의 불만을 일방적으로 무시하거나 탄압하지 않게 되었다. 이렇게 되면서 원주민들이 조직행위를 할 여유가 생겼고, 과거에는 불가능했던 보다 포괄적인 요구조건도 제시할 수 있게 되었다. 다시 말해, 원주민들의 입장에서 새로운 형태의 투쟁과 새로운 반응이 대두되었다. 그렇지만 실제로 원주민들이 조직활동을 하고 저항을 시작하면서 수천 명의 지도자가 암살당하는 등 피해도 막심했다. 특히 지난 30년 동안 과테말라, 페루, 콜롬비아 등지에서는 정치적 억압이 극심해서 수십만 명의 원주민이 죽고 백만 명 이상의 원주민 난민이 발생했다. 일부의 국가에서는 내전이 발생하기도 했다. 물론 이런 와중에도 원주민들의 문화를 인정받는 성과를 거두기도 했다. 많은 라틴아메리카 정부는 어쩔 수 없이 원주민들의 요구를 일정한 범위 내에서 수용해야 했다. 특히 원주민들이 고유한 문화를 유지하는 것을 제도적으로 허용하는 경우가 많은데, 일부의 학자들은 지배계층이 다문화적 시민권 개혁을 국가가 시민들에게 물질적인 요구는 충족시키지 못한 상태에서, 시민들의 이해에 부응하는 것처럼 신호를 보내는 수단으로 활용한다고 본다. 원주민들의 요구조건이 해가 갈수록 강도가 높아지는 현실에서 국가는 더 급진적인 원주민 집단의 요구를 거부하기 위해, 선택적으로 일부의 원주민 집단과 우호적인 관계를 맺기도 했다. 요약하면, 원주민 사회의 입장에서는 신자유주의로 인한 긴축 재정정책이 원주민들의 삶을 어렵게 만들어 자신들의 자치와 생계에 부정적인 영향을 미치면서 종족운동이 활성화되는 계기가 되었다(Jackson and Warren, 2005: 552).

신자유주의에 대한 원주민들의 거부가 강화되면서, 종족성이 사회운동과 정치적 행위에 사용될 때에 강력한 도구로 바뀐다. 신자유주의 개혁은 탈중앙집권화를 내세우기 때문에, 권력을 쟁취하고 사회적으로 인정을 받으려는 원주민들의 입장에서는 새로운 기회와 동시에 제약 요건을 받아들여야 한다. 물론 단순한 탈중앙집권화만으로 사회에서 원주민 마을의 정치적 참여를 확대하기는 쉽지 않다. 문제는 원주민들의 입장에서 이런 변화를 어떻게 이용할 것이냐 하는 문제가 남아 있다. 경제적으로는 원주민들의 생활이 더욱 어려워졌지만, 정치적으로는 과거보다 활동범위가 넓어지고 한결 편해졌다. 경제적 측면에서 구조조정의 결과로 공공서비스가 급격하게 축소되었고, 물가를 지원하는 제도와 농업부문에 대한 보조금도 사라졌다(Jackson, 2005: 161). 이렇게 되면서 정부의 경제적 지원에 크게 의존하는 원주민들에게 정치적 민주화와 달리 생활은 더욱 어려워졌다. 그중에서도 사회 서비스의 축소와 고용의 감소는 가난한 원주민들에게 부정적인 영향을 미친다. 신자유주의 정책으로 경쟁적 우위를 점유하게 된 사람들은 정치경제적 권한을 가진 백인들과 소수의 메스티소뿐이다. 이런 측면에서 보면 신자유주의는 특정한 집단에게 유리하게 작용되기 때문에 새로운 방식으로 베일에 가려진 인종차별주의를 내포하고 있다.

신자유주의 개혁은 일부의 세력에게 정치적 공간을 열어 주고 발전과정에서 지역의 통제권과 결정권을 인정한다. 그러나 경제적으로는 많은 문제가 있는데, 원주민들이 주로 참여하는 농업 분야에서 더욱 심각한 문제가 대두되었다. 재정지원이 없는 위임통치, 지방세의 증가, 토지소유권의 이전 등 농촌지역에서 생계를 위협하는 자원의 상실을 초래함으로써 갈등을 유발시킨다. 라틴아메리카의 수입대체전략은 1970년대에 종식되었다. 그러나 농업 보조금과 공적 지출을 축소시키고 농업생산이 상업화되면서 기존의 제도와 판매체계가 영향을 받았다. 이렇듯 농업이 세계화되고 초국가화되면서 관세가 자유화되고 경제가 개방되어 새로운 경제정책이 실시되었고, 이에 따라 그동안 가난한 농민들과 원주민들이 주로 혜택을 보았던 직접 보조금, 최저가격제도, 농업 신용대출 등이 막대한 피해를 입었다(Teubal, 2009: 13). 이런 현실을 맞이하면서 대부분이 농민인 원주민들의 새로운 운동은 세계적 규모에서 식량안전과 식량주권을 요구하는 반세계화 및 환경운동과 직접적으로 연결되어 있다. 농민과 원주민들은 경쟁원리에 입각한 기업식 영농에 관여하는 초국가적 기업이 추진하는 지배적 산업 모델을 거부하는 것이다(Teubal, 2009: 11). 이런 맥락에서 근래에 라틴아메리카에서 소규모 농민들과 농업노동자들의 운동이 다시 일어나고 있다. 신자유주의와 기업농의 확산을 반대하는 투쟁이 전개되면서 토지문제와 토지개혁이 중요한 관심사로 떠오르고 있다(Teubal, 2009: 15). 이런 방식으로 가난한 농민들인 원주민들의 투쟁과 사회운동이 사회의 다양한 분야까지 확산되고 있다.

원주민들이 그동안의 방관자의 입장에서 벗어나서 주체적으로 사회변화에 참여하게 된 것은 자신들의 문화와 정체성을 새롭게 이해하고 평가하였기 때문이었다. 특히 여러 정치조직에 의해 시도된 원주민 정체성의 새로운 인식은 원주민 문제를 재검토하게 만들었다. 자연스럽게 원주민의 사회운동은 '정체성의 정치'(Politics of Identity)로 이어지게 되었다. 이런 움직임이 보다 가시적인 성과를 달성하려면 집합적 정체성과 사회 내부에서 '다를 수 있을 권리'를 접합시키는 것이 자신들의 정치적 영역을 재구성하고 새로운 형태의 민주주의를 만들어 내는 데 중요하다(Moksnes, 2005: 585). 정체성의 정치에서는 문화에 기반을 둔 요구조건을 제시하기 때문에, 의미에 대한 다툼이 중요하다(Mattiace, 2003: 25). 한편, 헤일(Hale)이 사용하는 '관리되는 신자유주의적 다문화주의'(Managed Neoliberal Multiculturalism)나 '허용된 원주민'(Indio Permitido)이라는 개념을 고려해 보면, 정체성이 사회운동의 배타적인 조건이 되는 것은 아니고, 이런 정체성을 신자유주의에 대한 광범위한 투쟁으로 연결시키는 것이 전략적으로 중요하다(Stahler-Sholk et al., 2007: 11). 특히 1990년대에 들어서서 종족문제에 기반을 둔 갈등과 사회운동이 급격히 증가하면서 많은 지역이 분쟁에 휘말려 들게 되었다. 이런 현상은 다양한 종족적 기반을 가지고 있는 라틴아메리카 사회를 제도적 장치를 통해서 완전히 통합시키려는 정부의 노력에 대해 일부 원주민들이 강하게 반발하고 있기 때문이다. 20세기 말에 이르면서 많은 사회운동이 동시 다발적으로 일어났다. 시민사회들의 저항은 정치적·경제적 불만, 종교적 논쟁, 종족 간의 갈등 등 다양한 요인에 기인하고 있다. 여기서 관심을 끄는 것은 자신들의 자율성, 완전한 독립, 권리회복 등을 쟁취하려는 종족집단들의 움직임이다.

이렇게 종족성 등 기존의 사회운동과 관계있었던 정치경제적 이해관계를 넘어서는 다양한 사회문화적 요소들이 사회변화에 중요한 변수가 되고 있는데, 이런 형태의 운동을 '신사회운동'(New Social Movement)이라고 한다. 주목할 것은 신사회운동에서는 계급을 넘어서서 정체성을 두고 행동이 이루어지며, 참여하는 사람들이 다양한 정체성을 가지는 경우가 흔하다. 이런 정체성은 사회관계와 담론의 네트워크에서 행위자들의 지위가 반영되어 생산된다 (Bebbington and Bebbington, 2010: 140). 라틴아메리카에서 신사회운동의 확산과정을 보면, 단순히 역사적으로 진행되었던 대중들의 저항이 지속되는 것이 아니라, 민주화 과정에서 신자유주의적 세계화가 추진되는 현상에 대한 구체적인 원주민들의 대응으로 볼수 있다(Stahler-Sholk et al., 2007: 5). 세계화 현상이 심화될수록 세계시장에 개인과 사회, 국가를 편입시키려는 압력이 커지면서, 사회에서 소외되거나 경쟁에서 불리한 이질적인 집단들은 생존이 곤란해지며 위기에 몰리게 되고, 새로운 저항운동에 눈을 뜨게 된다. 신사회운동은 권력구조와 관계를 재편하여 제도권의 정치영역에서 새로운 관계를 만들려고 시도한다. 이런 변화의 결과로 볼리비아와 에콰도르 등 일부의 국가에서는 정부를 불안하게 만들거나 정치지도자들을 축출했다. 한편 원주민의 신사회운동과 더불어 풀뿌리운동의 증가로 그동안 큰 힘을 발휘하지 못했던 좌파정당에게는 새로운 기회가 오기도 했다. 더욱이 원주민 운동이 성장하면서 덩달아 환경론자나 동성애자, 여성운동가들도 활동의 폭을 넓힐 수 있게 되었다.

특히 원주민들이 자연환경을 해치지 않고 제한적으로 필요한 만큼만 자원을 이용하면서 생활한다는 점에서 원주민 운동이 환경운동으로 자연스럽게 연결되는 경우가 많다. 비록 엄격한 의미에서 원주민들이 본질적으로 환경보호주의자라고 주장하는 것은 논쟁거리가 될 수 있지만, 한 가지 확실한 것은 1980년대 말부터 많은 원주민 집단들이 세계적으로 가장 두드러진 환경보호의 대표자로서 두각을 나타냈다는 것이다. 실제로 원주민들은 자의적 혹은 타의적으로 문명의 혜택을 제한된 상태에서 누릴 수밖에 없어서, 그들의 생활이 환경에 직접적으로 미치는 피해는 현대의 비원주민들보다는 훨씬 적다. 이런 상황에서 많은 원주민 운동들이 현재 기업을 중심으로 하는 자본주의 세력이 맹렬하게 환경을 파괴하는 데에 맞서서, 전략적으로 자신들의 문화전통, 정신적 가치를 지속 가능한 사회의 상징으로 내세우고 있다. 여기서 원주민의 이미지가 지속가능성을 대변한다는 것이 단순히 상징적으로만 통용되는 것이 아니라, 실제 사회에서도 적용될 수 있는 사회적·정치적 자본이 된다. 원주민들이 자연에 대해 권리를 주장하는 것은, 각종 개발사업으로 환경파괴와 오염이 심각한 상태에서 전 지구적 규모의 환경보호가 절실하다는 인식과 맞물려 있다. 이렇게 전 세계적으로 국제기구를 중심으로 생태적으로 지속 가능한 발전을 도모해야 한다는 움직임이 생기면서, 이들이 원주민 집단들의 견해를 지지하게 만들었고, 이것은 원주민들의 정치적 입지를 구축하는 데 유익하게 작용하였다(Greene, 2005).

신사회운동은 주장하는 내용이나 이념뿐 아니라 다른 사람들이나 집단과 소통하고 의견을 공유하는 과정에서도 과거의 사회운동과는 많이 다르다. 인터넷과 같은 새로운 통신수단을 활용하고 지역의 수준에서 탈피하여 세계적인 저항의 네트워크와 정치공간을 이용한다. 또한 정당 같은 전통적인 정치기구를 멀리하고, 변칙적인 전략을 사용하여 과거의 사회적 가치관에 도전하면서 이질적인 개인과 집단을 결합하였다. 보다 구체적으로 신사회운동의 특징을 살펴보면, 전통적인 위계구조에 따른 정치기구로부터 자치를 추구하며, 의사결정과정에서 수평적이고 참여를 중시하는 과정에 관심을 기울인다. 또한 종족이나 성 등과 같은 공유된 정체성과 연결된 사회정의의 개념에 바탕을 둔 연대를 추구한다(Stahler-Sholk et al., 2007: 6). 20세기 말에 이르면서 인권, 여성의 권리, 환경주의 등 여러 초국가적 사회운동이 급증하면서, 과거에 비해 사람들이 행정부나 입법기관, 비정부기구들에 직접적으로 영향을 미칠 기회가 주어졌다. 한편 라틴아메리카 국가들이 인권이나 소수집단의 권리를 국제적인 관점에서 보게 된 것도 원주민들에게는 매우 유리한 상황이었다. 많은 라틴아메리카 국가들이 국제적인 인권에 관련된 조약이나 협약에 서명하면서 원주민들의 목소리가 반영될 가능성이 생겼다. 그중에서도 1989년 6월 27일에 채택된 국제노동협약 169조의 파급효과가 가장 컸다(Jackson and Warren, 2005: 551). 원주민과 부족민에 관한 국제노동협약 169조는 국제노동기구(ILO)가 국가에 압력을 행사하여 그들의 권리를 법률로 명시하도록 만들려는 의도에서 작성되었다(Safa, 2005: 310). 그동안 라틴아메리카 정부의 정책은 국가의 정치과정에 원주민들을 포함시키는 것을 선호하는 것처럼 보이지만, 사실은 사회의 핵심적인 분야에서 원주민들을 뚜렷하게 구분하였다. 이런 어려운 처지에 놓여 있던 원주민 조직들은 1989년 국제노동협약 169조와 다른 국제적 법률의 협정에 의해 공식적인 인정을 받는 성과를 얻었다.

국제노동협약 169조는 원주민들의 역사적 의미와 현대사회에서의 역할을 감안하여, 그들의 정체성과 경제적·문화적·사회적·정치적 권리를 인정하고 생활양식, 제도, 그리고 전통 등 문화를 존중하며, 그들에 대한 국가의 의무도 분명하게 명시했다. 또한 이들에 관한 정책을 펴는 데에도 정체성의 의식을 근본적인 기준으로 설정하였다(Martí i Puig, 2010: 81; Mattiace, 2003: 92). 이에 따르면 의사결정 과정에 원주민들을 포함시켜서 이들의 의견을 청취할 것을 강조한다. 비록 국제노동협약 169조가 라틴아메리카 정부와 원주민의 관계에서 즉각적이고 실제적인 영향을 주는 것은 아니지만, 원주민 운동의 전략적 가치를 인정하는 법적 기반을 마련해 준다는 점에서 대단한 의의가 있다(Mattiace, 2003: 93). 라틴아메리카 국가들이 다른 대륙의 국가들보다 국제노동협약 169조에 적극적으로 서명함으로써 원주민들에게 다소 우호적인 분위기가 조성될 수 있었다. 전 세계에서 노르웨이 다음으로 멕시코가 두 번째로 협약을 비준했다. 구체적으로 라틴아메리카의 서명국과 시기를 보면, 1990년에 멕시코, 1991년에 볼리비아와 콜롬비아, 1993년에 파라과이와 코스타리카, 1994년에 페루, 1995년에 온두

라스, 1996년에 과테말라, 1998년에 에콰도르, 2000년에 아르헨티나, 2002년에 도미니카, 베네수엘라, 그리고 브라질, 2008년에 칠레, 2010년에 니카라과가 동참했다.

이 밖에도 원주민들이 여러 분야에서 활동하고 있는 시민사회 조직과 연합하여 자신들의 요구를 관철시키는 데 상당한 성과를 내고 있다. 이런 노력의 결과로 국제적인 NGO들이 서로 연대해서 라틴아메리카 정부에 압력을 행사해서 원주민들의 요구를 수용하도록 노력했다. 특히 라틴아메리카의 NGO들은 원주민 집단들에게 자금을 지원해 주고 소송에 대비해 법률의 전문지식을 전달하기도 했다. 에콰도르의 와로아니(Huaroani) 원주민의 경우에는 이런 도움을 바탕으로 미국의 정유회사인 텍사코(Texaco)를 상대로 미국법정에 소송을 제기하기도 했다(Langer, 2003: xix). 이렇게 원주민들이 국경을 초월하여 다양한 외부 집단과 힘을 합쳐서 저항을 하게 되자, 라틴아메리카 정부들도 과거처럼 폭력적으로 원주민들의 불만을 해결할 수 없게 되었다. 그래서 원주민의 존재 의미와 역할을 인정하고, 부분적으로 원주민의 권리를 존중하는 '인정의 정치'(Politics of Recognition)를 도입할 수밖에 없었다. 구체적으로 '인정의 정치'에서는 국가가 공식적으로 문화적 다양성과 원주민의 권리를 인정하는 정치적 개혁을 실시하는 것을 말한다. '인정의 정치'는 어느 날 갑자기 등장한 것이 아니라, 1980년대 이후에 원주민을 메스티소와 동질화시키려는 노력이 원주민과 여러 사회정치세력에 의해 도전을 받게 되었고, 이런 토론과 투쟁의 결과로 등장하게 되었다(Anaya Muñoz, 2004: 414).

'인정의 정치'는 라틴아메리카에서 1980년대 중반에 시작되었다. 니카라과, 볼리비아, 콜롬비아, 멕시코, 에콰도르, 파나마, 파라과이, 페루, 베네수엘라 등 여러 국가들이 헌법을 수정하여 다문화주의를 표방하면서, 원주민들의 권리가 존중받을 수 있는 기틀이 마련되었다. 그렇지만 구체적인 개혁의 범위와 깊이는 국가마다 서로 다르다. 단지 문화적 다양성을 선언하는 데 그치거나, 원주민의 권리를 인정하기만 하고 아무것도 실천하지 않은 국가들도 있다. 단지 소수의 국가들만 원주민의 자치를 인정하는 구체적인 조항을 두고 있다. 멕시코의 경우에 에르네스토 세디요(Ernesto Zedillo Ponce de León, 1994~2000) 대통령은 국가의 분할을 우려하면서 개혁을 거부하였고, 결국 새로운 정부가 들어서서 2001년에 겨우 헌법이 개정되었다(Anaya Muñoz, 2004: 416). '인정의 정치'가 자리를 잡을 수 있었던 것은 라틴아메리카의 정치경제 엘리트들이 아직까지 부분적으로 불만스러운 면도 있지만, 장기적으로 다문화주의로의 개혁이 국가의 합법성과 통치가능성을 개선시킬 것이라고 생각했기 때문이었다. 결국 '인정의 정치'는 원주민 행동가들과 정부의 엘리트들이 상호작용을 하여 만들어진 것이다(Anaya Muñoz, 2004: 417).

이런 변화된 환경 속에서 신사회운동은 과거의 사회운동에 비해 참가자의 폭과 범위가 넓어졌고, 주장하거나 요구하는 내용도 훨씬 다양해졌다. 또한 활동의 범위도 더욱 다양해지면서 국가의 경계를 넘어서 영향을 미친다. 신사회운동이 가져온 긍정적 결과를 보면, 먼저 보다 광범위하고 많은 사람들을 포용할 수 있는 시민권을 재정의했다. 이와 더불어 라틴아메리카의 빈곤하고 주변적 위치에 머무는 사람들에게 엄청난 문제를 양산한 시장경제에 의해 조성된 개인주의를 비판하고, 형식적 평등이 아니라 집합적인 차원에서 시민의 권리를 요구한다(Stahler-Sholk et al., 2007: 8). 조직의 운영과 전략적인 면에서도 신사회운동은 과거의 운동과는 구분되는 차별성을 보이고 있다. 과거의 혁명운동의 조직은 지나치게 위계적이고 중앙집권적이어서, 수평적 민주주의와 대중들의 권한을 상승시키기에는 문제가 많았다. 신사회운동의 전략은 신자유주의의 정책으로 원자화되는 현상을 극복하고 연대를 구성하느냐에 관심을 둔다. 또한 과거와 같은 범주를 넘어서서 도시 빈민, 중산층, 실업자 등 다양한 세력들을 사회변화의 도구로 활용한다(Stahler-Sholk et al., 2007: 10).

원주민들의 신사회운동에서 핵심적인 내용은 자신들의 고유한 문화를 바탕으로 자치를 요구한다는 점이다. 역사적으로 식민시대부터 원주민 사회에 일정한 자치가 주어져서 원주민들은 자신들의 내부 문제를 부분적으로 해결할 수 있었다(Jackson, 2005: 169). 지속적인 외적인 압력에도 불구하고, 이를 통해 자신들의 독특한 문화적 속성을 유지하거나 발전시킬 수 있었다. 다시 말해, 라틴아메리카의 원주민 운동은 자결권과 자치를 목표로 하면서 원주민만의 문화적 특수성을 인정받으려는 것이다. 더불어 국가를 재조정하는 정치개혁, 영토에 대한 권리와 자연자원에 대한 접근권, 원주민에 대한 군과 경찰 권력의 개혁 등을 해결하려 한다(Jackson and Warren, 2005: 550). 그렇지만 자치를 주장하는 것이 문제가 전혀 없는 것은 아니어서, 세계화 시대에서 원주민만의 자치의 개념이 모호하고 위험하기도 하다. 그런 까닭에 원주민들은 자치를 논의할 때, 사회의 거대한 변화를 유도할 폭넓은 운동 전략을 찾으려고 애쓴다(Stahler-Sholk et al., 2007: 12).

  신사회운동으로써 라틴아메리카의 원주민 운동은 다양한 시민의 의미와 시민권의 형성에 대한 새로운 관념을 추구한다. 즉 차별화된 시민권을 인정하고 제도화할 필요가 있다는 것이다. 보다 구체적으로 다양성을 인정하면서 복수의 정체성이 존재하는 사회를 건설할 것을 목표로 한다(Yashar, 2005: 285). 이런 관점에서 보면 20세기 말에 시작된 라틴아메리카의 원주민 운동은 19세기 자유주의 정당들에 의해 제시된 국가건설과 동화정책에 도전하면서 (Yashar, 2005: 288), 인간의 기본권과 종족집단의 고유한 문화와 관습이 존중되는 새로운 사회를 만들어야 한다는 것을 강조한다. 여기서 중요한 것은 원주민 운동이 다양한 시민권의 형태와 정치적 경계를 요구하면서, 개인의 권리뿐 아니라 집합적인 권리와 정치적 자치를 원한다는 것이다. 이런 점들을 고려하여 멕시코, 에콰도르, 그리고 볼리비아의 원주민 운동이 어떻게 전개되었으며, 그 의미와 결과는 무엇인지를 구체적으로 분석해 보자.

IV.

종족성에 기반을 둔
국가별 사회운동

1. 멕시코

(1) EZLN의 성장과 치아파스의 사회적 현실

멕시코의 남동부에 자리 잡은 치아파스(Chiapas) 주는 과거에는 마야문명의 중심지로서 중요한 역할을 담당했던 곳이었다. 그러나 식민시대가 시작되면서 권력의 주변부에 놓이게 되면서, 경제적으로 빈곤하고 정치적으로도 큰 힘을 발휘하지 못했다. 식민시대에도 농업생산을 위한 경작지가 부족하고 백인들이 원하는 금이나 은 등의 광물자원이 많지 않다는 이유로 정복자들도 이 지역을 그다지 주목하지 않았다. 이런 까닭에 치아파스에는 백인들의 간섭이 상대적으로 적은 상태에서 많은 원주민들이 살면서 친족, 종교, 생산형태, 마을 등 공동의 사회구조 속에서 생활하며 소속감을 발전시켰다. 이런 점에서 에릭 울프(Eric Wolf)가 주장한 '폐쇄적 농민공동체'라는 용어가 치아파스에 사는 원주민의 생활양식을 잘 설명하는 데 적합하다. 그렇다고 해서 백인이나 원주민들이 전혀 이 지역에 발을 들여 놓지 않은 것은 아니었다. 종종 원주민들의 노동력을 이용하여 농작물을 재배하려는 시도가 있었다. 이런 외부인들의 침입에 대해 역사적으로 치아파스에서는 식민시대부터 다양한 원주민의 정치적 저항이 존재했다. 특히 식민시대 후반에 이르면서 원주민들이 주로 살던 이 지역에 원주민과 백인의 혼혈인 라디노(ladino 혹은 메스티소)가 대거 들어와 토지나 중요한 경제적 자원을 차지하면서, 이런 정치적 갈등은 심화되었다(Harvey, 1998: 65). 독립 이후에도 사정은 크게 달라지지 않았다. 과테말라에 속해 있다가 여러 가지 논란 끝에 과테말라보다는 멕시코에 편입되기를 선택한 치아파스 지역은 멕시코 정부로부터 별다른 도움을 받지 못하면서 열악한 상태로 계속해서 남아 있게 되었다. 멕시코의 다른 주와 비교하면 치아파스 지역에서는 에히도(Ejido)나[3] 공동토지들이 그다지 많지 않으므로 토지가 없는 농민들이 많아 빈곤이 심각하다. 또 거의 모든 토지가 천수답이어서 생산성이 매우 낮다. 생산되는 농작물을 보면, 주로 옥수수를 재배하고 다음으로 커피를 많이 생산한다(Harvey, 1998: 173). 그나마 생계작물을 재배하는 경우가 대부분이고, 판매를 위한 농업생산은 소수의 부유한 농업종사자에게만 한정된다.

---

3) 식민시대 이전부터 존재했었던 원주민 사회의 공동토지이다. 마을을 위해 의무를 적절하게 수행한 구성원들은 일정한 토지를 분배받아 경작할 수 있다. 에히도 토지는 상속은 할 수 있으나, 사고팔 수는 없었다. 식민시대에 에히도는 정복자들에게 토지를 부여하고 원주민으로부터 공물과 노동력을 이용할 수 있는 대신에 정복자들에게 원주민들을 개종시킬 권한을 부여한 엔코미엔다(Encomienda)로 대체되었다. 1917년 멕시코 혁명 이후에 이런 토지들이 다시 토지가 없는 농민들에게 분배되면서 에히도 제도가 다시 등장했다. 1992년 법의 개정으로 에히도 토지도 분할하여 개인이 토지를 등록할 수 있게 되었고, 이 토지를 사고팔 수 있게 허용되었다. 이 외에도 원주민들이 식민시대 이전부터 지금까지 계속해서 공동으로 경작해왔던 공동토지인 '테레노스 코무날레스'(Terrenos Comunales)도 있다.

그렇다고 해서 치아파스가 자원이 전혀 없는 쓸모없는 땅은 아니다. 매일 2,500만 배럴의 원유와 많은 가스가 생산되고 있다. 또한 수자원도 풍부해서 치아파스의 그리할바(Grijalva) 강은 멕시코 수력전기 에너지의 54%를 담당하고 있다. 농업분야에서는 멕시코 전체 커피 생산량의 35%를 치아파스가 책임지고 있다(Levi, 2002: 9). 게다가 삼림자원도 많아서 1981년과 1989년 사이에 7백만㎥의 목재가 치아파스에서 얻어졌다(Levi, 2002: 10). 그렇지만 이런 자원을 국가나 주정부가 직접 통제하고 있어서, 치아파스에 거주하는 사람들에게 돌아가는 혜택은 별로 없다. 심각한 토지부족 때문에 치아파스에서 개인의 토지를 습격하여 자신만의 토지로 만드는 것은 매우 오래된 역사적 전통이다. 1930년대가 되면 멕시코 혁명 이후에도 토지를 얻지 못한 많은 농민들이 라칸돈(Lacandón) 삼림지역을 개척하기 시작했다(Nelson, 2005: 280). 정글을 개척한다는 소문이 퍼지면서 치아파스뿐만 아니라 멕시코시티와 북부지역에서도 이주자들이 몰려와 개척자의 대열에 합류했다(Nelson, 2005: 282). 비록 멕시코 혁명을 주도했던 에밀리아노 사파타(Emiliano Zapata)가 남부지역 출신이지만, 라사로 카르데나스(Lázaro Cárdenas) 대통령이 1930년대에 이 지역의 에히도와 공동토지에 대한 규칙을 제정할 때까지, 멕시코 혁명이 치아파스에는 별 영향을 주지 못했다(Nelson, 2005: 281). 그래서 토지분배를 열망하던 가난한 치아파스 농민들은 정부의 정책에 항상 불만을 토로할 수밖에 없었다.

그러나 치아파스에서도 혁명이 끝난 다음에 토지분배가 이루어지지 않아서 문제가 생긴 것이 아니라, 토지를 분배하는 과정과 토지의 불균등한 분배가 문제라고 지적하는 학자들도 있다. 이들은 알려진 대로 치아파스의 토지개혁이 미흡했던 것이 아니라, 실제로는 치아파스에서 토지개혁이 상당히 진행되었다고 강조한다(Van der Haar, 2005: 485). 이런 견해에 따르면, 치아파스에서 토지개혁이 제대로 이루어지지 않았다는 견해는 1994년의 토지 무단 점유 사태와 사파티스타(Zapatista)에 의해 전직 주지사이자 부유한 지주인 아바살론 카스테야노스(Abasalón Castellanos)가 납치되면서 확산되었다. 그래서 사람들은 멕시코 혁명의 혜택이 남쪽의 치아파스까지 충분히 미치지 못했다고 생각하게 되었다는 것이다. 실제로 치아파스의 토지개혁은 상당히 진척되었고, 거대한 농장인 라티푼디아(latifundia)의 존재는 과거의 일이다. 치아파스는 실제로 대규모 농장보다 에히도가 많다. 1993년에 치아파스 전체 농지 740만 헥타르 중에 약 50% 이상인 380만 헥타르가 에히도나 공동토지에 포함된다. 반면에 사유지는 180만 헥타르로 1/4정도밖에 되지 않는다는(Van der Haar, 2005: 486) 사실을 지적한다. 토지분배를 보면 농장의 노동자들로부터 최초의 에히도 신청은 1933년에 이미 발생했다. 그리고 1938년에 최초의 에히도가 수혜자에게 돌아갔다. 1950년에 대규모 농장이 소유하던 토지의 43%가 에히도로 바뀌었고, 1960년이 되면 61%로 상승한다. 1993년에는 라디노 지주들이 원래 소유했던 토지 중에 3%만이 아직 사유지로 남아 있다. 나머지 토지는 에히도나 공동토지로 이미 전환되었다. 사파티스타 봉기가 일어난 1994년에는 대규모 농장이 치아파스 동부 지역에 일부 남아 있었다. 라칸돈 삼림지역과 중부 고지대도 상황은 비슷해서 에히도와 공동토지가 지배적으로 다수를 점유한다. 그러나 일부의 사유지가 남아 있어서 소 방목장과 에히도 사이에 팽팽한 긴장이 존재했다. 이렇게 치아파스에서 1990년까지 토지 분배가 지속적으로 이루어졌지만 종종 분배과정에서 분쟁이 발생했다는(Van der Haar, 2005: 487) 것이다.

어쨌든 인구에 비해 토지가 부족한 실정에서 1970년대와 1980년대에 토지를 얻기 위한 농민운동은 강화되었고, 일부 지역에서는 무단 토지 점거로 나타났다. 토지분배를 반대하는 지주들의 저항은 완강했고, 농민과 지주 사이의 갈등은 빈번하게 발생했다. 한편 부족한 농지 때문에 주민들 사이에서도 갈등이나 충돌이 많이 발생했다. 특히 종교적인 문제가 발생했을 때 이를 빌미로 토지를 빼앗으려는 시도가 자주 발생했다. 1990년에는 알타미라노(Altamirano)에 있는 토홀라발(Tojolab'al)의 한 마을에서 대다수인 천주교 신자들과 안식일 예수재림교회로 개종한 소수의 주민들 사이에 충돌이 발생했다. 천주교도들은 개신교로 개종한 사람들을 추방하고 개신교도들이 공동토지를 이용하지 못하게 막았으나, 개종한 사람들이 헌법에 명시된 종교의 자유를 내세우면서 무니시피오의 관리들의 지지를 받아 저항했다. 그 후에 개종한 사람들이 마을 토지의 가장자리로 이주하기로 합의했다(Van der Haar, 2005: 501). 마을마다 종교가 다양해지면서 갈등이 커지고 지역사회의 통합과 정체성에 부정적인 영향을 미쳤다. 개신교 선교사들은 원주민들이 정부와 천주교에 불만을 많이 갖고 있다는 사실을 고려하여, 가난한 원주민들을 대상으로 공격적인 선교를 전개했다. 예를 들면, 1980년대 이후에 토홀라발 원주민 가운데 개신교로 개종하는 사람들의 수가 빠르게 증가하였다. 1990년대가 되면 라스 마르가리타스(Las Margaritas)에 사는 인구의 1/5이 개신교도가 되었다(Mattiace, 2003: 103). 이런 상태에서 여러 마을에서 천주교도와 개신교도 간의 갈등이 심각하게 발생했고, 토지를 사이에 둔 분쟁도 덩달아 증가했다.

이런 실정에서 주정부나 중앙정부의 지원과 관심은 상대적으로 매우 미약했다. 그래서 국가로부터 별다른 영향을 받지 않았고, 상대적으로 원주민 사회의 전통과 관습이 상당한 역할을 담당했다. 게다가 원주민들이 부족한 경작지를 해결하려는 목적으로 토지를 개척하기 위해 접근이 용이하지 않은 라칸돈 정글지역으로 깊숙하게 들어가고, 이어서 천주교회의 도움을 받아서 마을 단위의 협동조합을 1980년대에 결성하면서(Mattiace, 2003: 19), 이 지역의 정치적 성향과 세력은 크게 변화하였다. 이렇게 되면서 원주민들의 사회와 종족정체성은 새롭게 형성되었다. 정부의 영향력은 인구가 밀집된 중부 고지대에 집중되었고 인구가 적은 지역으로 갈수록 점차 약화되었다. 예를 들어 고지대의 북쪽과 남쪽 끝에 있는 시모호벨(Simojovel)과 카란사(Carranza)를 보면, 정부기관들은 거의 찾아볼 수 없다. 그나마 라칸돈 삼림 지역의 카냐다(Cañada) 지역에는 정부기관이 전혀 없다. 이렇게 정부의 영향력이 불균등하게 분포되면서 여러 문제가 발생했다. 정부기관이 자리 잡은 중심지에서는 국가의 영향이 존재하기 때문에 라디노와 원주민 지도자들이 적절한 관계를 유지할 수 있었다. 반면에 주변 지역으로 가면 라디노 엘리트들은 토지개혁을 무시하면서 자신들의 이익을 추구하기 때문에 종족 간의 차별과 단절을 심화시켰다(Harvey, 1998: 66).

정치적인 맥락에서 보면 치아파스에는 사회경제적·정치적 불평등의 문제를 제기하면서, 1970년대부터 여러 좌익세력들이 들어와서 활동을 하기 시작했다. 이들은 산 크리스토발에 위치한 천주교 교구의 사제들과 긴밀한 관계를 형성하면서 활동을 했다 (Harvey, 1998: 9). 이밖에도 여러 조직들이 결성되어 정부와 대립하게 되었다. 1970년대와 1980년대를 거치면서 원주민들 중 일부는 농민조직, 노동자 정당, 그리고 천주교 선교사들과 접촉하면서 정치에 개입했다. 그렇지만 원주민들이 기존의 조직에 참여한다고 해서 계급에 기반을 둔 이해관계가 종족성을 대체하는 것은 결코 아니었다. 이 지역에서 시모호벨의 농업노동자농민독립연맹 (Central Independiente de Obreros Agricolas y Campesinos: CIOAC), 베누스티아노 카란사(Venustiano Carranza)의 에밀리아노 사파타 농민조직(Organización Campesina Emiliano Zapata: OCEZ), 그리고 라칸돈 삼림과 중부 고지대의 치아파스 에히도연합과 농민집단연합 (Unión de Uniones Ejidales y Grupos Solidarios de Chiapas: UU)이 1970년대와 1980년대에 걸쳐 활발하게 활동했다(Levi, 2002: 17). 이런 움직임이 조금씩 발전하면서 보다 체계적인 조직활동이 전개되기 시작했다. 사파티스타 민족 해방군(Ejército Zapatista de Liberación Nacional: EZLN)의 부사령관인 마르코스(Marcos)에 의하면 EZLN은 자신을 포함한 3명의 메스티소와 3명의 원주민이 모여 1983년 11월 17일에 결성되었다고 한다. 1982년은 라칸돈 삼림지역의 3개 마을인 플로르 데 카카오(Flor de Cacao), 신탈라파(Cintalapa), 그리고 누에보 프로그레소(Nuevo Progreso)에서 농민들이 자신들의 마을에서 쫓겨나면서, 자신들의 토지 문제에 대한 대책이 필요했던 시기였다(Harvey, 1998: 164). 지역 차원에서 원주민들과 접촉을 하던 사파티스타들은 조금씩 마을 사람들의 신뢰를 얻는 데 성공했다. 몇 년 사이에 라칸돈의 카냐다 지역에서 이웃과 친족집단을 매개로 사파티스타에 대한 지지가 증가하면서, 마르코스가 단순히 원주민들을 마르크스주의나 마오주의, 레닌주의, 게바라주의 등 혁명 이념으로 물들이려고 하지는 않는다는 것이 분명해졌다. 즉 마르코스 자신이 산악지역에서 원주민들의 생활과 관련된 독특한 문화적 신념을 직접 경험함으로써 원주민들의 생각이 변화된 것이었다(Levi, 2002: 18).

초기의 EZLN은 권력을 차지하려는 목적 아래 분명한 혁명전략을 가진 게릴라 운동이 아니라, 자위를 목적으로 무장한 지역 네트워크였다(Harvey, 1998: 165). 처음에는 원주민들의 어려운 정치경제적 상황을 극복하기 위한 노력에 집중했었다. 그러다가 정부에 대한 평화적인 저항이 용이하지 않고 실효성이 없다는 판단에서 무력투쟁을 실행할 것을 결정하였다. 사파티스타에 대한 원주민들의 우호적인 반응이 점차 확대되면서 조직도 지속적으로 커졌다. 1986년이 되면 마르코스와 11명의 원주민으로 확대되었고, 그 후에 2명의 메스티소가 더 참여하였다. 점차로 카냐다 지역에 퍼져 있던 친족 연결망을 통해서 소식이 알려지면서 EZLN에 대한 지원도 빠르게 증가하였다. 비밀을 유지하기 위해 식량과 무기 조달은 주로 밤에 이루어졌는데, 이 때문에 이들이 주술에 빠져 있다는 의심을 받기도 했다. 라칸돈 삼림지역은 마야 역사를 통해서 조상신을 포함한 다양한 신이 존재한다고 믿어지는 신성한 장소이기 때문에(Harvey, 1998: 166), 이런 오해가 발생했다. 그러다가 사람들에게 인정을 받고 신뢰를 획득하면서 무장집단은 마을을 자유롭게 드나들 수 있게 되었다.

원주민들의 신뢰가 두터워지면서 EZLN의 구성원이 되려는 사람들은 날이 갈수록 증가하였다. 예를 들면, 아버지가 아들을 조직에 끌어들이면, 그 아들은 자신들의 형제와 사촌 혹은 삼촌을 데리고 들어왔다. 남녀를 불문하고 성인은 육체적인 불편함, 훈련, 군사적인 규율만 견딜 수 있다면 누구나 사파티스타 민병대의 일원이 될 수 있었다. 그렇지만 힘든 훈련 때문에 민병대에 가담한 사람들은 거의 젊은이들이었다. 자신들의 마을에 농지가 부족하다는 것을 잘 아는 가난한 가구 출신의 젊은이들은 싸움에서 승리를 하면 토지와 재산을 분배받을 수 있다는 기대감에서 사파티스타의 약속을 굳게 믿었다(Estrada Saavedra, 2005: 534). 1988년에서 1989년 사이에 무장된 전투원은 80명에서 1,300명으로 짧은 시간에 엄청나게 늘어났다. 원주민들도 이런 움직임에 동조하여 그동안 마을의 종교적 축제에 사용되던 돈을 암시장에서 무기를 구입하는 데 사용하기 시작했다. 이렇게 되면서 비밀스럽게 자신들만의 무기와 탄약을 모을 수 있었다. 1992년이 되면 오코싱고(Ocosingo), 알타미라노, 라스 마르가리타스 등 카냐다 지역의 주요한 마을에서 사파티스타들에 대한 지원이 널리 확산되었다(Harvey, 1998: 167). EZLN은 비밀위원회로부터 명령을 하달받고, 무장한 자위 집단으로부터 보호를 받았기 때문에(Harvey, 1998: 168), 자신들의 존재를 외부에 노출시키지 않은 상태에서 정부를 상대로 한 저항을 준비할 수 있었다.

이 당시에는 치아파스 이외의 다른 주에서도 유사한 농민과 원주민들의 저항이 일어났다. 그중에 원주민들의 저항은 활발한 조직운동으로 변화되었다. 일부에서는 에밀리아노 사파타가 약속했던 토지개혁을 기대하면서 조직을 구성했다. 미초아칸(Michoacán) 주에서는 에밀리아노 사파타 농민 연합(Unión de Comuneros Emiliano Zapata: UCEZ)이 1979년에 결성되었고, 치아파스에서는 1982년에 에밀리아노 사파타 농민협회(Organización Campesina Emiliano Zapata: OCEZ)가 활동을 시작했다. 1970년대 말과 1980년대 초 많은 원주민 사회가 멕시코혁명 당시인 1911년 에밀리아노 사파타가 제시한 토지개혁에 따라서 토지분배를 요구하는 투쟁에 참가했다. 이들은 다양한 농민조직을 구성하여 자신들의 목소리를 높였다(Dietz, 2004: 47). 즉 1970년대와 1980년대 농민운동은 지나칠 정도로 토지개혁과 법적·정치적 문제에 집중하였다(Dietz, 2004: 48). 이런 치아파스의 조직활동은 멕시코의 다른 지역에서 발생한 조직운동과 밀접한 관련을 맺으며 성장했다. 1970년대와 1980년대에 전국적으로 일자리가 없는 농업노동자와 토지가 없는 농민들의 반란과 토지 점거가 발생했다. 마오주의를 내세운 전국자치 농민지역조합(Unión Nacional de Organizaciones Regionales Campesinos Autónomas: UNORCA)이 1985년에 설립되어 핵심적인 활동을 하게 되었다. 이들은 정부가 농민들에게 기본적인 작물에 대해 최소한의 가격을 보장해 줄 것을 요구했다(C. de Grammont and Mackinlay, 2009: 25). 각 지역에서도 이와 비슷한 조직들이 생기기 시작했다. 특히 원주민의 입장을 반영하는 집단의 활동이 활발해졌는데, 이들은 이중언어 교육과 전통적 관습의 보호, 농촌의 이주노동자의 작업환경과 임금 문제, 에히도와 무니시피오의 행정에 원주민들의 참여하는 문제, 인권 문제 등을 제기하였다. 1980년대 초에는 전국원주민조직(Coordinadira Nacional de Pueblos Indígenas)

이 구성되었다(C. de Grammont and Mackinlay, 2009: 27). 전국적으로 저항을 위한 사회적 분위기가 조성되면서, 치아파스의 농민과 원주민들의 조직도 조금씩 틀을 갖추기 시작했다.

이렇게 치아파스의 라칸돈 삼림지역에서 사파티스타들의 조직이 꾸준하게 성장하는 사이에 멕시코 정부와 치아파스 주 정부의 정책은 이 지역의 원주민과 농민들의 삶을 더욱 고단하게 만들었다. 특히 카를로스 살리나스(Carlos Salinas de Gortari, 1988~1994)대통령은 집권하자마자 그때까지 미겔 델라 마드리드(Miguel de la Madrid, 1982~1988) 대통령에 의해 지속되었던 관료적 온정주의를 폐기하고, 농민과 국가 사이에 새로운 이해에 바탕을 두면서 농업부문을 근대화시키겠다고 약속했다(Harvey, 1998: 169). 그러나 농업의 근대화는 자본제적 발전을 강화하는 것으로 자본과 기술을 소유하지 못한 가난한 원주민들에게는 별다른 도움이 되지 못하는 것이었다. 사실상 농촌지역의 문제를 어렵게 만드는 정책이 계속 발표되었고, 이에 대한 농민들의 반발도 커졌다. 1990년의 자료를 보면 치아파스에서 에히도에 소속된 농민들의 44.6%가 0.1에서 4.0헥타르의 토지를 소유하고 있으며, 고지대에서는 평균 토지 규모가 2헥타르였다. 그나마 토지의 대부분이 한계지여서 생산성은 매우 낮았다. 또한 전기, 식수, 도로 등 농업이나 생활을 위한 기반시설도 열악하고 절대적으로 부족했다(Harvey, 1998: 174). 특히 전기와 식수의 공급은 전체 인구의 절반에도 미치지 못했다(Harvey, 1998: 175). 이렇기 때문에 치아파스 지역에서는 사람들이 생계를 유지하기 힘들어지면서, 정부에 대한 불신이 대단히 클 수밖에 없었다.

치아파스의 농민들에게 어려움을 더욱 가중시킨 사건은 이 기간에 발생한 커피 가격의 폭락이었다. 치아파스에서는 고지대에서 커피를 생산하여 시장에 가져다 팔면서 현금소득을 올릴 수 있었다. 오랫동안 치아파스 농민들은 자신들이 생산한 커피를 정부기관인 멕시코커피협회(Instituto Mexicano del Café: INMECAFE)에 판매해 왔다(Harvey, 1998: 176). 그러나 1980년대에 경제위기가 닥치면서 커피 판매가 타격을 입었고, 멕시코커피협회의 위상은 하락하기 시작했다. 내부적으로는 멕시코커피협회의 효율성의 저하, 부패, 잘못된 경영으로 어려움에 봉착하였다. 1988년이 되면서 멕시코커피협회의 부채는 9,000만 달러에 이르게 된다. 그러자 살리나스는 멕시코커피협회의 민영화를 추진하였다. 이렇게 되어 멕시코커피협회는 더 이상 커피를 수매하지 않고, 농민들에게 제공되던 기술지원도 축소하였다. 더욱이 국제커피기구(International Coffee Organization)가 1989년부터 커피 시장의 중재를 중지하면서 전 세계적으로 커피 가격이 급속하게 하락하고, 과잉 공급이 이루어지게 되었다. 1989년에 국제커피기구에서 개별 국가의 커피 생산량을 할당하는 데 실패하면서 세계시장의 가격이 50%나 떨어졌다(Harvey, 1998: 177). 이에 따라 치아파스의 생산자들은 커피 생산을 통해 이윤은커녕 생산비도 회수할 수 없는 지경에 이르게 되었다. 멕시코의 주요한 커피 생산지인 치아파스 주는 가장 심각한 타격을 입었다. 1992년의 자료를 보면 7만 3,742명의 생산자들이 22만 8,264헥타르의 경작지에서 커피를 재배했다. 그중에서 생산자의 91%는 5헥타르 미만을 소유하고, 소수인 116명의 사유지 소유자가 전체 커피 생산 면적의 12%를 차지하였다. 라칸돈 삼림

지역에서는 생산자의 93%인 1만 7,000명이 2헥타르 미만의 토지에서 커피를 생산했다. 이런 일련의 사건들이 커피의 생산과 소비에 영향을 미치면서 치아파스의 커피 생산자들은 예상하지 못한 어려움에 봉착하였다. 농민들의 입장에서 보면 소득이 감소하고 이에 따라 신용대출도 줄어들어, 수천 명의 생산자들이 더 이상 커피생산을 할 수 없는 상태가 되었다. 이런 까닭으로 1989년과 1993년 사이에 커피 생산성과 생산량은 35%나 낮아졌다(Harvey, 1998: 178).

그나마 현금수입의 주요한 원천이었던 커피생산의 몰락은 농민들에게는 결정적인 손실을 안겨 주었다. 이와 동시에 치아파스에서는 커피 재배에 대한 정부의 지원이 사라지면서 커피 생산량과 생산성에 부정적인 영향을 미칠 뿐 아니라, 환경에도 좋지 않은 결과를 초래했다. 라칸돈 삼림지역의 카냐다에서는 더 이상 커피 생산을 하기 힘든 농민들이 생계작물을 재배하기 위해 삼림지역을 적극적으로 개간하였다. 열대지역의 토양은 매우 취약해서 환경조건이 한 번 훼손되면 지속적으로 농업을 수행하기가 매우 어렵다. 한 지역에서 3~4번 작물을 경작하고 나면 방목을 위한 목초지로 사용하다가 그 다음에는 삼림파괴가 빠르게 진행된다(Harvey, 1998: 179). 이렇게 자꾸 새로운 경작지를 찾아서 정글의 내부로 들어가면서 환경파괴도 함께 진행되었다. 한편으로는 많은 빈곤층의 사람들이 도시로 일자리를 찾아 떠났다. 이 시기에 신자유주의 정책과 함께 가난한 사람들을 돌보기 위한 국가의 정책이 1989년부터 시작되었는데 이것을 PRONASOL (Programa Nacional de Solidaridad)이라고 한다. PRONASOL은 사회발전 프로그램으로 각 마을마다 식수나 도로 포장 등의 사업을 할 때, 마을 사람들이 일부의 비용을 부담하거나 노동력을 제공한다는 조건하에 정부의 지원금이 주어진다. 그렇지만 실제로 정부의 지원금은 필요한 마을에 적절하게 주어지는 것이 아니라, 정치적으로 이용되는 경우가 많았다. 즉 여당인 제도혁명당(Partido Revolucionario Institucional: PRI)을 지지하는 마을에는 많은 돈이 지원되는 데 비해, 민주혁명당(Partido de la Revolución Democrática: PRD)등 야당을 지지하는 사람들이 많은 마을에서는 지원금을 받기가 거의 불가능했다. 이밖에 PROCAMPO(Programa de Apoyos Directos al Campo)도 비슷한 시기에 시행되었는데, 이 프로그램은 1994년부터 농작물 생산을 장려하기 위해 생산자에게 직접 현금으로 지원을 하는 직불제였다. 그러나 이 제도도 농업부에서 담당하였기 때문에 다른 지원제도와 마찬가지로 정치적으로 이용되는 사례가 흔했다(García de León, 2005: 512).

위에서 확인한 것처럼 1990년 이후에 정부에서도 치아파스의 빈곤을 완화시키려는 의도로 몇 가지 정책을 실시했지만, 별다른 효과를 보지 못하고 가난과 불평등은 지속되었다. 게다가 이 지역의 교육수준도 낮고 주민들의 영양상태도 부실하며 문맹률도 매우 높은 편이서(García de León, 2005: 513), 단기간에 문제를 해결하기는 불가능했다. 당연히 경제적으로 멕시코에서 가장 가난한 주의 하나인 치아파스에서는 다른 지역보다 정부에 대한 불만이 더욱 심했다. 이런 과정에서 정치적인 불만을 표시하는 사람들에 대한 정부의 노골적인 탄압도 수시로 일어났다. 예를 들면, 살리나스 행정부가 출범한 3개월 동안 독립적인 농민조직에 속한 여러 사람이 암살되었다. 치아파 데 코르소(Chiapa de Corzo)라는 무니시피오에서는 1990년 4월과 1991년 4월에 주 경찰과 지주들에 의해 여러 농민들의 마을이 파괴되었다. 1990년 6월에는 푸힐틱(Pujiltic) 제당공장에 사탕수수를 가져다 준 뒤에 돈을 받지 못한 사탕수수 생산자들 100여 명이 돈을 요구하며 항의를 하다가, 그 중에 6명이 사설 무장괴한들의 총을 맞고 부상당하기도 했다. 같은 해 7월에는 산 펠리페 에카테펙(San Felipe Ecatepec)에 사는 여성들이 대통령과의 대화를 요구하면서 멕시코시티 중심의 광장인 소칼로에서 단식투쟁을 전개하였다(Harvey, 1998: 171). 이렇게 되자 원주민과 농민들은 정부의 태도에 대해 분개했고, 적대적인 감정을 표현하는 경우가 많았다.

정부와 치아파스 주민들 사이, 그리고 마을 사람들 사이의 갈등은 시간이 흐를수록 커졌다. 1990년 10월에는 에밀리아노 사파타 농민협회에 속한 농민들이 베누스티아노 카란사에서 툭스틀라 구티에레스(Tuxtla Gutiérrez)까지 평화적 행진을 하던 중에 2명이 확인되지 않은 괴한의 공격을 받고 부상을 당하였다. 한편 고지대에 사는 수천 명의 초칠(Tzotzil) 원주민들은 정치적・종교적 대립으로 인해 마을 내의 유지인 카시케들로부터 추방되었다. 1991년 7월에는 마르케스 데 코미야스(Marqués de Comillas)라는 지역에서 평화적 시위를 하던 300여 명의 농민들이 곤봉과 최루가스로 무장한 경찰에 의해 팔렝케(Palenque)에서 저지되었다(Harvey, 1998: 172). 이런 사회적 상황에서 라칸돈 삼림지역과 중앙의 고지대에서 EZLN이 조직되었다. 1989년 말에는 이들이 공식적으로 에밀리아노 사파타 독립농민동맹(Alianza Campesina Independiente Emiliano

Zapata: ACIEZ)이라고 알려지게 되었다. 이들은 알타미라노, 오코 싱고, 산 크리스토발(San Cristóbal de las Casas), 사바니야(Sabanilla), 그리고 살토 데 아구아(Salto de Agua) 등지에서 강력한 지지를 받고 있었다. 1992년에는 중부와 북부지역의 6개의 주에 있는 조직을 통합하여 다시 에밀리아노 사파타 전국독립농민동맹(Alianza Nacional Campesina Independiente Emiliano Zapata: ANCIEZ)으로 이름을 변경하여 활동했다(Harvey, 1998: 195).

EZLN의 활동을 촉발시킨 것은 1990년대의 정부의 정책이었다. 살리나스 행정부는 1991년 농업체계에서 가장 광범위한 법률적인 변화를 시도했다. 그것은 헌법 27조를 개정하여 더 이상의 토지분배를 중단하고 에히도와 공동토지를 사유화하는 것이다. 새로운 제도의 도입으로 국내시장을 목표로 하는 농민과 소규모의 기업이 북미자유무역협정 체제에서 가장 큰 피해를 보게 되었다(C. de Grammont and Mackinlay, 2009: 28). 결국 1992년 2월에 멕시코에서 새로운 농업법이 통과되면서 중요한 변화가 발생했다. 농업을 근대화시킨다는 명목으로 시장경제의 개념이 도입되었다. 새로운 법에 의해 에히도를 경작하는 에히다타리오(ejidatario)들은 에히도를 구성하는 토지를 팔고 사거나 임대할 수 있게 되었고, 토지를 담보물로 이용할 수 있는 권리를 부여받았다. 또한 사기업들은 각각의 작물마다 상이하게 적용되는 법적인 한계에 맞추어 에히도의 토지를 구입할 수도 있게 되었다. 그리고 또한 개인 투자자와 에히다타리오들 사이의 조합도 가능하게 만들었다. 마지막으로 헌법 27조를 개정하여 에히도에 대한 개인적 재산권을 보호하면서, 한편으로는 더 이상 농민들이 정부에 토지분배(rezago agrario)를 요구할 수 없게 만들었다. 이와 더불어 현재까지 대부분의 해결되지 않은 농민들의 토지분배 요구는 거부당했다(Harvey, 1998: 188). 그동안 토지가 없는 농민들은 멕시코 혁명에서 약속한 것처럼 자신들이 거주하는 주변에 대규모의 토지가 있으면 정부에 그 토지의 분배를 요구할 수 있었다.

  이러한 법의 개정은 에히도의 매매를 통해 토지가 소수에게 집중되는 문제를 불러일으킬 수 있게 만들었다(Harvey, 1998: 187). 즉 돈이 많은 사람이 토지를 모두 구입해서 가난한 농민들을 농업노동자로 고용할 수도 있다는 것이다. 또 토지를 담보물로 제공하거나 개인 투자자와 협력하게 되면서, 가난한 농민들이 토지를 잃거나 더 이상 농업용지로 사용되지 않을 가능성도 제기되었다. 헌법 27조의 개정은 가난한 농민들에게는 결정적인 타격을 입히는 정책이었다. 토지가 없거나 생계를 해결하기에 벅찬 소규모의 토지를 소유하는 농민들에게는 언젠가는 새로운 토지를 에히도로 분배받을 수 있다는 희망이 완전히 사라진 것이었다. 법이 바뀌면서 에히도와 공동토지의 분할, 판매, 사유화가 허용되면서, 멕시코 혁명 이후에 정부와 농민들 사이에 맺어진 사회적 협약이 일방적으로 파기되었다. 즉 공동토지의 상업화는 이런 토지를 기반으로 하는 원주민 사회의 생존을 위협하는 것이다(Dietz, 2004: 57). 가난한 농민들은 헌법 27조의 개정 때문에 농촌의 근대화가 아니라 자신들의 생계의 안전을 위한 마지막 희망이 사라진다고 간주했다. 원주민뿐 아니라 많은 농민들이 공동토지의 사유화를 통해 자신들의 주요한 자산이 위협받을 것이라고 인식했다(Stahler-Sholk, 2007: 52). 에히도의 사유화와 더불어 그동안 마을 사람들이 공동으로 경작을 하던 에히도를 분할하여 각 개인에게 토지대장을 만들어 준다는 조항도 문제의 소지가 많았다. 카냐다 지역에서는 상당수의 마을에서 명확한 토지대장이 존재하지 않았고 토지의 경계를 확인할 방법이 없어서, 토지를 개별 경작자에게 분배하기가 현실적으로 불가능했다. 따라서 기존의 관행이나 전통이 아니라 토지대장에 의해 소유권을 인정받게 되면, 자신들이 경작하는 토지에 대한 법적인 근거가 미약한 원주민들은 지주들이나 다른 농민에 의해 토지에서 축출되기 쉽고, 신용거래도 제한될 수밖에 없는 실정이었다(Harvey, 1998: 190). 토지가 필요한 농민들은 헌법의 개정을 통해서 토지의 사유화를 허용하고 토지 등록증을 발부한다는 것이, 마을의 공동 소유재산을 개인적인 재산으로 전환시키는 돌이킬 수 없는 단계라고 인식했다(Olivera, 2005: 614). 즉 새로 토지를 얻어낼 수도 없고, 소유하고 있는 공동토지도 언제 누구에게 빼앗길지 모르는 불안한 상황이 닥친 것이었다.

이와 더불어 한정된 에히도 토지에 비해 인구가 크게 늘어나는 것도 문제였다. 이 일대에서 규모가 가장 큰 오코싱고에서는 1970년과 1980년 사이에 인구가 두 배로 증가하였다. 이렇게 되면서 토지에 대한 인구압이 높아지고 사회가 불안해지면서 새로운 토지를 계속 개척할 필요가 생겼다(Harvey, 1998: 191). 특히 젊은이들의 입장에서 보면 인구가 증가하면서 한정된 토지를 차지하려는 분쟁이 커지는 것은, 매우 절망적인 감정을 갖게 만드는 일이다. 또 다른 문제는 1989년에 전체 라칸돈 삼림지역에서 목재생산을 규제하는 제도가 도입된 것이었다. 이에 따르면 땔감 등 심지어 집 안에서 사용하기 위해 나무를 자르는 것도 금지되었다. 이렇게 되자 농민들과 경찰, 그리고 삼림기구 관리들 사이에 마찰이 자주 빚어졌다. 별도의 소득을 대체할 수 있는 수단을 보완하지 않고 목재 생산을 제한하면서, 지역 주민들의 경제적인 고통이 한 층 심해졌다(Harvey, 1998: 192). 농업 이외에 목축의 경우에도 문제가 존재했다. 집약적인 목축을 하려면 융자, 기술지원, 그리고 안정적인 토지소유가 필요하다. 그렇지만 치아파스에는 이런 요소들이 결여되어 있기 때문에 목축업은 체계적으로 진행되지 못하였다. 단순히 새로운 삼림지역을 찾아서 벌채를 하여 많은 땅을 확보한 다음에 목초지를 형성하여 전근대적인 방식으로 가축을 사육하는 것이었다. 이런 방식의 목축이 지속되면 얼마 못 가서 대부분의 토지가 황폐화되었다. 가축 사육을 위한 융자도 대폭 축소되어 어려움이 가중되었다.

다양한 문제에도 불구하고 1992년까지 치아파스의 정치경제적 상황은 전국적인 관심을 거의 끌지 못했다. 그러다가 1992년 초에 400명의 원주민이 치아파스의 팔렝케에서 멕시코시티로 행진을 하면서 달라지기 시작했다(Harvey, 1998: 194). 이들은 무니시피오 지도자들의 부패, 마을 관리들의 부당행위, 공공사업에 대한 정부의 약속 불이행, 토지분배에 대한 해결책의 부재, 그리고 헌법 27조의 개혁에 대한 반대를 명분으로 시위를 벌였다. 이들은 3월 7일에 팔렝케를 출발하여 6주 후에 멕시코시티에 도착하였다. 이러면서 서서히 사람들의 주목을 받았다. 그동안 1989년과 1992년 사이에 EZLN의 세력은 두 배로 커졌다. 살리나스가 헌법 27조를 개혁할 때에 사파티스타들은 카냐다의 대부분의 지역을 통제하게 되었고, 산 안드레스 라라인사르(San Andrés Larráinzar), 옥스축

(Oxchuc), 차날(Chanal) 같은 고지대의 마을에도 강력한 기반을 확보하였다. 정부의 억압은 지속되고 빈곤은 확산되었는데, 심지어 1991년에는 이 지역에 콜레라가 발생하여 건강문제마저 악화되었다. EZLN의 위원회는 1992년에 마르코스에게 자신들이 무장투쟁을 할 준비가 되어 있다고 보고했다. 그러던 차에 헌법 27조의 개정은 기폭장치가 되었다. 그렇지만 마르코스는 아직 외부의 조건이 성숙하지 않았다고 설득했다. 즉 공산주의 국가의 붕괴, 라틴아메리카의 저항운동의 약화, 그리고 사회주의의 전반적인 위기 등으로 무장봉기가 어렵다고 판단했다. 그러나 사파티스타들은 자신들의 입장을 굽히지 않았다(Harvey, 1998: 197). 위원회는 1992년 중순에 만나 무장봉기를 논의하였고, 콜럼버스의 미대륙 상륙 이후의 500년의 저항에 맞추어서 봉기하기로 결의하였다. 그들은 먼저 상황을 알아보기 위해 에밀리아노 사파타 전국독립농민동맹의 이름으로 10월 12일 콜럼버스 데이를 선택하여 산 크리스토발 델 라스 카사스에서 평화행진과 시위를 벌였다. 행진 이후에 다시 위원회가 열려서 마침내 전투를 하기로 결정했다. 1월에는 원주민 혁명 비밀위원회-총사령부(Comité Clandestino Revolucionario Indígena-Comandancia General: CCRI-CG)를 구성하여 군사력에 비해 시민의 권력이 우선하도록 만들었다(Harvey, 1998: 198).

1980년대 말과 1990년대를 거치면서 멕시코 정부는 공식적으로 인디헤니스모가 종족적으로 원주민들을 멕시코인들과 동질화시키는 데 실패했다는 것을 인정했다. 대신에 원주민 사회의 변화를 달성하기 위해 토지개혁과 농업발전 정책을 신자유주의 관점에서 진행한다고 발표했다(Dietz, 2004: 49). 이렇게 정부가 토지개혁과 관련된 국가기관을 철수하고 에히도와 공동토지를 사유화하는 정책을 실시하면서, 많은 멕시코의 원주민 사회가 정치적인 연합을 통해 자신들의 견해를 표명하려고 했다(Dietz, 2004: 50). 이런 원주민 투쟁에서의 핵심은 종족성이지 공식적이고 개인적으로 정의된 시민이 아니었다(Dietz, 2004: 51). 1990년대에 원주민 거주지역에서 종족성이 되살아난 이유는 다음의 세 가지이다. 첫째, 원주민들은 기존의 정당정치를 통해서 자신들의 이익을 실현할 수 없다고 판단했다. 그래서 선거에 대한 참여나 관심도 저조해졌다. 둘째, 치열한 논쟁을 거치면서 멕시코의 다종족성의 관점에서 원주민들이 종족과 문화의 측면에서 백인이나 메스티소와는 다르다는 것을 주장할 권리가 있다는 것을 인식했다. 셋째로 헌법27조의 개정으로 공동토지제도가 붕괴할 것을 우려하면서 자신들의 토지를 적극적으로 지켜야 된다는 생각이 커졌다. 결국 원주민들은 지금까지 자신들이 도시에 사는 사람들이나 메스티소들에게 자신들이 이용되거나 착취당해 왔다는 사실을 인식하기 시작했다. 이렇게 원주민들의 생각이 달라지고 정부에서 인디헤니스모를 폐기하면서 정부와 원주민의 관계를 중재할 수 있는 제도나 정책은 완전히 사라졌다. 다시 말해 신자유주의적 개혁은 국가와 원주민 사회 사이에 존재하던 간극을 더욱 넓히는 결과를 초래했다(Dietz, 2004: 52). 이런 배경에서 원주민들은 자신들의 정치적 참여를 재조명하였는데, 과거에는 농민으로서 농업투쟁에 참여했지만, 이제는 종족정치운동으로 자신들을 조직하고 있다. 1990년 개정된 헌법 4조에 의하면 멕시코는 공식적으로 다문화와 원주민의 존재를 인정했다(Levi, 2002: 33), 이런 법률적인 변화로 원주민들의 종족성을 내세우면서 자신들의 요구를 주장하기가 예전보다 수월해졌다.

원주민들은 변화되는 환경에 적극적으로 대처하기 위해 원주민 사회의 내부에서도 여러 형태의 변화를 추구했다. 이런 현상은 원주민의 역사와 관습, 문화적 전통을 재확인하는 것에서 출발했다. 우선 마을 밖에서 다양한 외부의 직책을 맡아서 활동하던 사람들도 원주민 사회로 돌아와서 마을총회나 카르고(cargo)[4] 제도에 참가했다. 그렇게 함으로써 도시나 메스티소 사회의 영향으로부터 원주민 사회만의 과거의 전통을 되살리는 작업을 진행했다. 그밖에 과거와 달라진 모습도 발견되었다. 즉 여성들이나 미혼의 마을 사람들에게 정치적 참여의 권리와 의무를 확대하고, 마을총회의 의사결정 구조도 바뀌는 곳이 있었다. 예를 들면, 과거의 토론을 통한 만장일치 제도는 내적인 갈등을 줄이기는 하지만 총회가 길어지고 지루해지면서 매력적이지 않게 되었다(Dietz, 2004: 55). 그래서 투표와 다수결의 원칙을 도입하는 원주민 마을도 생겼다(Dietz, 2004: 56). EZLN은 특히 젊은 여성들에게 매우 중요했다. 전통적인 원주민 사회에서 여성들은 아이를 양육하고 가정을 돌보는 역할에 머물러 있었다. 이렇게 해서 여성들은 단지 음식과 건강, 그리고 일부의 소득을 책임지는 것이 고작이었다. 이렇게 낮은 지위를 점유하고 자신들의 행위에 대한 적절한 보상을 받지 못한 여성들이 EZLN을 강력하게 지지하였다. 여성들은 EZLN에 적

---

4) 카르고 제도(sistema de cargo)는 공민적-종교적 위계체계(civil-religious hierarchy)라고도 불리며, 일반적으로 마을의 성인 남자들이 주기적으로 일정한 기간 동안 보수를 받지 않고 마을의 행정관리, 경찰, 미화원, 각종 위원회의 위원 같은 직책을 맡아서 공적 의무를 수행하거나, 천주교의 성인을 기리는 축제인 마요르도미아(mayordomía)를 담당하는 것이다. 구체적인 시행 방법이나 내용은 각 원주민 마을의 역사와 전통에 따라 조금씩 차이가 난다. 이것은 원래 원주민 문화의 전통에 따른 것이지만, 과거에는 원주민 마을이었다가 현재는 스페인어만 사용하는 메스티소 마을로 변한 경우에도 이 제도를 그대로 유지하는 경우도 많다(주종택, 1998: 51-65).

극적으로 참여하면서 글을 읽고 쓰는 법을 배울 수 있었으며 멕시코의 역사를 공부하고 투쟁에도 참가하게 되었다(Harvey, 1998: 196). 집을 떠나서 무장집단에 참여할 수 없는 여성들은 다른 방식으로 이들을 지원했다. 그들은 조직적으로 마을에 필요한 공동작업을 수행했고, 함께 모여서 마을의 문제와 멕시코의 민중투쟁사에 대해 학습했다.

치아파스의 농민들은 국가가 자신들의 요구를 들어줄 의무가 있다고 생각했다. 그러나 정부의 반응은 항상 그들의 기대에 미치지 못하여 실망과 분노를 안겨 줄 뿐이어서 정부기관을 불신하였다. 토지개혁의 경우에도 많은 문제가 있었는데, 토지가 존재하는 장소에 관한 정보가 불충분하기도 했고, 토지와 주거지의 명칭이 다른 경우도 있으며, 토지개혁부에서 보관 중인 파일이 완전하지 못한 사례도 있었다(Van der Haar, 2005: 499). 국가기관과의 오랜 역사적 경험을 통해 농민들은 자산들이 원하는 것을 하나라도 얻기 위해서는 엄청난 노력을 해야 한다는 것을 깨달았다(Van der Haar, 2005: 500). 그렇기 때문에 자신들의 요구사항을 확실하게 전달하려면 무장투쟁 같은 방법에 의존할 수밖에 없다고 생각한 것이었다. 사파티스타의 민족주의적 성향은 1982년 부채위기 이후에 발생한 멕시코의 발전 위주의 정책을 비판하는 데에서 출발했다. 즉 1917년 멕시코 혁명 이후부터 정부가 국영기업을 사유화하거나 판매하는 등 국가의 자원을 외국에 약탈당하게 만들었다는 것이다. 특히 그동안 사회적 자원이라고 간주되었던 농업자원을 사유화하고 토지개혁을 중단하는 결정은 더 이상 토지가 없는 농민들이 토지를 요구하지 못할 뿐만 아니라, 농촌이 다국적 기업식 농업에 의해 착취될 수 있다는 측면에서 농민들을 화나게 만들었다. 더욱이 생계영농을 위한 대출과 지원을 중지하고 북미자유무역협정의 조건에 따라 농산물 생산에 대한 보조를 점진적으로 줄여나가고, 또 정부가 국내의 농민들이 생산한 농작물을 옥수수를 비롯한 여러 수입 작물과 불공평한 경쟁을 하도록 유도하면서 농업생산자들을 희생시킨다고 본다.

치아파스에서는 정부의 관심도 적어서, 실제로 1983년 이후에 보건 서비스 등 다양한 혜택들이 사라졌다(Collier and Collier, 2005: 452). 그나마 치아파스로 유입되는 소수의 자원들은 정치적 성향에 따라 여당과 정부를 지원하는 사람들에게만 돌아갔다. 그래서 빈부의 격차는 날이 갈수록 커졌다. 치아파스의 불평등과 빈곤을 해결해야 할 책임이 있는 정부는 오히려 가난한 농민들을 억압했다. 멕시코 정부는 1980년대에 과테말라의 내전을 피해 멕시코 남부의 국경지대를 넘어오는 과테말라 난민들의 문제에 대처하기 위해 치아파스에 병력을 증강시킨다고 말했다. 그러나 실제로는 군대가 외부의 적으로부터 멕시코 국경을 지키기보다는, 내부의 불만세력을 진정시키고 지주들을 보호하기 위한 것이었다. 예를 들면, 1980년 이래로 토지의 무단점유에 대해 군 병력이 동원되는 일이 많았다. 사파티스타들은 자신들과 의견이 다른 사람들을 배제하면서 이념적으로 엄격하거나 선구적인 운동을 추구하는 것은 아니라고 했다. 대신에 국가적인 목적만 동일하다면 누구든 포함시킨다고 했다. 또한 원주민들만 구성원으로 받아들이는 것은 아니고, 메스티소들도 환영했다. 그리고 위계질서를 뚜렷하게 구분하지 않았다(Collier and Collier, 2005: 453). 이렇게 많은 집단들을

포용함으로써 사회운동의 외연을 확대시키려고 노력했으며 마침
내 1994년에 행동을 개시했다.

(2) EZLN의 봉기와 정부와의 대립

미국과 멕시코, 그리고 캐나다 사이에 북미자유무역협정(North
American Free Trade Agreement: NAFTA)이 공식적으로 발효된
1994년 1월 1일 산 크리스토발 델 라스 카사스, 오코싱고, 라스
마르가리타스, 알타미라노, 차날, 옥스축, 그리고 우익스탄
(Huixtán) 등 치아파스 고지대의 7개 도시가 사파티스타 민족 해
방군에 소속된 약 3,000여 명의 원주민들에 의해 무력으로 점거당
했다. 이들은 공식성명서를 통해서 토지와 일자리, 주택, 식량, 의
료, 교육, 자치, 자유, 민주주의, 정의, 평화 등의 요구사항을 제시
했다(Harvey, 1998: 6). 특히 사파티스타들은 토지 소유제도, 원주민
의 권리, 정치적 민주화 등을 강조하였다(Harvey, 1998: 8). 정치적으
로 혁명 이후에 제정된 1917년의 멕시코 헌법을 정부가 존중하라
는 것이었다. 예기하지 못한 원주민들의 봉기에 당황한 멕시코 정
부는 무력으로 이들을 제압하려고 했다. 정부군이 강경하게 저항
세력을 진압하는 과정에서 145명이 죽었는데, 대부분이 사파티스
타들이었다. EZLN은 4개의 무니시피오를 점령했는데, 이들 마을
은 전투가 일어난 지 10일 만에 정부군이 다시 통제하게 되었다.
원주민 반군들은 소구경 총과 심지어 나무로 된 소총으로 무장했
었기 때문에, 장기적인 관점에서 잘 훈련되고 우수한 무기로 무장
한 정부군과 전투를 벌이기는 불가능했다. 살리나스 대통령은 1

월 12일에 일방적인 휴전을 선언했다(García de León, 2005: 517; Washbrook, 2005: 417). 사파티스타들은 전투에서 진 뒤 며칠 만에 다시 라칸돈의 밀림 속으로 후퇴했다. 봉기가 일어난 다음에 멕시코 정부는 치아파스에 군대를 주둔시킬 명분이 생겼다. 그 후에 계속해서 멕시코 전체 병력의 약 40%가 치아파스에 머물고 있었다(Collier and Collier, 2005: 454). 봉기가 일어난 다음에 주기적으로 군사적 충돌이 있었고, 1995년 2월에 에르네스토 세디요(Ernesto Zedillo Ponce de Leon, 1994~2000) 대통령이 사파티스타들에 대한 군사적 공격을 명령하면서 2만 명 이상의 사파티스타들이 군사적 대결을 피하기 위해 자신들의 집을 떠나 도망가기도 했다(Harvey, 1998: 229).

대부분의 폭력은 북쪽 지역과 오코싱고를 비롯한 중부 계곡지대에서 발생했다. 이 지역에서는 원주민들이 토지를 무단 점유하면서 지주들과 마찰이 잦았고, 정부가 이들을 내쫓으면서 토지 점거를 주도한 농민단체들을 억압했다. 살리나스의 개혁은 에히도의 사유화뿐만이 아니라, 헌법에 명시된 것처럼 멕시코 정부가 토지가 없는 농민들에게 토지를 마련해 주어야 할 의무를 폐기한 것이다. 멕시코의 다른 주에서는 더 이상의 새로운 토지를 찾기 어려워서 토지분배가 이미 종료되었으나, 치아파스에서는 그때까지 많은 가난한 농민들이 토지를 분배받을 것을 기대하는 실정이었다. 살리나스의 개혁에 반대하면서 EZLN은 멕시코의 농업에 관한 법을 자신들이 새로 작성하여 1994년 1월에 「혁명농업법」(Ley Revolucionaria Agraria)이라는 명칭으로 발표했다. 이에 따르면 토질이 좋지 않은 100헥타르 이상 혹은 토질이 좋은 50헥타르 이상의 농지는 혁명농업법의 규제를 받는다는 것이다. 그리고 분배된 토지는 집합적으로, 그리고 생계영농에 사용되고 토지가 없는 사람들에게 주어진다는 것이다(Van der Haar, 2005: 488). 이것을 보면, 원주민들이 봉기한 이유는 생태계의 위기, 부족한 농경지, 농외소득의 감소, 1960년대 이후의 원주민 사회의 정치적·종교적 재편, 그리고 종족정체성과 정치적 해방 담론 등 다양하고 복잡한 요소들을 들 수 있다. 경제적으로 멕시코의 농촌사회는 지속되는 경제위기와 신자유주의적 개혁정책의 영향으로 심각한 어려움에 봉착하게 되었다. 특히 토지개혁을 제한하는 헌법의 개정과 북미자유무역협정의 서명은 불균등한 농지 분포와 농촌의 빈곤에 대한 불만을 가중시켰다.

봉기가 일어난 1994년 1월 이후에 치아파스는 분쟁지역 내부와 외부를 가리지 않고 각지에서 토지점거가 수시로 발생했다. 특히 알타미라노, 오코싱고, 라스 마르가리타스 지역을 중심으로 1,700여 건의 토지점거가 일어났는데, 총면적은 14만 8,000헥타르에 이른다. 그러나 실제로 원주민들이 대규모의 토지만 점거한 것은 아니었다. 점거된 지역의 대부분은 1992년 이전의 토지개혁법에 분배의 대상으로 규정된 규모보다 작았다(Van der Haar, 2005: 490). 점거된 토지를 보다 구체적으로 보면 절반 정도는 50헥타르 이하였고, 약 1/4이 100헥타르 이상이며 300헥타르 이상은 4%에 불과했다. 이런 토지 점거는 멕시코 혁명 이후에 제정된 토지분배의 원칙에 의해 지주가 50~1,000헥타르의 토지를 소유할 수 있다는 규정에 어긋난 것이다. 심지어 몇 헥타르에 불과한 작은 토지도 점거당했고, 일부의 경우에는 EZLN에 반대하는 에히도 소유자의 토지를 차지하기도 했다. 1994년 1월 원주민농민조직 주협의회 (Consejo Estatal de Organizaciones Indígenas y Campesinas: CEOIC)에 의해 11개의 조직에 소속된 8,000명의 사람들이 토지를 요구하는 시위를 했다. 시위에 이어 토지점거가 발생했다. 처음 6개월 동안 340개의 사유지 농장에서 5만 헥타르의 토지를 몰수했다. 토지를 점령하는 과정에서 무력 충돌이 몇 번 발생했고, 지도자인 마리아노 로페스(Mariano López)가 3월 23일에 시모호벨에서 암살당했다. 사유토지의 무단 점거가 계속되자 정부는 4월 14일에 지주들에게 빼앗긴 토지에 대한 보상으로 1헥타르당 45페소(약 13달러)를 지불하였다(Harvey, 1998: 211). 이렇게 토지가 없거나 부족한 농민들의 불만이 거세지지만, 많은 토지를 소유하고 있는 지주들은 토지를 팔거나 양도할 의사가 전혀 없어서 문제를 해결하기 쉽지 않았다. 일부의 CEOIC 지도자들은 정부가 토지를 강제로 수용해서 분배해야 한다고 주장했다(Harvey, 1998: 212).

정부는 사파티스타들의 토지요구와 토지 무단점거에 두 가지 방식으로 대응하였다. 먼저 분쟁이 존재하는 토지를 구입해서 토지를 원하는 사람들에게 다시 판매하는 것이었다. 정부가 신용으로 융자를 해주고 농민들은 PROCAMPO 보조금을 이용하여 15년 동안 갚아 나가면 되었다. 다음으로 지주들의 지원을 받은 사설 총잡이들을 고용하여 빼앗긴 토지를 무력으로 되찾는 것이었다. 안타깝게도 농촌지역의 갈등은 첫 번째 전략이 관리들의 부패로 제대로 실현되지 못하였고, 두 번째 전략은 폭력적이어서 사파티스타들의 강력한 저항에 떠밀려서 도움이 되지 못했다(Harvey, 1998: 216). 결국 토지문제는 이해관계가 엇갈려서 완전히 해결될 수가 없었다. 단순한 농경지뿐 아니라 목초지에서도 문제가 발생했다. 1994년 이후에 사파티스타들이 토지를 점거하여 목초지를 빼앗자 목축업자들은 분노하였다. 주 정부는 지주들에게 빼앗긴 토지에 대한 보상으로 지대를 한시적으로 보상하거나, 이웃한 캄페체(Campeche) 주의 토지를 대신 제공하거나, 그것도 원하지 않으면 토지를 판매할 수 있게 하는 등의 대안을 제시했다. 그러나 목축업자들은 이런 대책에 만족하지 않았다. 지대는 단지 3개월만 해당될 뿐이어서 영구적인 해결책이 되지 못하며, 정부가 제시하는 토지 구매 가격은 너무 낮고, 그리고 캄페체에 가서 살기를 원하는 사람들은 바보들이나 마찬가지라는 것이었다(Mattiace, 2003: 50). 사파티스타 민중봉기는 치아파스의 다른 농민운동을 활성화하고 치아파스 이외 지역의 원주민 투쟁에도 영향을 미쳤다. 소노라(Sonora) 주의 야키(Yaqui) 원주민들도 근래에 자치를 요구하였고, 오아하카와 게레로(Guerrero)에서도 유사한 움직임이 있었다. 나야릿(Nayarit)과 할리스코(Jalisco) 주의 우이촐(Huichol) 원주민들은 목장주들이 6만 4,000헥타르의 땅을 수용하는 것을 고발했다(Levi, 2002: 21).

EZLN은 약 6만 헥타르의 토지를 점거하였는데, 이것을 '새로운 거주지'(nuevos centros de población)라 불렀다. 토지의 사용방식은 에히도와 거의 유사하고, 차이점은 단지 집합적 생산을 강조한다는 것이다. 이 새로운 거주지는 EZLN을 지지하는 보루였다. 또 빼앗은 토지를 점거나 침입이라 하지 않고 '되찾은 토지'(tierra recuperada)로 표현했다. 즉 자신들은 도시에 다른 소득원을 갖고 있는 지주들보다 훨씬 더 토지를 필요로 한다고 주장하면서 자신들의 토지점거를 정당화했다(Van der Haar, 2005: 492). 그렇지만 실제로 EZLN을 지지하는 주요한 사람들은 가장 고립된 가난한 농민들이라기보다 중산층의 농민들이 많았다는 주장도 있다(García de León, 2005: 514). 이들이 가난한 농민들과는 달리 오히려 정부의 지원에서도 소외되는 경우가 많아서, 신자유주의정책으로 가장 큰 피해를 본 집단이었기 때문이었다(García de León, 2005: 515). 사파티스타들의 토지개혁에 대한 요구를 부분적으로 수용하기 위해, 주 정부 차원에서 치아파스의 「농업정의와 농업발전진흥에 관한 법」이 1994년에 계획되었다. 그러나 실질적으로 법의 내용이 1992년의 연방정부의 농업법과 거의 다를 바가 없었다(Harvey, 1998: 215). 토지 점거에 대처해서 정부와 토지개혁기관은 '농업협약'(Acuerdos Agrarios)을 작성해서 토지취득 절차를 마련했다. 토지 점거를 합법화하면서 규제하고, 동시에 향후의 점거를 제한하려는 협약은 1995년에 시작되었고, 5년 후에 완료되었다. EZLN은 농업협약에 참여하기를 거부했고, 정부가 정한 조건으로 협상하기도 원하지 않았다.

EZLN은 미디어를 잘 다룰 수 있어서 자신들의 활동과 요구조건을 국내외에 신속하게 전달할 수 있었다(Washbrook, 2005: 418). 특히 사파티스타들이 신문, 텔레비전, 인터넷에 자신들의 이념과 행위를 적극적으로 알린 것은 매우 혁신적인 것으로 평가받고 있다. 비록 전투에서는 패배했지만 자신들에게 동정적인 여론을 유도하면서, 국제적인 관심과 지지를 얻어낼 수 있었다. 이렇게 빠른 시간에 전 세계로 이들에 대한 소식이 전달되어 국내와 국제적인 지원이 쇄도하여, 멕시코 정부는 군대를 동원하여 사파티스타를 완전히 제거할 수가 없었다. 결국 멕시코 정부는 EZLN을 상대로 협상을 할 수밖에 없었다. 그러나 협상이 진행되면서 사파티스타들은 자신들의 의지대로 정치적 목표를 달성하기 쉽지 않다는 것을 절감했다. 특히 선거와 정당정치를 통해서 자신들의 목표를 달성하기는 불가능하다는 것을 인식했다. 초기에 EZLN은 야당이었던 민주혁명당과 잠정적인 동맹을 맺었으나, 몇 차례 실망과 배반을 경험하고 나서 더 이상 정치적 정당과 함께 정치적 목적을 성취하는 것이 불가능하다는 판단을 했다(Zugman Dellacioppa, 2011: 130). 더욱이 치아파스의 선거과정은 멕시코에서도 가장 부패했고, 자신들이 거주하는 지역 주변에 무장한 군인들이 자리 잡은 상태에서, 자신들을 지지하는 사람들이 투표소에 오거나 투표를 하기를 기대하는 것이 어려웠다. 그래서 그들은 정부에서 제안한 제한된 형태의 선거개혁을 거부했을 뿐 아니라, 기존의 정당체계를 단호하게 거절하였다. 사파티스타들은 자신들의 지지자들에게 더 이상 투표에 참여하지 말라고 충고했다. 처음에 EZLN은 전략적으로 선거에 관심을 보이고 1994년 치아파스 주지사 선거에서 민주혁명당 후보를 지지하기도 했다. 그러나 그 다음 해에 정당정치를 거부하면서 더 이상 선거에 참여하지 않기로 결정했다. 물론 이런 상황에서도 '자치를 위한 전국총회'(Asamblea Nacional Plural por la Autonomía: ANIPA) 같은 일부의 원주민 조직들은 다양한 수준에서 선거의 과정에 참여하였다(C. de Grammont and Mackinlay, 2009: 32). 이렇듯 사파티스타들이 기권한 상태에서 제도혁명당은 1995년에 실시된 지역 선거에서 손쉽게 승리를 거두었다(Collier and Collier, 2005: 455). 그렇지만 사파티스타들의 이런 노력 덕분에 국내외의 다양한 지지가 이어졌고, 구체적인 조직활동도 일어났다. 예를 들면, EZLN에 동정적인 수천 명의 사람들이 치아파스를 방문하여 전국민주주의대회부터 민중캠프 운영, 원주민의 권리와 문화에 관한 전국 포럼 등 다양한 활동을 전개했다. 이것은 정치적 변화를 위해 활동공간을 확보하여, 지역과 전국의 운동 간의 강력한 연결고리를 형성하는 데 이용되었다. 시민사회는 이동주택을 지원하고, 군사적 행위에 대해 거리 시위를 통해 항의하며, 전국적인 자문을 해주고, 그리고 평화회담 중에 사파티스타들을 보호하는 등의 임무를 수행했다(Harvey, 1998: 230).

EZLN의 조직구조를 보면 군사조직이 정치적인 조직을 지원하는 체제로 이루어진다. 라칸돈 지역의 종족은 다양한 원주민으로 구성되어 있고, 기본적 단위인 각각의 마을 총회를 거쳐서 마을 전체의 총회에 대표단을 파견한다(Dietz, 2004: 59). EZLN은 '책임자'(responsable)라는 중개자를 통해서 사파티스타 지도부와 각 마을을 연결한다(Estrada Saavedra, 2005: 541). 이와 더불어 마을 내의 그리고 마을 간의 사회적 통합과 연대를 거치면서 사파티스타의 정체성이 확고해졌다(Estrada Saavedra, 2005: 547). EZLN의 최고 높은 정치적 단위는 원주민혁명비밀위원회로써 사파티스타 운동에 협조하는 각 원주민 집단마다 한 명씩 대표를 선정하여 이루어진다(Dietz, 2004: 60). 행정의 측면에서 EZLN은 새로운 형식을 도입하였다. 예를 들면, 사파티스타들은 여러 가지로 정부의 합법성과 통치방식에 도전하였다. 이들은 1994년 12월 16일에 공표된 공식 발표에서 38개의 무니시피오를 자신들이 직접 통치한다고 선언했다. 그들은 정부기관과 정부의 사회프로그램도 모두 거부하였다.

2001년에 멕시코 의회에서 원주민의 권리에 대한 헌법이 개정되면서 사파티스타들의 자치 무니시피오는 정치적인 의미를 갖게 되었다. 그들은 자신들의 자치를 강조하면서 2003년 8월에 '좋은 정부회의'(Juntas de Buen Gobierno)를 구성하여 마을 사람들의 동의를 얻어서 중요한 의사결정을 했다. 그리고 자치 무니시피오를 5개 권역으로 나누어 건강, 교육, 농업 문제 등을 책임지게 하였다(Van der Haar, 2005: 493; Mora, 2007: 69). 사파티스타들은 자신들만의 자치를 주장하면서 정부관리를 비롯해서 외부 세력을 마을에서 내쫓았다. 1994년 봉기가 발생하면서 정부에서 파견되어 원주민 마을에서 활동하던 이중언어 교사들의 일부가 자발적으로 떠났고, 나머지는 사파티스타들에 의해 쫓겨났다(Stahler-Sholk, 2007: 60).

1994년 말에서 1995년 초까지 정치경제적 상황이 변화하면서 사파티스타들의 활동이 상당한 영향을 입었다. 1994년 7월에 에르네스토 세디요가 대통령 선거에서 승리하였고, 8월에 치아파스에서는 제도혁명당의 에두아르도 로블레도 링콘(Eduardo Robledo Rincón)이 많은 부정선거의 논란 속에 주지사에 선출되었다. 1994년 1월에 치아파스에서 휴전이 선언되었지만, 1994년 12월부터 1995년 2월까지 적어도 부분적으로 EZLN의 통제를 받는 무니시피오는 4개에서 38개로 늘어났다. 이런 결과로 많은 마을들이 정부의 공식적인 통제에서 해방되었음을 선포했다. 그러나 곧 정부군이 사파티스타가 점령하던 지역을 되찾았다(Washbrook, 2005: 419). 1994년 후반에 사면법이 통과되면서 그동안 범죄인으로 낙인찍혔던 사파티스타들이 공식적으로 활동을 할 수 있게 되었고,

EZLN은 사회운동으로 확고하게 자리 잡았다. 이런 분위기를 틈타서 사파티스타들은 조직이나 정책 분야에서 전국의 원주민 운동을 활성화시켰다. 물론 문제가 전혀 없는 것은 아니었다. EZLN이 등장하고 난 뒤에 만들어진 ANIPA와 '전국원주민의회'(Congreso Nacional Indígena: CNI) 사이에 자치의 의미를 두고 의견이 엇갈리게 되었다. ANIPA는 지역자치를 옹호했지만, CNI는 EZLN과 마찬가지로 다소 급진적인 마을과 무니시피오의 자치를 선택했다. 이런 와중에 멕시코의 경제가 악화되면서 정부로서는 치아파스의 불안이 경제회복에 큰 걸림돌이 된다고 판단하게 되었다. 세디요 정부는 1995년 1월에 만기가 되는 단기 부채를 해결하지 못하게 되자, 자국의 통화인 페소화를 40% 평가 절하하였다. 또 재정적으로 파산에 직면하자, 미국으로부터 500억 달러의 긴급구제금융을 받아들였다. 이와 동시에 2월 9일에는 사회정치적 불안을 해소한다는 명분으로 EZLN에 대해 군사적 공세를 명령했다(Harvey, 1998: 207). 이 작전을 통해 사파티스타 지도자들을 완전히 사로잡을 것으로 판단하면서, 법무부장관은 마르코스 부사령관의 이름이 라파엘 세바스티안 기옌 비센테(Rafael Sebastián Guillén Vicente)로서 전직 대학교수이며 EZLN의 지역조직의 지도자라고 밝혔다. 이런 노력에도 불구하고 마르코스를 체포하기 어렵게 되고 원하던 성과를 거둘 수 없게 되자 세디요는 공격을 중지시켰다. 이 과정에서 카냐다 지역의 수천 명의 사람들이 붙잡히지 않으려고 산속으로 피신하였다. 2월의 정부군의 공세를 보면 무장투쟁을 통해서 정치적 영역을 넓히려는 EZLN의 군사적 취약성을 명확히 실감할 수 있었다.

정부와의 군사적 대립이 절대적으로 자신들에게 유리하지 않다는 것을 실감한 EZLN은 시민사회의 동조세력과 상의하여 정치적 미래를 결정하기로 하였다. 1995년 8월에 EZLN은 자신들의 장래에 대해 시민사회의 의견을 묻기 위한 국제 자문회의를 개최했다. 구체적인 질문으로는 자신들이 정치적 정당으로 탈바꿈하여야 할 것인지, 아니면 무기를 내려놓고 독립적인 시민조직이 될 것인지가 포함되어 있었다. 투표 결과 대다수의 사람들이 정당보다는 시민조직을 선호했다(Mattiace, 2003: 127). 실제로 EZLN은 그동안 선거 민주주의와 정당정치의 실효성에 의구심을 갖고 있었다. 1995년 9월 말에 자문회의의 결과를 받아들여 '사파티스타 민족해방전선'(Frente Zapatista de Liberación Nacional: FZLN)이라는 초당파의 시민조직을 발족시켰다. FZLN은 사파티스타들의 비무장 민중 사회운동 조직이 되었다. 이 조직은 민주주의, 정의, 자유라는 이름으로 민중투쟁을 추진한다는 명목으로 1996년 1월에 공식적으로 출범했다. FZLN의 목적은 정치적 지위를 얻어내려는 것이 아니라 지도자들에게 '순종하며 이끌기'(Mandar Obedeciendo)를 요구하는 것이었다(Harvey, 1998: 208). 그러나 1996년 여름과 가을로 접어들어도 새로운 상황이 전개되지 않으면서 대중의 관심은 서서히 줄어들었다. 봉기가 일어난 지 2년이 넘었고, 원주민의 문화와 권리에 대한 협약이 서명되는 동시에 의회가 선거법을 고치려는 움직임을 보이자, 대중들은 EZLN보다 제도권과 정당정치의 영역으로 관심을 기울이고 있었다(Mattiace, 2003: 128).

멕시코 정부의 초기의 강압적인 대처에도 불구하고 치아파스 사태가 해결될 기미를 보이지 않고 국내외의 여론이 악화되자, 정부는 사파티스타들과 평화적인 해결책을 모색할 수밖에 없었다. 1995년 4월에 EZLN과 정부의 협상이 시작되었다. 이들이 만난 장소는 초칠 원주민의 마을인 산 안드레스 라라인사르였다. 첫 번째 과제인 원주민의 권리와 문화 분야에서는 1995년 10월에 시작해서 다음 해 2월에 매우 미미한 협약에 도달했다. 두 번째 분야인 민주주의와 정의는 1996년 7월에 시작했지만 전혀 의견의 일치를 보지 못하다가 EZLN에 의해 9월에 중단되었다. 사파티스타들은 새로운 논의를 위해서 원주민의 권리와 문화 분야에서 합의한 내용이 실현되는 등 몇 가지 조건이 먼저 충족되어야 한다고 요구했다(Harvey, 1998: 200). 먼저 사파티스타들은 멕시코가 서명한 UN 협약을 폭넓게 해석하여 인권에 관한 담론에 시민들의 경제적・사회적 권리도 포함할 것을 요구했다. 일련의 과정에서 사파티스타들은 원주민의 권리와 자치를 강조하면서 국내외에 자신들의 입장을 천명하여 광범위한 지지를 얻을 수 있었다. 이런 노력의 결과로 1996년에 산 안드레스 협약이 맺어졌다.

협약이 체결되기까지의 구체적인 과정을 보면, 1995년 10월 17일에 EZLN의 관계자와 멕시코 정부가 6개의 그룹으로 나뉘어 원주민의 권리와 문화에 대한 논의를 시작했다. 첫 번째 그룹은 원주민의 권리와 자치에 대해 논의했고, 두 번째 그룹은 원주민에게 정의를 보장하는 문제를 다루었다. 다음으로 정치적 대표성과 참여, 원주민 여성의 권리와 문화, 의사소통 수단, 그리고 원주민 문화의 주창과 발전이 나머지 4개의 그룹에서 주제로 선정되었다 (Mattiace, 2003: 117). 자치를 다루는 첫 번째 그룹은 산 크리스토발에서 북서쪽으로 40km 떨어진 초칠 원주민들의 마을로서 원래는 산 안드레스 라라인사르에서 초칠 원주민의 지명을 더 첨가하여 이름이 바뀐 산 안드레스 사캄첸 델 로스 포브레스(San Andrés Sakam Ch'en de los Pobres)에서 열렸고, 나머지 5개는 산 크리스토발의 '문화의 집'(Casa de la Cultura)에서 모였다. 논의가 시작되면서 정부는 자치를 행정적인 의미에서 해석하여 자원을 탈중앙집권화하여 무니시피오에 분배하는 것으로 정의했다. 그러나 EZLN은 자치를 영토에 대한 권리, 자연자원에 대한 통제, 그리고 지역의 정치적 관행의 인정 등으로 이해하면서 견해가 달라 쉽사리 의견 차이를 좁힐 수 없었다. 산 안드레스 회의는 1년 넘게 지속됐는데, 양쪽 모두 원하는 사람을 자문위원이나 초대자로 불러올 수 있었다. EZLN은 이것을 최대한 활용하여, 중도, 중도좌파, 좌파에 속한 300여 명의 개인과 조직을 초청했다. 이 중에는 원주민, 농민, 여성단체, 환경운동가, 사회과학자, 지식인, 정치인들이 모두 포함되었다. 이렇게 해서 EZLN은 지지세력을 확장시키면서 자신들에게 동정적인 집단을 많이 만들려고 노력했다.

특히 EZLN은 대회가 진행되는 동안 자신들의 입지를 강화하기 위해 1996년 1월 3일에서 8일까지 산 크리스토발에서 열린 '전국 원주민 포럼'에 멕시코 시민사회의 참여를 요구했다(Mattiace, 2003: 120; Washbrook, 2005: 420). 포럼 참가자들은 원주민의 권리를 공동체, 무니시피오, 지역 수준의 자치라는 맥락에서 자결권을 의미한다고 명시했다. 토론의 중심에는 헌법 27조의 원상회복이 들어 있었다. 또한 현재의 사법체계에서 원주민들이 정의를 추구할 수 있게 허용하는 것도 논쟁의 대상이었다. 대체로 포럼 참가자들은 국가가 원주민이 원하는 법을 인정할 것을 요구했다. 한 걸음 더 나가서 원주민들에게 연방과 주 의회에 참여할 길을 열어 줄 것을 요구했고, 원주민들이 상원에도 진출할 방법을 모색할 것을 촉구했다. 이와 함께 원주민들이 자신들의 문화를 증진시키고 소개할 수 있도록 라디오나 텔레비전 같은 별도의 방송국의 설치도 필요하며, 자신들의 마을을 떠나서 생활하는 원주민 이주자들을 적극적으로 보호해 줄 것을 요구했다. 마지막으로 원주민 개인의 권리가 헌법에 보장된 것과 마찬가지로, 원주민들의 집합적 권리도 보장해 줄 것을 요청했다. 원주민의 권리와 문화에 관한 산 안드레스 회담은 1996년 1월 18일에 최소한의 합의가 성립되어 협약을 맺었다. 그 후에 합의된 내용은 EZLN에 의해 비준되었고 4주 후에는 양측의 대표들이 서명하였다(Harvey, 1998: 221). 이런 노력 끝에 마침내 산 안드레스 협약이 1996년 2월 16일에 공식적으로 서명되었다(Mattiace, 2003: 122). 결국 산 안드레스 협약에서 양측은 자치의 범주 내에서 원주민의 자결을 포함하는 권리를 인정했다.

정부와의 협상 중에 사파티스타들 중에 여성들이 많이 참가하면서 여성의 권리에 대한 논의가 활발하게 진행되었다. 당연히 사파티스타 봉기 이후에 여성들의 성정체성이 가장 큰 변화를 겪은 분야 중 하나였다. 치아파스 주에서는 과거에는 여성들의 사회적 지위가 낮아 여성들이 남성들에게 예속되어 사는 경우가 많았다. 이런 현실을 개선하기 위해 여성들에게 정치적 참여를 장려할 뿐 아니라, 그들의 성적 역할도 개선해 나갈 것을 주문했다(Olivera, 2005: 608). 여성의 권리에 대한 논의 중에서 가장 중요한 핵심은 원주민의 전통인 '용도와 관습'(usos y costumbres)에[5] 따른 관행과 여성의 권리에 대한 것이다. '용도와 관습'에 의한 원주민 사회의 관행은 여성들이 정치적인 영역에 참여하는 것을 허용하지 않았다. 여성들은 이런 불합리한 문제를 개선하고, 여성들도 정치적인 문제에 적극적으로 개입할 수 있도록 허용할 것을 요구했다. 여성들은 그동안 원주민 법이라는 이름으로 여성에 대한 학대가 자행된다고 주장했다. 예를 들어, 여성들의 동의를 구하지 않고 신부를 납치하는 행위, 여성에게는 토지를 분배해 주지 않는 것, 마을 전체의 의사결정 기구인 총회에 여성들의 참여를 허용하지 않는 것이 대표적인 문제이다. 이런 맥락에서 '우리의 관습과 전통에서 여성의 권리'라는 명칭으로 산 크리스토발에서 1994년 5월에 열린 워크숍에서 여성들은 여성들이 토지에 대한 권리를 상속받을 수 없다는 점이 문제라고 지적했다. 현재 일부의 원주민 마을에서는 여성들도 토지 상속의 대상이 되지만, 대부분의 마을에서는 여성들을 배제시키고 있다(Mattiace, 2003: 136).

첫 번째 협약이 성사된 후에 EZLN과 정부 관계자들은 '민주주의와 정의'라는 두 번째 주제로 1996년 3월부터 논의를 시작했다. 그러나 3월 말에 치아파스 북부지역의 니콜라스 루이스(Nicolás Ruiz)와 피추칼코(Pichucalco) 지역에서 주 경찰이 1년 이상 농민들이 점유하고 있던 토지에서 농민들을 쫓아내자 긴장이 고조되었

---

5) 원주민 마을에서는 정치와 행정이 근대적인 정당에 의해 이루어지는 것이 아니라, 카르고 제도에 의한 전통적인 공민적－종교적 위계체계에 의해 마을이 관리되고 통치되는 것이다. 즉 원주민들은 자신들의 마을을 직접 통제하기 위해, 필요성과 역사적 관행에 따라 마을 총회에서 합의에 의해 특정한 시기에 카르고의 의무를 수행할 사람 중에 정치지도자를 선정하는 것이다. 이것을 '용도와 관습'에 따른 정치행위라고 부른다. 멕시코 정부는 원칙적으로 법에 규정한 대로 민주적 절차에 의해 정당 추천을 받은 사람을 선거를 통해 무니시피오 지도자나 기타 관리로 뽑을 것을 요구하지만, 원주민 사회의 정치적 관행과 전통을 부분적으로 인정하고 있다.

다(Mattiace, 2003: 124). 이어서 5월 2일에는 툭스틀라 구티에레스의 연방지법 판사가 사파티스타라고 여겨지는 하비에르 엘로라이가(Javier Elorriaga)와 세바스티안 엔친(Sebastián Entzin)이라는 사람에게 징역 13년과 6년을 각각 선고하면서 긴장이 더욱 커졌다(Mattiace, 2003: 125). 갑작스러운 갈등으로 정부와 사파티스타 사이에 대화가 어려워진 가운데, '화해와 평화위원회'(Comisión de Concordia y Pacificación: COCOPA)가 치아파스 사태로 발생한 문제를 대화로 해결하기 위해 나섰다. 이 모임은 1995년 3월부터 멕시코의 상원과 하원 의원들이 치아파스 문제를 해결하기 위해 결성했다. 여기서 산 안드레스 협약이 맺어진 이후에 원주민의 권리를 보호하기 위한 헌법 개정문제에 대한 논의를 했고, 1996년 11월에 자신들의 안을 제시했다. 정부는 원주민의 권리를 보장하는 것은 원칙적으로는 수용하면서도 헌법을 개정하는 문제는 받아들이지 않았다.

1996년 12월 8일에 세디요 대통령은 COCOPA의 제안을 15일에 걸쳐서 검토할 것을 요구했다. 12월 말이 되자, 세디요는 헌법학자들과 상의한 결과 1996년 2월에 합의된 산 안드레스 협약과 COCOPA가 제안한 내용의 상당 부분이 헌법에 어긋난다고 발표했다. 특히 자치에 관한 부분이 문제가 되었다. COCOPA와 여당인 제도혁명당이 제시한 문서의 차이는 '푸에블로'(pueblo)라는 단어를 어떻게 해석하느냐 하는 것이었다. 스페인어로 푸에블로는 사람, 마을, 도시를 함께 의미하기 때문에 문제가 발생할 소지가 있었다. EZLN 측에서는 '푸에블로'가 국제법상에 명시된 사람을 의미한다고 보았지만, 정부 측에서는 이것을 단지 마을이나 도시로 규정했다(Mattiace, 2003: 123). 정부는 원주민 개인의 입장에서 권리를 존중해 줄 수 있다는 생각이지만, 원주민들은 공동의 집단적인 권리가 존중되어야 한다고 판단했다. COCOPA 안은 타협을 내세웠고, 사파티스타들은 마지못해 이것을 수용했다. 그러나 정부는 이런 합의에서 완전히 벗어나서 실질적인 권리를 없앤 새로운 안을 작성했다(Stahler-Sholk, 2007: 53). 세디요는 산 안드레스 협약 자체를 반박하면서 치아파스 지역의 군대를 중무장시켰다. 이와 더불어 살인, 인구 재배치, 가축살해, 농작물 파괴와 음식에 독약살포 등의 좋지 않은 일이 연달아 발생했으며, 정부는 순찰을 통해 마을을 끊임없이 감시하였다. 이런 인권의 유린은 연방군대, 경찰, 불법무장단체 등에 의해 저질러졌다(Nelson, 2005: 287). EZLN은 즉각 정부의 발표에 대해 반발했고, 산 안드레스 협약을 재협상하기를 거부했다(Mattiace, 2003: 126). 정부는 원주민들의 행정 자치에 대해 특히 불만을 표시했다. 멕시코 정부는 사파티스타들의 자치 요구가 분리독립을 요구하는 것이라고 우려했지만, 실제로 사파티스타들은 헌법의 테두리 안에서 정치적-문화적 자치를 원하는 것이었다(Levi, 2002: 34). 멕시코 정부가 협약에 비준하는 것을 거부하면서 문제가 발생했다. 군사적으로도 양쪽이 모두 공격할 수 없는 상태에서 대화는 교착상태에 빠졌다. 사파티스타들은 정부를 공격하기에는 병력수가 너무 적었고, 멕시코 정부는 사파티스타를 다시 무력으로 진압함으로써 발생할 국제적인 비난과 돌이킬 수 없는 사회적 갈등과 혼란을 우려했기 때문이었다.

정부와의 대화가 다시 곤경에 빠지면서 사파티스타들은 다시 자신들의 마을로 돌아와서 활동을 재개했다. 사파티스타들은 자신들의 근거지를 중심으로 새로운 형태의 자치방식을 선보였다. 1997년 3월에 라칸돈 지역의 66개 마을이 '토지와 자유의 자치 무니시피오'(municipio autónomo de Tierra y Libertad)라고 선언했다(Nelson, 2005: 286). 이렇게 사파티스타들이 자신들이 지배하는 지역에서 자치 무니시피오를 설립하자, 멕시코 정부는 그런 조직이 불법이라며 자신들의 계획대로 새로운 무니시피오를 만들었다(Collier and Collier, 2005: 456). 사파티스타들의 입장에서 원주민 자치의 의미와 성격은 자신들의 지역적 특성에 따라 다양하게 표현된다. 그중에서도 치아파스에서는 여러 마을을 묶어서 정부의 무니시피오를 대신할 지역정부를 구성하는 것이었다. 이밖에 원주민 지역 내의 자연자원에 대한 통제권도 포함되고, 전통적인 원주민의 문화적 관행인 '용도와 관습'의 법적 효력을 인정하여 정부의 법과 함께 공식적으로 통용시켜 줄 것을 요구했다(Mattiace, 2003: 87). 산 안드레스 협약은 원주민의 입장에서는 기본적으로 '용도와 관습'의 관행을 정부가 인정하고, 원주민 마을의 전통적 운영방식에 따른 의사결정을 법제화하는 것이었다. 또 원주민들의 전통인 '카르고 제도'를 활성화시켜서 자립적인 사회를 만들려고 노력했다. 이렇게 신자유주의 모델에 반하는 반시장적인 대안은 사회운동의 폭을 넓히기 위해 물질적 기반을 확대하려는 노력이다(Stahler-Sholk, 2007: 57). 그러나 멕시코 정부는 합의에 의한 마을총회와 구성원들에게 공적인 의무를 부여하는 '카르고 제도'를 현재의 토지와 자원에 대한 투쟁과는 별개로 과거에 잔존했던 관행에 불과하다고 여겼다.

산 안드레스에서 연방정부와 EZLN 사이에 협상이 이루어지는 시기에도 정부의 통제는 계속되었다. 중부와 동부지역에서는 군대가 상주하고 있었고, 제도혁명당과 관련 있는 지역의 지도자들인 카시케들이 무장 단체를 조직하고 있었다. 멕시코 정부는 사파티스타의 영향이 미치는 지역의 내분을 유도하기 위해 군사적 압력을 증대시키는 한편, 정부의 지원 프로그램을 당근으로 제시하기도 하였다. 정부와 EZLN 간의 갈등이 증대되면서 이 지역의 빈곤은 심화되었고, 마을 내부의 그리고 마을 사이의 폭력도 발생했다. 이런 문제를 가장 잘 보여주는 것이 1997년 12월에 일어난 악테알(Acteal) 학살사건이다. 사파티스타 봉기가 발생한 이후에 멕시코 군부는 EZLN을 무력화시키거나 붕괴시키려고 이 지역에 대한 감시를 강화했다. 또, 북부 치아파스와 고지대에서 여당인 제도혁명당에 충성심을 보이며 무장반란에 대항하는 불법무장단체들이 등장하였다. 사파티스타와 불법무장단체가 갈등을 벌이던 중에 체날로(Chenalhó)에 속한 악테알 마을에서 1997년 라스 아베하스의 회원 45명이 암살당했다. '라스 아베하스 시민협회'(Sociedad Civil Las Abejas)는 1992년 치아파스의 체날로에서 마야 원주민인 초칠 사람들이 만든 기독교평화시민사회 집단이다. 악테알은 3개의 지역으로 구분되었는데, 각각 사파티스타, 제도혁명당, 라스 아베하스가 지배하고 있었다. 여당인 제도혁명당과 관련이 있는 지역은 장로교회와 연관되어 있고, 악테알 알토(Acteal Alto)라고 불린다. 반대로 사파티스타들이 점령한 지역은 악테알 바호(Acteal Bajo)라고 한다. 그 둘 사이에 라스 아베하스들이 다른 곳을 차지했다. 그들은 중재를 통해 비폭력적이고 평화적인 해결을 모색했다. 그러나 제도혁명당과 관계를 맺는 악테알 알토에서는 라스 아베하스들이 사파티스타와 연관이 있다고 의심했고, 반대로 사파티스타들은 이들이 제도혁명당과 관련이 있을 것이라고 추측했다. 그래서 라스 아베하스들은 양쪽 집단으로부터 압력을 받고 괴롭힘을 당했다. 1996년에 사파티스타들이 그동안 제도혁명당 소속의 농민조직이 이용하던 마호뭇(Majomut)의 모래광산을 점거하면서, 두 집단의 추종자들 사이에 긴장이 고조되었다. 긴장이 커지면서 매복과 살인이 반복되었다. 1996년 9월부터 대학살이 일어날 때까지 제도혁명당 소속의 18명과 사파티스타 소속의 24명이 체날로에서 살해되었다. 폭력이 심각해지면서 양측은 자신들을 지지하지 않는 사람들을 자신들의 영역에서 쫓아내기 시작했다. 이런 과정에서 여러 지역에서 흩어져 살던 라스 아베하스들은 라스 아베하스들이 주로 거주하는 악테알로 추방되었다. 1997년 12월 22일에 불법무장단체가 악테알의 예배당에서 기도를 하던 45명을 사살했다(Levi, 2002: 20). 라스 아베하스들은 아침 6시에 작은 예배당에 모여 기도와 노래를 하며 담소를 나누었다. 그중에 일부는 평화를 위해 금식을 하기도 했다. 그러다가 10시 30분에 총소리가 울렸다. 증인들에 의하면 총을 쏜 60여 명의 사람들은 제도혁명당과 관련이 있는 '붉은 마스크'(mascara roja)라는 단체 소속이었으며 경찰 트럭을 타고 왔다고 했다. 사격은 6시간 동안 지속되었다. 어린이 15명, 여성 21명, 남성 9명 등 총 45명이 죽고 25명이 부상을 입었다. 약 200미터 떨어진 곳에 경찰이 있었지만, 학살이 일어나는 동안 이들은 전혀 모습을 드러내지 않았다.

이 사건 이외에도 폭력사태는 멈추지 않고 계속 이어졌다. 1998년 4월 11일, 연방과 치아파스 주 경찰, 이민국 직원, 군 병력 등

약 1,000명의 무장세력들이 오코싱코 무니시피오의 일부인 '리카르도 플로레스 마곤'(Ricardo Flores Magón) 마을에 침입했다. 1개월이 지나지 않아서 5월 1일에는 과거에 '암파로 아구아 틴타'(Amparo Agua Tinta)로 알려진 '티에라 이 리베르탓'(Tierra y Libertad) 마을이 습격당했다. 그밖에도 여러 마을이 1998년 6월까지 공격을 받았다. 폭력이 난무하자 1999년에 EZLN과 지지세력은 원주민의 권리에 대한 국민투표를 들고 나왔다. 이들은 질문에 멕시코인들에게 국가계획 안에 원주민을 포함하는 문제, 원주민의 권리와 산 안드레스 협약의 인정, 멕시코의 탈군사화, '순종하며 이끌기', 자율조직의 허용 등을 포함시켰다(Swords, 2007: 82). 결과는 투표한 사람의 95%가 4가지 질문에 모두 긍정적으로 답변했다(Swords, 2007: 83). 사파티스타들은 이런 여론을 확인하면서 정부와의 협상에서 우위를 차지하기 위한 노력을 계속했다. 그러나 마르코스가 "민주주의는 선거 경쟁이나 권력의 교체 이상이다"라고 선언하면서 EZLN은 선거에 참여하는 것은 완강하게 거부했다.

2000년에 정권이 바뀌면서 치아파스 사태는 새로운 국면을 맞았다. 2000년 7월의 대통령 선거에서 야당이었던 '국민행동당'(Partido Acción Nacional: PAN)의 비센테 폭스 케사다스(Vicente Fox Quesadas, 2000~2006)가 당선되면서 70년 이상 지속되었던 제도혁명당의 일당지배를 종식시켰다. 이어서 2000년 8월에 치아파스주에서 처음으로 제도혁명당 출신이 아닌 파블로 살라사르 멘디구치아(Pablo Salazar Mendiguchía)가 주지사로 당선되면서 정치적 지형이 크게 변화되었다. 주지사 선거에서 8개의 정당이 연합하여 제도혁명당 후보의 46%에 비해 52%의 득표율을 기록하여 당선되었다. 비록 기권한 유권자가 50% 정도 되었지만, 살라사르 멘디구치아의 당선으로 시민들은 6년 이상 지속된 저강도의 전쟁과 사회갈등이 종식되고 평화가 올 것이라는 기대를 갖게 되었다. 살라사르 주 정부는 과거의 원주민 기관들을 해체시키고 보다 효율적인 원주민 기구인 SEAPI(Secretaría de Atención a los Pueblos Indígenas)를 만들었다. 그러나 기대와는 다르게 실제로 그가 집권한 이후에도 큰 변화는 없었다. 이에 따라 EZLN에 대한 관심과 지원이 다시 서서히 가라앉았다(Mattiace, 2003: 149). EZLN을 지지하는 세력과 외부의 사회조직 간의 동맹은 내부의 논쟁, 5년여를 지속해 온 저강도의 전투, 그리고 지속적인 정부의 압력에 의해 약화되고 있었다. 그래서 각 마을마다 자신들만의 정치적 조직을 재편할 필요가 있었다(Mattiace, 2003: 150).

2000년 11월 30일인 폭스 대통령의 취임식 전날에 EZLN은 5개월 동안의 침묵을 깨고 대화재개를 위한 3가지 선행조건을 제시했다. 모든 사파티스타 정치범들을 석방하고, 치아파스 7개 마을에 대한 무장을 해제하며, COCOPA의 제안을 의회와 정부가 승인하여 산 안드레스 협약을 이행하라는 것이었다(Levi, 2002: 35). 이런 기대에 부응하여 비센테 폭스가 집권한 2000년 이후에는 주둔병력의 수가 줄어들었고 정부도 새로운 해결방안을 모색했다. 비센테 폭스가 대통령에 오르면서 그는 치아파스를 국가의 최우선 과제로 올려놓고 53개의 군 검문소를 폐쇄했다. 비센테 폭스가 정권을 장악한 2000년 12월 1일부터 사파티스타들의 근거지에 대한 공격은 중지되었고, 수천 명의 연방 군인들은 치아파스의 부대로 복귀했다(Mattiace, 2003: 146). COCOPA의 제안을 통과시키기 위한 노력의 일환으로 사파티스타들은 2000년 2월 24일 치아파스에서 멕시코시티까지 행진을 했다. 그들이 3월 10일에 멕시코시티에 도착하자, 수십만 명의 멕시코인들이 이들을 환영했다. 사파티스타들과 원주민 의회(Congreso Nacional Indígena: CNI)는 함께 멕시코시티에서 원주민의 권리를 지지하는 행진을 준비했다. 이렇게 되자, 원주민의 문제에 다시 한 번 전국의 이목이 집중되었다.

폭스는 대통령에 취임하면 치아파스의 교착상태를 15분 안에 해결하겠다고 장담했다. 그는 권력을 잡은 지 4일 만인 2000년 12월 5일에 헌법을 수정하라는 COCOPA의 제안을 상원에 보냈다. 2001년 4월 말에 상원은 COCOPA의 제안을 많이 수정한 새로운 안을 내놓았다. 하원은 원래의 안을 그대로 승인했으나 상원은 그 안을 상당히 변화시켰다. 상원은 원주민의 자치를 무니시피오에 한정하면서, 원주민들이 자신들의 전통과 관습에 따라 무니시피오 관리를 선출할 수 있게 하였다. 새로 만들어진 법은 원주민의 요구를 부분적으로 수용했지만 자치를 실질적으로 제한하였다. 이렇게 되면서 멕시코 헌법에 명시된 개인의 인권을 위반하는 어떤 형태의 원주민 자치도 허용하지 않게 되었다. 새로운 법은 마을과 무니시피오의 연합이나 영토와 자원에 대한 집합적 권리를 인정하지 않아서 본질적으로 산 안드레스 협약을 위반했다. EZLN과 지지세력들은 새로운 법이 자신들을 배반했다고 주장하면서 수용하기를 거부했다(Swords, 2007: 85). 멕시코의 4대 정당(PRI, PAN, PRD 그리고 PT)을 대표하는 COCOPA의 구성원들은 EZLN과 CNI, 민주혁명당, 그리고 좌파세력과 함께 상원의 결정에 반대했다. 그러나 개정된 상원의 안은 2001년 4월 25일에 상원을 통과했고, 3일 뒤에 의회에서도 386:60으로 통과되었다. 2001년 여름에 멕시코 전체의 32개 주 가운데 19개가 개정안을 승인했고 9개가 반대했다. 결국 2001년 8월 14일에 원주민의 권리와 문화에 대한 헌법 개정안이 법으로 인정되었다(C. de Grammont and Mackinlay, 2009: 34; Mattiace, 2003: 131; Swords, 2007: 84). 이렇게 되면서 양측 간의 대화는 완전히 중단될 수밖에 없었다. 사파티스타들은 협약을 완전히 파기하기로 했고, 대화는 교착 상태에 빠졌다. 이렇게 되자 봉기의 장기적 효과는 쉽게 가늠할 수 없게 되었다(Collier and Collier, 2005: 458; Nelson, 2005: 279). 그 후에 EZLN은 멕시코의 정치적 영역에서 중심적인 자리를 확보하지 못했고, 사람들의 관심에서 멀어지면서 대중적인 지지도 상당히 잃게 되었다(Washbrook, 2005: 421). 한편으로는 2000년부터 멕시코 정부가 사파티스타들을 다루는 전략은 무력보다는 설득을 유도하는 쪽으로 방향을 전환하면서, 다양한 개발 프로그램을 마련했다. 소액 대출과 토지구입을 위한 보조금 등이 대표적이다. 이렇게 정부의 지원이 정치적 성향에 따라서 편파적으로 시행되면서, 20세기 중반부터 지속된 마을 내의 혹은 마을 사이의 오래된 갈등이 심화되기도 했다(Olivera, 2005: 619~620). 이런 변화는 사파티스타의 조직 운동에 적지 않은 타격을 주었다.

2001년 봄에 멕시코 의회가 EZLN이 끈덕지게 원했던 원주민의 권리에 관한 법을 훼손시킨 다음부터 사파티스타에 관한 소식은 거의 들리지 않게 되었다. 원주민의 권리와 문화에 대한 산 안드레스 협약은 원주민들의 자치와 이중언어 교육, 원주민의 정의, 자연자원에 대한 집합적 통제, 집합적인 농업활동 등 원주민들에게는 새로운 이정표였다. 산 안드레스 협약이 체결된 이후에 원주민들은 원주민의 권리에 관한 법을 제정하기 위해 두 명의 대통령을 상대로 8년간 싸웠다. 또 세 번이나 멕시코시티로 대표단을 파견하여 법의 제정을 요구하였으나, 세 번 다 거부당했다(Ross, 2003). 첫 번째 대표단은 초칠 여성인 라모나(Ramona) 사령관의 인솔로 1996년 10월에 전국 원주민 의회에 파견되었다. 두 번째는 민주혁명당의 쿠아우테목 카르데나스 솔로르사노(Cuauhtémoc Cárdenas Solórzano)가 멕시코시티 시장에 당선된 직후인 1997년에 시도되었다. 사파티스타들은 1,111명의 대표단을 버스에 태워 원주민도 멕시코인이라는 사실을 강조했다. 1997년의 방문은 FZLN의 설립과 시기가 일치한다. 그러나 FZLN은 영향력이 줄어들면서 소수의 지지자들만 남아 있게 되었다. 세 번째는 2001년 2월에서 3월에 걸쳐 '지구상의 유색인들의 행진'이라는 이름으로 비센테 폭스가 대통령에 당선된 다음에 시도되었다. 24명의 사령관들과 원주민 비밀 혁명 위원회, 그리고 마르코스가 버스에 몸을 싣고 멕시코시티로 들어서면서 국제적인 관심을 받았다. 소칼로에서 약 20만 명이 이들을 환영했으며 외신기자들도 많이 참석했다. 그러나 그들이 떠나자마자 의회는 원주민의 자치와 원주민 라디오 방송국 설립 등에 대한 산 안드레스 협약의 내용을 훼손하였고, 또다시 사람들의 관심에서 멀어져 갔다(Ross, 2003).

한동안 활동이 뜸했던 사파티스타들은 자신들의 존재를 다시 알리고, 정치적인 입지를 다지기 위해 활동을 하기도 했다. 특히 자신들의 자치에 대한 관심을 다른 원주민들이나 종족집단에 알리기 위한 노력을 시도했다. 2006년의 선거를 위해 정당들이 캠페인을 하는 중에 EZLN은 정당과 선거를 비판하면서, 2005년 10월에 라칸돈 밀림의 6번째 선언문을 발표했다. 그리고는 2006년 1월에 '또 다른 캠페인'(La Otra Campaña)을 시작하여, 선거정치와 자본주의 체제를 거부하면서 대안적인 민중집단을 구성하려 했다. 특히 좌파정당을 비난하면서 자신들만의 반자본주의 운동에 착수하면서 구조적 불평등 문제를 제기했다(C. de Grammont and Mackinlay, 2009: 36; Hernández Castillo, 2006: 115; Mora, 2007: 64). '또 다른 캠페인'은 농촌과 도시를 망라하는 반자본주의 투쟁을 활성화하려는 목적을 갖고 있었다. 사파티스타 지도자들은 이를 위해 2006년 1월부터 7월까지 전국을 돌면서 여러 운동세력과 논의했다. 이 과정에서 EZLN은 좌파세력과 갈등에 빠지게 되는데, 이것은 좌익집단들이 원주민 운동을 제대로 이해하지 못하고 원주민들이 주장하는 자치에 대해 별로 아는 것이 없었기 때문이었다. '또 다른 캠페인'의 첫 번째 총회는 2005년 9월 16일에서 18일 사이에 약 2,000명의 참가자가 모여서 사파티스타들의 활동의 중심지인 치아파스의 프란시스코 고메스(Francisco Gómez)에서 열렸다. 전국에 걸쳐서 도시의 청년 집단, 여성운동 조합, 각종 노동조합, 비정부기구와 원주민 조직이 참여하여 활발한 논의를 벌였다(Mora, 2007: 66). 여기서는 원주민 자치와 관련하여 두 가지 문화적인 논리가 토론의 대상이었다. 즉 신자유주의 시대에서 정부의 권력이 시민들을 통치하는 기재와 멕시코 정부가 채택한 공식적인 다문화 프로그램이었다(Mora, 2007: 67). '또 다른 캠페인'은 라틴아메리카 좌파정치의 새로운 경향을 반영하는 것으로, 단순한 문화적 정체성을 강조하는 것에서 탈피하여, 종족과 성의 차이를 인정할 것을 요구하는 투쟁에 반자본주의 이념을 접목시킨 것이다. 그렇지만 자치 무니시피오의 생존전략이 자본주의의 대안이 될 수 있을지는 분명하지 않다(Mora, 2007: 74; Stahler-Sholk, 2007: 58).

사파티스타들은 다른 원주민들과의 의사소통도 새롭게 시작했다. 2005년 8월 13일에 첼탈(Tzeltal) 원주민 거주지역인 하비에르 에르난데스(Javier Hernández)에서 51개의 원주민 조직이 모여서 농민, 학생, 교사, 그리고 노동자들과 폭넓은 전선을 형성하기 위해 모임을 가졌다. 이 모임의 주요한 자산은 사람들 사이의 연대와 멕시코 원주민 사회의 집합정신이었다. 이들은 마사우와(Mazahuas), 마야, 첼탈, 미헤(Mixes), 나우아(Nahuas), 토홀라발, 믹스테코(Mixtecos) 등 원주민들의 협동조합과 인권 단체, 농민조직, 그리고 근린조직의 저항전략의 경험을 공유하였다. 51개의 조직들은 여러 가지의 경험과 관심사를 제시했다. 그중에서 주요한 4가지 관점은 지속 가능한 발전, 원주민들의 인권과 문화적 권리, 여성의 권리, 자치 등이었다(Hernández Castillo, 2006: 122). 과거에는 멕시코의 56개 원주민 집단 사이에 교류나 조직이 미흡했었다(Mattiace, 2003: 1). 이런 점에서 원주민들을 하나의 세력으로 규합하려는 사파티스타들의 노력은 긍정적으로 평가받을 만하다. 그러나 이들의 모임에서 자치에 대한 다양한 개념과 역사적으로 상이한 조직구성 등의 문제로 인해 내부의 균열이 발생하기도 했다(Hernández Castillo, 2006: 116). 치아파스 원주민들의 자치에 대한 생각은 COCOPA의 제안을 넘어서서, 국가뿐 아니라 멕시코 사회 전체와 자신들의 관계를 재정립하는 것을 포함한다. 예를 들어 원주민의 언어와 문화를 인정하라는 요구를 하면서, 다양성을 확보하기 위해 전국적으로 교육과 보건체계를 재편해야 한다고 주장했다. 경제적인 관점에서 자치는 지속 가능한 지역발전을 포함하는 것으로 전통적인 원주민의 영농법을 활용하면서 유기농업에 관심을 두는 것이다. 또한 중개상 없이 자신들이 생산한 작물을 상품화하는 과정이 필요하다고 주장했다. 다시 말해 기존의 제도들과는 상이한 대안적인 사회경제, 정치구조가 구성되어야 한다는 것이다(Hernández Castillo, 2006: 127).

멕시코 정부와 사파티스타 사이에는 과거와 같은 무력충돌은 발생하지 않고 있지만, 그렇다고 모든 것이 아무 일도 없는 것처럼 평화를 유지하는 것도 아니다. 멕시코 정부는 국내외의 여론을 살피며 사태가 더 이상 악화되는 것을 피하려 하며, EZLN도 또다시 무력대립을 시도할 형편은 되지 못하는 실정에서, 자신들의 정치경제적 요구를 정부에 촉구하기 곤란한 상황에 이르렀다. 사파티스타들이 자신들의 요구사항을 관철시키려면 정치적 입지를 다져야 하고, 이것은 정당정치와 선거에 적극적으로 참여해야만 달성된다. 그러나 치아파스 원주민들은 이미 정당을 신뢰하지 않고 있다. 그들에 의하면 제도혁명당은 원주민을 이용하기만 했고, 국민행동당은 원주민들의 구체적인 생활상을 알지 못하고, 민주혁명당은 달성할 수 없는 이야기들만 나열할 뿐이었다(Hernández Castillo, 2006: 117). 이런 상태에서 자신들이 정치에 주체적으로 개입한다고 해서 달라지는 것은 별로 없다는 생각이다. 그 대신에 자신들의 내부의 문제에 집중하면서 38개의 사파티스타 자치 무니시피오는 비영리 유기농 커피판매자 등 북미 지역 NGO의 도움으로 학교, 진료소, 협동조합을 세우며 자신들의 정치적 이념을 실천하고 있다(Ross, 2003). 한편 민주주의의 절차에 대해서도 치아파스 원주민들은 다른 견해를 갖고 있다. 예를 들면, 많은 원주민 사회에서는 자유로운 개인의 비밀선거보다는 마을 총회에서 토론과 합의에 의해 지도자를 선출하는 것을 선호한다. 이에 따라 각 원주민 마을의 정치구조와 역사에 따라 선거민주주의를 받아들이는 형태는 다양하다. '용도와 관습'의 전통은 마을 내부의 응집력을 유지시키는 데 중요한 역할을 한다(Hernández Castillo, 2006: 118). 이렇듯 외부의 간섭 없이 자신들의 고유한 전통과 관습, 질서를 유지하기를 원하기 때문에, 민주주의에 대한 생각에도 멕시코 정부와 사파티스타 사이에는 무시하지 못할 간격이 있다.

(3) 오늘날의 멕시코 사회와 EZLN

EZLN은 무장투쟁으로 국가를 무너뜨리겠다는 게릴라 운동으로 시작했지만, 곧 신자유주의를 반대하고 원주민의 권리와 복지를 지지하는 사회운동이 되었다(C. de Grammont and Mackinlay, 2009: 31). 사파티스타들은 전통적인 방법으로 정부에 저항했던 것이 아니라, 새로운 운동의 형태를 보여주었다. 세계화와 정보화 시대에 걸맞게 이들은 다양한 의사소통 방법을 활용하여 자신들의 입장을 알리고 지지자들을 결속시켰다. 치아파스의 투쟁은 '이미지의 전쟁'이라고 부를 수 있을 만큼 가상의 운동이기도 했다. 미디어와 인터넷을 활용했다는 점에서 사파티스타 봉기는 '최초의 포스트모던 혁명'이라고 불린다. 치아파스 원주민들의 어려운 생활상이 텔레비전과 언론보도에 나와 전 세계에 전달되면서, 멕시코 정부는 대단히 곤혹스러운 처지가 되었다. 멕시코 정부는 초기에 강압적인 방식으로 사파티스타 봉기를 무력으로 진압하려고 했다. 그러나 국내외의 여론과 압력에 의해 대결이 중지되고 대화를 할 수밖에 없었다. 이에 따라 사파티스타들의 가장 강력한 무기가 인터넷을 통한 국내외의 지지라는 것을 확인할 수 있었다(García de León, 2005: 516; Olivera, 2005: 615). 이런 과정을 거치면서 사파티스타 봉기는 이전의 조직운동과는 달리 멕시코뿐만 아니라 해외의 주목을 받게 되었고, 그들이 제시한 과제들은 광범위한 사회적 영향을 미치게 되었다(Van der Haar, 2005: 503). 이런 장점을 살린 사파티스타주의는 봉기를 주도한 사람과 민병대, 국내와 해외의 지원 네트워크, 치아파스의 원주민 마을 등 여러 층으로 구성된 새로운 사회운동이다(Stahler-Sholk, 2007: 50). 비록 그들의 정치적 목적이 현재 완벽하게 달성되지 못했어도, 그들의 정치적 지향점은 전 세계에 걸쳐서 광범위한 반향을 불러일으켰다. 물론 확연하게 드러나는 정치적 성과는 아직 미미하다. 예를 들면, 1990년대 후반에 농민들의 지지를 가장 많이 받은 정당은 민주혁명당이었다. 치아파스에서도 제도혁명당을 물리치고 8개의 정당이 뭉쳐서 파블로 살라사르를 주지사로 당선시켰다. 그렇지만 실질적인 사회적·경제적 변화는 거의 없었다. 무력 대결이 줄어들면서 2000년 이후에 긴장은 크게 감소하였다. 그렇다고 해서 사파티스타 갈등의 원인이 되었던 문제들이 모두 해결된 것은 아니다(Villafuerte Solís, 2005: 480).

21세기에 들어서서 사파티스타들의 영향력은 눈에 띄게 감소하였고, 언론에서도 큰 주목을 받기 어려워졌다. 또한 일부의 원주민들이 더 이상 사파티스타들로부터 큰 정치경제적 혜택을 입기 어렵다는 판단을 하면서 독자적인 활동을 하는 사례도 발견된다. 사파티스타 운동의 결과로 농민들은 과거에 사유지였던 일부의 토지를 얻게 되었지만, 가난한 원주민들의 토지 수요를 충족시키기에는 턱 없이 부족했다. 소규모 경작자들이 토지를 얻기 위해 이 투쟁에 참여했지만, 실제로 얻어낸 것은 별로 없고 농촌경제를 활성화시키거나 생활수준을 높이지도 못했다. 설상가상으로 1998년부터 커피 가격의 폭락으로 생산자들이 타격을 입었으며, 북미자유무역협정으로 농민들에게 정부에서 정한 조건을 넘어서는 보조금 지원도 불가능해졌다. 2000년에 사파티스타 봉기 이후에 멕시코 정부가 구입한 20만 헥타르의 토지가 에히도 토지로 전환되었다. 치아파스 주 정부에 의하면 2002년 말에 12만 2,000헥타르의 토지에 571개의 새로운 에히도가 만들어졌다고 한다(Villafuerte Solís, 2005: 467). 토지의 획득에 있어서 수치상으로 변화가 있어 보이지만, 대부분의 토지가 생산성이 높지 않아서 큰 도움은 되지 못하는 형편이다. 그동안 마을에서 토지를 둘러싼 분쟁은 계속 발생했다. 2001년과 2003년 사이에 617건의 분쟁이 농촌지역에서 발생했다. 271건은 토지를 침범한 것이고, 122건은 토지 소유권, 72건은 토지 경계 때문에 발생했다(Villafuerte Solís, 2005: 468). 치아파스에는 투자하려는 해외자본도 거의 없다. 기반시설이 부족하고 우수한 노동력도 충분하지 않으며, 정치적 상황이 매우 유동적이기 때문이다. 그래서 실질적인 실업률이 매우 높은 편이다(Villafuerte Solís, 2005: 476). 결국 사파티스타 봉기 이후에 치아파스의 농촌경제는 다시 심각한 상황에 빠지게 되었다(Villafuerte

Solís, 2005: 479). 그래서 개인이나 가구의 입장에서는 경제적으로 1990년대 이후에 특별히 개선된 부분은 그다지 발견되지 않는다.

가장 큰 문제는 많은 원주민들이 시급한 경제적 어려움을 해결하기 위해 마을을 떠나서 대도시나 미국으로 노동이주를 떠나고 있다는 것이다. 역사적으로 치아파스에서 주기적인 이주는 많이 발생했다. 20세기 초부터 중부 고지대의 원주민들은 수확기인 10월에서 2월에 맞추어 치아파스 주의 태평양 연안지역인 소코누스코(Soconusco)의 커피 플랜테이션으로 일자리를 찾아서 갔다. 1979년대에는 인접한 타바스코(Tabasco)나 킨타나 로(Quintana Roo) 주의 칸쿤(Cancún)으로 이주했다가, 그 후에는 베라크루스(Veracruz)와 멕시코시티까지도 이주했다. 즉 치아파스에서는 다른 멕시코의 중부와 남부의 빈곤한 주와 마찬가지로 오랜 기간 원주민들은 농업에서 얻는 부족한 소득을 보완하려고 지역 내에서의 계절적 이주노동, 수공예품의 제작과 판매, 가축 사육, 북부 국경지역의 마킬라도라(maquiladora)[6] 산업지역이나 미국으로의 이주노동 등에 꾸준히 참여하였다(Mattiace, 2003: 17). 그러다가 사파티스타 봉기 이후에 경제적 기회가 오히려 감소하자, 치아파스를 떠나서 다른 지역으로 이주하는 사람들이 더 많아졌다. 특히 이런 국제 노동이주는 1990년대 초부터 국제시장에서 커피 가격이 내리면서 가속화되었다. 이렇게 되어 생계를 유지하기가 곤란해지고 일자리가 부족한 상태에서, 노동자들을 멕시코-미국 국경까지 실어 나르는 사람들의 네트워크가 생겨서 미국으로의 이주가 용이해지

---

6) 멕시코의 산업발전을 목표로 시행된 자유무역지대에 위치한 제조업체를 의미한다. 기업들은 관세 혜택을 받아 원료와 장비를 수입해서 조립이나 가공을 한 다음에 미국이나 다른 국가로 수출한다. 초창기에는 국경지역에서만 허용되었으나, 이제는 내륙지역에서도 인정된다.

면서 급격하게 확산되었다. 1990년에 치아파스는 멕시코에서 해외 송금 수입이 29번째로 많은 주였지만, 1995년에는 27위, 2001년에는 15위로 상승하였으며, 2003년에는 12위에 이르게 되었다 (Villafuerte Solís, 2005: 477). 2004년에 치아파스는 송금액에 있어 멕시코에서 11위로 크게 올랐다. 이렇게 되면서 사람들의 이동과 사채업을 담당하는 카시케의 역할이 한층 커졌다(Stahler-Sholk, 2007: 51). 2003년에 미국에서 생활하는 치아파스 출신의 해외의 이주노동자들이 보낸 송금액은 3억 6,000만 달러이다. 이것은 2002년 GDP의 15%에 해당한다(Villafuerte Solís, 2005: 470). 치아파스에서 젊은 남성들이 돈을 벌기 위해 다른 지역으로 이주하면서 여러 가지 현상이 발생한다. 문제가 되는 것은 농촌에는 고령자와 여자들이 많이 남아 있게 되었다는 것이다(Villafuerte Solís, 2005: 469). 그 밖에 앞에서 언급한 치아파스 지역의 종교적 갈등도 사파티스타 자치운동을 분열시키는 근원 중의 하나이다. 천주교의 해방신학과 개신교의 종파가 대립하면서 자치운동에도 엄청난 영향을 주었다(Stahler-Sholk, 2007: 55). 일부 마을은 기존의 천주교 신자들과 새롭게 개종한 개신교 신자들 사이에 갈등이 발생하거나, 폭력적인 대립이 발생한 곳도 있다(주종택, 2000, 348-350; 2004: 28-35).

여러 가지 문제로 현재 치아파스의 농촌지역은 심각한 침체에 빠져 있다. 농업생산성은 감소하고, GDP에서 농업이 차지하는 비율도 꾸준히 줄어들고 있다. 1994년에서 2003년까지 옥수수 생산량이 증가되었지만, 이것은 PROCAMPO 정책의 실시로 지원금을 받으려는 목적으로 이전에는 옥수수를 재배하지 않던 토지에서도 일시적으로 옥수수를 생산하였기 때문이다. 반면에 과거에는 시장에 팔 의도로 옥수수를 재배하던 대규모 농장에서는 옥수수 생산을 중단하는 경우가 많았다. 결국 옥수수 재배는 생산성이 높은 지역에서 이루어지다가, 생산성이 낮은 지역으로 옮겨지게 되었다(Villafuerte Solís, 2005: 471). 그 밖의 다른 작물에서도 유사한 현상이 발생하여 치아파스에 피해를 주고 있다. 바나나도 과잉 생산되어 국제시장에서 가격이 떨어지고 있으며, 망고도 기술적인 문제로 생산성과 출하량이 동시에 감소하고 있다(Villafuerte Solís, 2005: 472). 가축사육도 비슷한 처지에 놓여 있다. 팔렝케, 살토 데 아구아, 오코싱고, 알타미라노 등지에서 개인적으로 가축을 사육하던 사람들은 점차 사라졌다. 사파티스타 봉기가 발생한 지 3년 만에 사육되던 가축의 수는 절반으로 줄었다. 많은 농부들이 자신들의 재산이 점령당할지 모른다는 우려에서 자신들의 가축을 멕시코의 다른 지역으로 옮겼기 때문이다(Villafuerte Solís, 2005: 473). 그러나 목재생산은 사파티스타 봉기 이후에 오히려 증가했다. 봉기 이전에는 치아파스에서는 법령으로 목재생산이 제한되었다. 그러나 1994년에는 41만m³의 목재가 생산되어 1993년보다 2배로 늘어났다. 농민들이나 원주민들이 연료로 사용하거나 목재를 팔아 생계를 유지할 목적으로 나무를 잘랐기 때문이었다. 이렇게 벌목이 많아진다는 것은 농촌경제가 어려운 실정에 빠졌다는 것을 반영한다(Villafuerte Solís, 2005: 474).

지금도 치아파스는 멕시코에서 게레로와 오아하카 다음으로 가장 가난한 주이다. 경제발전이 지연되고, 농업과 목축업이 주요한 산업이며, 교육수준도 낮고 정부의 제도적인 지원도 미흡하다. 이런 상태에서 신자유주의 정책이 펼쳐지면서 공공부문의 투자와 지출이 감소하고 있다. 1990년에 생계에 필요한 최소임금만을 버는 사람의 비율이 61%였는데, 2000년에는 76%로 상승했다(Villafuerte Solís, 2005: 462). 현재는 더욱 늘어났다고 보인다. 소규모의 토지를 경작하는 농민들은 안팎으로 궁지에 몰리고 있다. 해외시장에서는 경제적으로 효율적인 농업생산자들과 경쟁을 벌일 수 없고, 국내에서는 정부로부터 실질적으로 방치되고 있기 때문이다. 1995년에 정부는 '치아파스 펀드'(Fondo Chiapas)를 만들어서 무장봉기로 인해 발생한 경제적 위기를 극복하려고 시도했으나, 그다지 성공적이지 않았고, 기대한 만큼의 투자도 유인하지 못했다(Villafuerte Solís, 2005: 465). 이런 상황에서 자립적이고 지속 가능한 발전을 이끌어 내는 것이 사파티스타들에게는 중대한 도전이었다. 1994년부터 이들은 다양한 자급자족적인 생산 활동을 개발했다. 앞마당의 공동경작, 토끼, 벌 등을 기르기, 양초 만들기, 생태농업, 지역 학교 운영, 전통적 치료와 현대적 의술의 결합 등의 사업을 시행했다(Stahler-Sholk, 2007: 56). 그렇지만 어려운 경제적 여건을 획기적으로 개선하기에는 역부족이었다. 특히 최근에 많은 농민들이 이주를 하면서 사람들의 관심이 줄어들어서 역설적으로 치아파스 지역의 위기가 다소 완화되고 있다. 그러나 눈에 띄는 정치경제적 발전은 아직 찾아볼 수 없다(Villafuerte Solís, 2005: 461).

경제적으로는 사파티스타들의 역할이 제한적이지만 정치적인 측면에서는 다르다. 사파티스타 민중봉기는 멕시코의 민주적 변화를 이끌었을 뿐 아니라, 멕시코의 민주주의와 시민을 재정의할 수 있게 하였다(Harvey, 1998: 200). 이와 함께 사파티스타들은 멕시코에서 새로운 형식의 정치적 참여를 위한 공간을 열어 주었다. 전통적으로 멕시코 정부는 원주민들을 전국 혹은 주 단위의 농민 조직에 편입시키고, 그 다음에 다시 이들을 정당의 일부분에 포함시키는 전략을 취했다. 이렇게 하면서 원주민 문제도 종족성보다는 계급에 초점을 맞추게 하였다(Mattiace, 2003: 3). 처음에는 사파티스타들도 자신들이 원주민 군대라는 것을 명확히 표현하지 않았고, 오히려 원주민이 많이 거주하는 지역에서 출발한 가난한 사람들을 위한 혁명군이라는 점을 부각시켰다. 시간이 흐를수록 원주민들의 근거지가 정치적 영역에서 중요해지면서 원주민 문제가 운동의 중심으로 이동하였다(Postero and Zamosc, 2004: 10). 그러다가 사파티스타 봉기가 원주민의 권리와 자치를 전면에 내세우면서 다시 종족성의 문제가 시급한 화두로 대두되었다. 사파티스타 운동은 분명한 마야의 정체성을 드러내 보이는 데(Levi, 2002: 5), 치아파스 지역은 원래 장기간에 걸쳐 대지주로 인해 사회적 양극화와 갈등이 심각했으며, 이에 대응하여 원주민의 공동체적 정체성이 더욱 강하게 나타났다. 1992년 콜럼버스의 미대륙 상륙 500주년을 맞이하여 살리나스는 헌법 4조를 개정하여 멕시코의 다문화적인 특성을 명시하였다. 다음으로 원주민의 권리와 문화에 관한 법이 2001년 4월에 확정되어 멕시코가 다문화국가임을 수용하였다. 이에 따라 원주민들도 국가의 테두리 안에서 자치와 자결권을 인정받게 되었다(Leyva Solano, 2005: 556). 2002년에는 멕시코 원주민들에게 부분적으로 자치를 허용하는 헌법개정이 이루어졌고, 이어서 19개 주에서 이것을 비준하였지만 실제로 완전하게 실행되지 않았다(Eisenstadt, 2006: 112).

2001년의 헌법 개정은 원주민 마을의 독자적인 정치구조를 인정하지 않고, 자연자원을 집합적으로 이용하는 법적 권리도 포함시키지 않았다. 정부는 원주민의 권리를 문화적인 의미에서만 인정하여, 문화적 권리를 정치와 영토에 대한 권리로부터 분리시켰다. 폭스 행정부의 원주민 정책은 신 인디헤니스모로서 원주민 문제는 경제적 낙후와 고립이 원인이라는 발전주의 이념에 기반을 두고 있다. 폭스는 2000년에 국립 원주민연구원을 폐쇄하고 대신에 '전국원주민발전위원회'(Comisión Nacional para el Desarrollo de los Pueblos Indígenas)를 발족시켰다(Mora, 2007: 71). 간추려 말하면 이런 정부의 노력은 구체적인 효과와 법에 명시된 행동이 수반되지 않은 상징적인 선언에 불과하였다. 물론 한계점은 분명하지만 그래도 과거보다는 원주민들의 활동기반이 개선되는 효과가 있었다. 결과적으로 치아파스의 원주민 지도자들은 자신들이 물려받은 문화적 상징이나 마을 수준의 정치구조 등 수 세기 동안 지속되어온 문화 자원을 활용하여 사람들을 동원하였고 부분적인 성과도 거두었다(Mattiace, 2003: 27). EZLN은 집합적 종족정체성과 멕시코 시민이라는 개념을 활용하여 유연하면서 공동체에 바탕을 둔 자치를 내세웠다. 그러나 여기에도 여러 문제가 존재했다. 행정적인 탈중앙집권화로서 영토에 기반을 둔 자치도 현존하는 정치 위계구조나 국가의 역할을 근본적으로 변화시킬 수 없다는 것이다. 다음으로 자치를 국가의 통제로부터 단지 이탈하는 것으로 생각하면, 자치 마을이 정부로부터 자원을 지원받지 못하고, 세계 시장의 힘으로부터 보호받지 못한다. 마지막으로 단순히 다문화주의로 자치를 정의하면, 마을을 세분화하는 신자유주의의 함정에 빠지게 된다(Stahler-Sholk, 2007: 49). 그렇기 때문에 사파티스타들이 주장하는 자치를 실제 원주민 사회에 적절하게 적용하는 데에는 많은 어려움이 따른다.

사파티스타들의 현재까지의 자치운동의 과정을 요약하면 다음과 같다(Stahler-Sholk, 2007: 54-55). 먼저 1994년 12월 사파티스타들은 중부 고지대의 38개의 자치 무니시피오를 지정하였고, 이어 1995년 1월에 '라칸돈 밀림에서의 3번째 선언'에서 이를 공식화했다. 산 안드레스 협약 체결 이후인 1996년 10월에 사파티스타들은 무니시피오 선거를 거부하고 선거로 선출된 관리들도 인정하지 않았다. 그 대신에 공개된 마을 총회에서 '용도와 관습'의 전통에 따라 자신들의 지도자를 선출했다. 1997년 이후에는 사파티스타들은 그들의 자치 무니시피오를 제도화하고 정부의 관리들을 추방했다. 이런 상태에서 1988년 4월과 5월에 자치 무니시피오인 '리카르도 플로레스 마곤'과 '티에라 이 리베르탓'(Tierra y Libertad)에 대한 군경 합동 습격이 있었다. 치아파스 주 정부는 사파티스타 자치 무니시피오를 약화시키려는 의도로 7개의 무니시피오를 새롭게 만들었다. 2003년 8월에 사파티스타들은 마야의 상징을 의미하는 '카라콜레스'(caracoles)라고 불리는 중심지에 '좋은 정부 의회'를 설립하였다.

정부의 압력에도 불구하고 사파티스타들은 자신들의 정치적 신념을 구체화시키려는 노력을 했다. 사파티스타들의 민주주의에 대한 관점은 순종하면서 통치하는 원주민들의 관행에 기반을 두고 있는데, 이것이 보다 큰 사회에서도 폭넓게 적용될 수 있다고 주장한다(Harvey, 1998: 238). 다시 말해, 공개적이고 직접적인 원주민 마을의 민주주의는 정치적 합의의 중요성을 일깨우고, 새롭게 아래로부터 새로운 문화 헤게모니를 만들어 내는 것이다 (García de León, 2005: 519). 치아파스에서도 원주민의 정체성이 약한 마을에서는 정부와의 관계에서 자신들이 농민이라는 점을 부각시켰었다. 그러나 정부의 억압과 토지를 얻기 위한 투쟁에 대해 집단적으로 대처하면서, 공동체와 집합적인 정체성이 발전되었다 (Eisenstadt, 2006: 123). 물론 사파티스타들이 모든 문제를 원주민의 입장에서만 해결하려고 하는 것은 아니었다. 이런 맥락에서 그들의 사회운동이 전통적인 농민운동의 틀을 완전히 탈피하지 못했다고 주장하는 학자들도 있다. 이들에 의하면 EZLN을 지지한 사람들 중의 상당수는 커피재배 농민이었으며, 치아파스의 봉기는 개인의 사유재산을 획득하거나 재확인하는 등 사회주의적 목표와는 거리가 멀고, 많은 점에서 고전적인 농민운동과 유사하다는 것이다(Brass, 2005: 664-665). 또한 이들의 정치적 행위가 치아파스에서 과거에 발생했던 봉기와 마찬가지로 외부세력을 배격하는 민족주의적 성격을 띠고 있다는(Brass, 2005: 667) 점도 문제가될 수 있다. 이런 의미에서 사파티스타들의 운동은 일정한 한계도 동시에 지니고 있다.

세계 최초의 포스트모던 혁명으로서 사파티스타들은 멕시코 정부를 전복시키거나 국가에서 분리 독립하려는 것이 아니다. 또 단지 현재 권력을 누리고 있는 사람을 교체하려는 것도 아니다. 그리고 사파티스타들이 기존의 정치체제를 완전히 부정하고 새로운 이상적인 사회를 기대하는 것은 아니었다. 그 대신에 권력과 정치적 공동체가 만들어지는 방법을 변화시키려는 노력이다(Levi,

2002: 19). 그런 의미에서 기존의 정치적 관행을 극복하고, 새로운 정치제도를 만들어 내려고 노력했다는 점에서 상당한 의의가 있다. 실제로 많은 점에서 그들의 요구사항은 미래보다 과거로 돌아갈 것을 원한다. 첫 번째 공식성명서에서 사파티스타들은 멕시코인들이 경제구조 재편과 북미자유무역협정으로 상실한 주권을 회복해야 한다고 주장했다. 또한 모든 시민들이 정부로부터 기대할 수 있는 사회적 권리를 정부가 책임져야 한다고 강조했다(Collier and Collier, 2005: 451). 그래서 이들이 내세운 새로운 관점의 중요성을 과소평가할 수 없다.

사파티스타의 출현에 대해 멕시코의 정당들은 여당이나 야당을 막론하고 뚜렷한 대책을 마련하지 못했고, 이에 따라 사회적 비난을 감수해야 했다. 결국 EZLN의 등장으로 그동안 확고했던 멕시코의 지배적인 정당체계는 서서히 무너지고 있다(Harvey, 1998: 237). 멕시코에서는 과거에는 사회조직이 정당과 연결되어 노동자, 농민, 대중부문으로 나뉘어 정부의 정책을 일방적으로 전달하기만 했다(C. de Grammont and Mackinlay, 2009: 23). 이런 상황에서 정부와 정당은 자신들에게 충성하는 집단에게 각종 특권을 허용하였다. 이런 노력이 결실을 맺지 못하면, 정부는 폭력을 사용하여 강압적으로 반대하는 집단과 지도자들을 처리하였다. 농민과 관련된 단체는 전국농민연합(Confederación Nacional Campesina: CNC)이 정부와 밀접한 관계를 유지하였다. 이 조직은 제도혁명당과 우호적인 관계를 설정하여 각종 국가의 정책과 보조금을 농민들에게 제공함으로써 농민들을 통제할 수 있었다. 그러나 이제는 더 이상 이런 방식으로 농민이나 원주민들을 통제하기가 용이하지 않게 되었다. 특히 원주민들은 사파티스타 봉기를 거치면서 기존의 정당에 얽매이거나 의존해도 자신들이 원하는 것을 얻을 수 없다는 것을 실감하였다.

사회문화적 측면에서 사파티스타들은 다양한 문제를 제기했다. 그중에서 자연과 환경에 대한 새로운 인식을 도입하였다. 예를 들면, 멕시코 의회는 자연자원을 민영화하려는 법을 통과시켰다. 이에 반해 원주민의 자치를 추구하려는 투쟁은 대지를 존중하고 농약 같은 화학약품을 거부해야 한다는 생각이다. 이런 원주민들의 생태농업운동의 문화정치는 단순한 착취의 경제구조를 넘어서서 발전과 근대의 지배적 이념을 해체시키는 것이다. 또한 원주민들의 집합적 권리와 인권을 강조하는 것도 여러 지역에 분포되어 사는 원주민들을 하나로 묶는 힘을 가져다 줄 것이다. 일부의 사람들은 자신들의 자치와 원주민의 권리를 활성화시키기 위해 다른 집단의 관심을 환기시켜야 한다고 주장했다. 특히 도시에 거주하는 원주민들은 도시에서 적합한 거주여건과 상업지역에서 자유롭게 이동할 권리가 필요하며, 더불어 사회에서 종족 간의 차별을 철폐할 필요가 있다고 주장했다(Hernández Castillo, 2006: 125). 그러나 원주민 사회 내부에 아직도 이질적인 요소가 많아서 통합에 장애가 되는 경우가 많다. 원주민 출신의 지식인인 믹스테코 변호사인 프란시스코 로페스 바르세나스(Francisco López Bárcenas)는 이런 목표를 달성하기 위해 통일된 전국적 전략이 필요하다는 것을 지적했다. 지역과 국가적 아젠다, 신자유주의에 반대하는 원주민 운동과 공정한 무역의 개념으로 시장을 변화시키려는 노력 사이의 갈등이 상당히 곤란한 문제를 야기하기 때문이다(Hernández Castillo,

2006: 123). 사파티스타 봉기가 멕시코의 원주민들에게 미치는 영향은 매우 복잡하다. 일부의 사람들은 사파티스타 봉기 이후에 스스로 자신이 원주민이라고 말하는 사람이 1,000만 명에서 2,000만 명으로 증가했다고 주장한다. 일부의 메스티소들이 자신들의 원주민 혈통을 자랑스럽게 생각하기 시작했다는 것이다. 그럼에도 불구하고 사파티스타 운동이 원주민들을 위한 구체적인 성과를 내기에는 미흡한 면이 있다. 또한 대부분의 멕시코 원주민 운동이 지역에 머물러 있어서, 전국적인 조직으로 확대되기 힘든 실정이다(Ross, 2003). 이런 문제를 슬기롭게 극복해야 향후에 사파티스타 운동이 더욱 발전할 수 있을 것이다.

2. 에콰도르

(1) 원주민 조직과 원주민 사회

에콰도르의 원주민들의 사정도 다른 라틴아메리카의 원주민들과 크게 다르지 않아서, 사회적 차별과 경제적 빈곤으로 힘든 생활을 하고 있다. 에콰도르도 라틴아메리카의 다른 국가처럼 경제 위기로 인해서 농민과 원주민들이 경제  적인 고통을 받았다. 그러다가 1972년 석유가 발견되면서 변화가 발생했고, 경제가 성장할 수 있는 계기가 마련되었다. 그러나 석유를 생산한다고 해서 모든 문제가 한꺼번에 해결되는 것은 아니었다. 석유를 수출하면서 수익이 생겼고, 이것을 발전정책을 수행하는 데에 사용했으나, 대부분이 근시안적인 정책이어서 장기적으로 빈곤을 해결하거나 사회안정을 추구하는 데에는 매우 미흡했다. 정부는 토지개혁과 농촌지역의 신용대부, 교육, 건강 등과 관련된 사회 프로그램의 운영에 석유산업에서 발생한 수익금의 일부를 투자했다. 그러다가 1980년대에 경제위기가 닥치자, 문제가 발생했다. 재정이 악화되어 정부는 사회프로그램의 비용을 대폭 삭감할 수밖에 없었다. 특히 하이메 롤도스(Jaime Roldós, 1979~1981)와 오스발도 우르타도(Osvaldo Hurtado, 1981~1984) 대통령이 긴축재정을 위해 노력하면서, 경제적으로 약자에 있는 원주민들의 삶은 더욱 힘들어졌다(Yashar, 2005: 135). 구체적으로 이 시기의 농산물 가격의 하락이 농업부분에 심각한 타격을 주었다. 1975년과 1986년 사이에 양파, 옥수수, 밀, 그리고 감자의 가격은 66.8%나 내려서 농민들의 경제에 어려움을 가중시켰다. 이런 현상은 거의 대부분의 원주민이 농민이라는 사실을 고려하면, 원주민 사회가 치명적인 타격을 입었다고 볼 수 있다. 이어서 등장한 레온 페브레스 코르데로(León Febres Cordero, 1984~1988) 대통령은 긴축재정에 따른 국민들의 불만과 저항을 잠재우기 위해 억압적인 정책을 폈다. 또한 각종 규제를 풀어서 경제자유화를 실시했다. 예를 들어 취임 첫 해에 비료나 다른 농업 관련 제품에 대한 가격통제를 해제했다. 결과적으로 농업에 필요한 물품의 가격은 1980년과 1988년 사이에 엄청나게 올랐다. 종자는 거의 8배, 비료는 12배, 기계와 장비는 9배가 올랐다. 그러나 옥수수 같은 농작물의 가격은 그대로이거나 하락해서, 원주민들의 구매력이 크게 감소하였다(Yashar, 2005: 136). 이렇게 되자 가난한 원주민들은 생존이 위협받을 정도로 악화된 생활여건 때문에 삶의 질이 하락하고 불만이 매우 커졌다. 설상가상으로 정부에서 주어지는 혜택마저 축소되면서, 원주민 사회는 매우 취약한 상태가 되어 헤어나기 어려운 빈곤 상태에 빠지게 되었다(Yashar, 2005: 139).

경제문제가 악화되면서 원주민들의 저항도 조금씩 싹트기 시작했다. 사실상 에콰도르의 종족운동은 1960년대 이전부터 시작되었다. 그러나 실제적인 활동은 그다지 많지 않았고, 사회적 영향력도 크지 않았다. 당시에는 원주민들이 농민들이 주도하는 사회운동에 참여하여, 종족문제와 계급이 서로 얽혀 있었다. 1960년대와 1970년대가 되면서 원주민들의 독자적인 사회운동이 모습을 보였다. 이때부터 원주민들이 서서히 자신들의 조직을 구성하여 독자적인 운동을 시작했다. 원주민들의 정치활동은 주로 고지대에 몰려 있었고, 토지에 관심이 쏠려 있었다. 1970년대와 1980년대에 걸쳐서 원주민들의 생활이 이전보다 열악해지면서, 이런 상황을 극복하려는 의도에서 원주민들의 조직운동이 본격적으로 이루어졌다. 이 시기에 에콰도르는 라틴아메리카에서 가장 가난한 국가 중의 하나가 되었다. 빈곤층이 전체 인구의 45%를 차지하고, 특히 고지대와 아마존 지역에 가난한 사람들이 집중되어 있다(Allen and Hitchcock, 2008: 274). 에콰도르에서는 두 개의 원주민 조직이 활발한 활동을 보였다. 먼저 중부의 안데스 산악지역에서는 키추아(Kichwa 혹은 Quichua) 원주민을 중심으로 침보라소(Chimborazo)의 테페약(Tepeyac)에서 1972년에 ECUARUNARI(Ecuador Runacunapac

Riccharimui)가 설립되었다. ECUARUNARI는 천주교회와 기예르모 로드리게스 라라(Guillermo Rodríguez Lara, 1972~1976) 군사정부의 도움을 받아서, 토지와 시민권을 얻기 위한 투쟁에 가담했다(Bauer, 2010: 175). 다른 고지대의 조직과는 상이하게 ECUARUNARI는 원주민들을 위한 투쟁과 원주민 정체성에만 몰두하였다. 그리고 아마존을 중심으로 한 동부지역에서는 1980년에 '에콰도르 아마존 원주민 연합'(Confederación de Nacionalidades Indígenas de la Amazonía Ecuatoriana: CONFENAIE)이 결성되었다. CONFENAIE는 아마존 원주민들의 문화와 영토를 지키기 위해 형성되었다. 특히 토지개혁 때문에 CONFENAIE가 급속한 성장을 이루었다.

두 조직은 지역의 자치와 원주민과 다른 종족 간의 동등한 권리를 주장했다. 또 모두 토지에 대해 관심을 갖고 원주민들의 문제를 해결하려고 했다. 처음부터 CONFENAIE는 종족의 생존과 통합의 관점에서 토지를 이해했다. ECUARUNARI는 토지를 생산적 자원의 하나로 주로 계급에 기반을 둔 이해에 무게를 두고 있었다(Yashar, 2005: 132). 그러나 1980년대가 되면서 원주민의 문제가 두드러지게 등장하면서, 토지에 대한 CONFENAIE의 관점이 보다 주목을 받게 되었다. 결국 두 조직 모두 토지를 잃는 것은 문화와 원주민의 정체성을 잃는 것과 마찬가지라는 생각으로 바뀌었다(Yashar, 2005: 133). 이렇게 현실에 대한 이해와 인식이 유사해지면서 효율적인 운동을 위해 함께 보조를 맞추는 것이 바람직하다는 생각을 공유하게 되었다. 이런 맥락에서 두 조직은 전국적인 조직으로 확대시키기 위한 논의를 했다(Yashar, 2005: 130). 물론 지역 간의 차이를 극복하고 단일화를 이루는 작업은 용이하지 않았다. 그렇지만 공동의 목표를 향해서 투쟁을 하기 위해 원주민 지도자들은 지역마다 뚜렷하고 다양한 문화적·역사적·사회적 전통을 망라하는 공통의 분모를 찾을 필요가 있었다. 일부의 안데스 지역 사람들은 아마존의 원주민들이 미개하다는 판단에서, 그들에게 그다지 호의적인 반응을 보이지 않으면서 ECUARUNARI가 전국적인 조직이 되기를 원했다. 반면에 아마존의 원주민들은 안데스 지역 사람들이 이미 원주민의 유산과 문화를 많이 상실해서, 원주민의 순수성을 유지하지 못한다고 생각했다. 이런 실정에서 조합, 교회 등의 외부 기관이 관여하여 네트워크를 구성하면서 마침내 공동의 이해가 구축되었다(Yashar, 2005: 131).

이런 중재와 대화를 거쳐 1986년에 '에콰도르 전국 원주민 연합'(Confederación de Nacionalidades Indígenas del Ecuador: CONAIE)이 설립되어 원주민 정체성에 의지하면서 에콰도르를 대표하는 원주민 조직이 되었다. 에콰도르의 원주민들은 언어와 문화적 성격이 매우 다양하기 때문에, 이전에는 이런 공동의 정체성을 찾기 어려웠다. CONFENAIE에만 슈아르(Shuar), 키추아, 아추아르(Achuar), 쉬위아르(Shiwiar), 시오나(Siona), 세코야(Secoya), 코판(Cofan), 그리고 우아오라니(Huaorani) 등 8개의 원주민 집단이 포함되어 있었다. CONAIE는 결성되면서 해안, 산악, 밀림 지역 등에 거주하는 다양한 원주민 집단을 포함하였기 때문에, 기본적으로 다종족적인(multiethnic) 개념을 지니고 있다. CONAIE는 에콰도르의 모든 지역에서 전체 인구의 35%를 차지하는 원주민들을 연결하는 진정한 전국조직이 되었다. CONAIE는 에콰도르가 다민족(plurinational) 국가임을 인정할 것을 정부에 요구했다. 이런 목적을 달성하기 위해 원주민 집단 사이의 광범위한 차이에 초점을 맞추기보다, 원주민들이 공유하는 유사한 투쟁 방식에 관심을 기울였다. 예를 들어 해안지역에서는 원주민 인구가 매우 작아서 원주민 정치가 별다른 영향을 발휘하지 못했다. 이런 지역에서도 원주민 정체성을 불어넣기 위해 노력했다. CONAIE에 속한 원주민들은 문화는 서로 다르지만, 억압, 종속과 지배 등 유사한 역사적 경험을 가지고 있었다. 즉 공유된 역사 및 권력과의 관계가 다양한 원주민들을 하나로 묶을 수 있는 힘이었다(Bauer, 2010: 176). CONAIE는 원주민들의 의식을 바꾸려고 노력했을 뿐 아니라, 경제와 사회정책에 대한 논의에도 활발히 참여하였다. 이런 결과로 1988년 로드리고 보르하(Rodrigo Borja Cevallos, 1988~1992) 행정부와 이중언어와 문화, 교육 부서를 설립하는 데 합의하였다. 에콰도르의 원주민들은 농민들과도 힘을 합쳐서 자신들의 세력을 성장시켰다. 처음부터 원주민 조직의 활동에 농민들의 요구사항을 포함시켰다. 1988년 CONAIE의 두 번째 회의에서 그들은 원주민 사회의 사회경제적 여건의 향상, 자신들의 토지의 보호, 소규모 농업에 대한 지원, 농업 기반시설 개선, 교육, 보건 그리고 다른 분야의 지원 등을 요구했다. 원주민 운동은 국가 내에서 자신들의 공간을 확보하는 것이 매우 중요하다고 판단했고(Zamosc, 2004: 145), 거의 모든 원주민들이 농민이라는 점에서 농업문제에 관심을 두지 않을 수 없었다. 한편으로는 사회의 여러 분야에서 원주민의 입장을 지지하는 세력이 많았던 것도 원주민 운동에 긍정적인 역할을 했다. 특히 에콰도르의 언론은 원주민들의 처지에 대해 비교적 동정적이었다(Macdonald, 2002: 175).

CONAIE는 원주민들을 동원하는 능력이 매우 탁월했다. 특히 지역에 기반을 둔 저항을 정체성을 활용하여 이끌어 냈다. 1990년, 1992년, 1994년, 2000년, 2001년 등 여러 번의 시위를 전개하여 상당한 성과를 거두었다. CONAIE의 활동이 활발해진 1990년대가 되면서 안데스나 아마존의 원주민들이 전국적인 경제적 혹은 정치적 이슈에 관심을 갖기 시작했다(Macdonald, 2002: 176). 1990년 5월에 CONAIE는 수도인 키토(Quito) 중심지의 산토 도밍고(Santo Domingo) 교회를 점거하고 고속도로를 막았으며, 전국에 걸쳐서 토지를 무단 점거하는 등 10일 동안의 저항을 조직했다. 코토팍시(Cotopaxi), 침보라소(Chimborazo), 퉁구라우아(Tungurahua), 볼리바르(Bolívar)에서 가장 활발한 활동을 전개했다. '전국 원주민 봉기'(Levantamiento Nacional Indígena 혹은 Levantamiento General)라고 불리는 이 사건은 CONAIE 이외에도 FENOC-I(Federación Nacional de Organizaciones Campesinas e Indígenas)와 FEINE(Federación Ecuatoriana de Indígenas Evangélicos) 같은 다른 원주민 조직도 함께 참여했다(Yashar, 2005: 144). 1990년의 전국적인 총봉기에서는 도로를 봉쇄하면서 중앙정부를 대상으로 요구조건을 내걸었다(Jameson, 2011: 65). 토지의 불확실성, 급격한 인플레이션, 생활비 상승, 그리고 정부의 무관심이 봉기를 일으키는 직접적인 원인이 되었다. 1990년 당시의 대통령이었던 보르하는 자신이 1988년 이후에 원주민 마을에 전기와 식수를 공급하는 등 원주민 사회에 관심을 기울이는 노력을 했는데에도 불구하고, CONAIE가 자신의 정부를 상대로 봉기했다는 것을 이해하지 못한다고 불평했다(Bowen, 2011: 464).

1990년의 봉기에서 등장한 주요한 요구사항은 에콰도르를 다민족, 다문화국가로 인정하고, 원주민의 공동토지에 대한 소유권을 존중해 달라는 것이었다(Macdonald, 2002: 181). CONAIE는 종족성, 시민권, 계급 3범주에서 16개의 요구조건을 내세우면서 전국적인 의제의 설정에 성공했다. 3개의 범주는 각각 장기적인 구조적 문제(토지개혁 등), 긴급한 경제적 요구(이중언어 교육을 위한 기금, 원주민 마을의 정치적 탈중앙집권화), 그리고 문화적 요구(에콰도르를 다민족국가로 인정)였다(Bowen, 2011: 463; Yashar, 2005: 145). 구체적인 16개의 요구조건의 내용은 다음과 같다. 1. 에콰도르가 다민족국가임을 선언하고 헌법에 명시, 2. 국민들에게 토지와 토지 소유권을 부여, 3. 수자원과 관개시설의 해결, 4. FODERUMA(Fondo de Desarrollo Rural Marginado)와 국립 개발은행에 대한 원주민들의 부채 면제, 5. 소비자 물가의 동결, 6. 원주민 사회에 대한 우선적인 계획 수립, 7. 농촌의 토지세 취소, 8. 하기언어연구원의[7] 추방, 9. 자유로운 상업과 수공예품 생산, 10. CONAIE에 의한 고고학 유적지 보호, 11. 원주민 의술의 공식적인 인정, 12. 유사한 토지개혁 기관을 허용하는 정부의 법령 무효화, 13. 국민들에게 자금 지원, 14. 이중언어 교육에 대한 자금 지원, 15. 어린이의 권리 존중, 16. 상품에 대한 가격 고정 등이다. 1990

---

7) 하기언어연구원(SIL International, 예전에는 Summer Institute of Linguistics)은 미국에 근거지를 두고 전 세계에 걸쳐서 활동하는 기독교 비영리 단체이다. 주된 목적은 잘 알려지지 않은 소수민족의 언어로 성서를 번역하면서 선교활동을 겸하는 것이다. '위클리프 성서 번역회'(Wycliffe Bible Translators)와 함께 활동을 한다. 주로 라틴아메리카에서는 원주민어로 성서를 번역하면서 원주민들에게 복음을 전파하려고 노력한다. 하기언어연구원은 선교활동을 통해 자본주의와 미국의 관점을 원주민들에게 주입시키고 원주민들의 전통을 훼손시킨다는 점에서 많은 비난을 받았다. 그래서 브라질, 에콰도르, 멕시코, 파나마에서 축출되었고, 콜롬비아와 페루에서 활동이 제한되기도 했지만, 현재 다시 활동을 하고 있다.

년의 봉기는 첫 번째 원주민들의 집단행동이어서 대단한 의미가 있다. 이런 점에서 정부와의 협상이 지연되었음에도 불구하고 상당한 영향을 미치게 되었다(Yashar, 2005: 146). 또한 봉기에 참여하는 사람들의 범위가 매우 넓어서 봉기의 효과가 클 수밖에 없었다. 게다가 단지 CONAIE와 관련된 마을만 봉기에 참여한 것은 아니었다. 이 봉기의 과정에 다른 원주민 마을도 시위에 참여하고, 국가에 대한 자신들의 요구를 능동적으로 표현하게 만들었다. 결국 이런 과정에서 CONAIE가 정치에서 중심적인 역할을 수행하게 되었다(Yashar, 2005: 147). 1990년의 봉기는 에콰도르에서 원주민 정치를 진전시키는 결정적 순간이었다. 이 봉기의 영향은 매우 커서, 원주민의 수가 미미한 지역에서도 원주민들의 입장을 지지하거나 대변하는 사람들이 많았다. 예를 들면, 해안지역인 마카보아(Macaboa)에서는 역사적으로 메스티소라고 간주되던 사람들이 이 사건을 계기로 원주민 정체성을 수용하는 '재원주민화'(re-indianization) 작업이 이루어졌다. 이렇게 되면서 전국적으로 지지세력이 크게 증가되는 효과를 얻었다(Bauer, 2010: 171).

다음으로 1992년 3월 중순에 '생활을 위한 위대한 행진'(Gran Marcha para la Vida)이 있었다. 이 행진은 '파스타사 원주민 마을 조직'(Organización de Pueblos Indígenas del Pastaza: OPIP)이 주도하여 2,000명이 6일 동안 아마존의 소도시인 푸요(Puyo)에서 키토까지 이루어졌다. 시위의 목적은 파스타사(Pastaza) 지역에서 원주민들의 영토를 정부가 인정해 달라는 것이었다(Macdonald, 2002: 182). 이어서 1994년에는 공동토지를 해체하는 문제에 반대하는 시위가 있었다. 1994년의 시위에서 CONAIE는 정부와 토지개혁에 대한 법을 논의하고 재협상을 시도하면서 협상력을 과시했다. 에콰도르 의회는 1994년에 「농촌개발법」을 준비하여 재산을 사유화하려고 노력했다. 처음에 CONAIE는 이 법안에 대해 반대의사를 표시했으나, 받아들여지지 않았다. 법안의 내용은 토지재분배를 중단하고, 대규모의 수출농업에 대해 신용대출을 허가하며, 수자원에 대한 권리를 민영화하며, 과거에는 양도가 불가능했던 원주민들의 토지를 판매할 수 있게 허용한다는 내용이었다. 멕시코의 사례와 유사하게, 이 모든 것들이 원주민 사회의 존재를 위협하는 것이었다 (Yashar, 2005: 147). 이 시위에서 CONAIE가 요구한 조건은 다음과 같다. 토지개혁의 개선, 토지분쟁의 해결을 위한 충분한 자금지원, 정부, CONAIE, 환경 및 인권 단체와 함께 원주민 거주지역에서 아직 사용되지 않은 석유 개발권을 철회하고, 원주민 사회의 발전을 위해 석유 이익금의 1%를 사용, 원주민 조직에서 제안한 이중언어 교육의 전국 책임자를 임명하고 충분한 재원을 마련, 농촌에서 개인적 경비병력을 금지하고 인권을 존중, 자연재해로 피해를 입은 마을을 복구할 자금 지원, CONAIE를 원주민과 농민의 대표로 인정하라는 것이었다. 이런 조건을 내세우면서 전국적인 시위를 감행하자 정부는 원래의 계획을 축소했다. 대신에 농촌 개발법을 개혁하는 데 있어서 원주민 지도자들을 50% 포함시키고, 원주민 사회에서 공동토지를 판매할 때 2/3 이상의 동의가 필요하게 만들었다(Yashar, 2005: 148). 원주민들의 집단행동이 점차로 거세지면서 정치권에서는 위기의식을 느끼고, 이런 움직임을 통제할 필요성을 느꼈다. 즉 정치엘리트들은 국가기관을 설립하여 자신들이 생각하는 진정한 원주민의 또 다른 이미지를 만들려고 시도했었다. 이런 계획은 1992년에 두란 바옌(Sixto Alfonso Durán-Ballén Cordovez, 1992~1996) 대통령이 루이스 펠리페 두치셀라(Luís Felipe Duchicela)에게 '원주민부'(Secretaría de Asuntos Indígenas)를 새로 만들어 이끌도록 하면서 구체화하였다. CONAIE 의장인 루이스 마카스(Luis Macas)는 대통령의 이런 노력을 다른 형태의 원주민 지도체계를 구상하는 것으로 받아들이면서, 새로운 부서를 인정하지 않았다(Bowen, 2011: 475).

1990년대 후반에 정치적 지형이 변화하면서 원주민 조직이 정치에 뛰어들 수 있게 되었다. 1996년에 선거법이 개정되어서 새로운 정당을 만드는 것이 허용되었다(Macdonald, 2002: 184). CONAIE는 이 기회를 이용하여 1996년 선거정치에 참여하기로 결정했다. 이들은 자신들의 이해를 반영하는 독립적인 정치적 지위를 만들려고 노력했다. 이해에 '파차쿠틱 다민족 운동'(Movimiento Unidad Plurinacional Pachakutik Nuevos País: MUPP-NP 혹은 Pachakutik)이라는 정당을 결성하여 선거에 참여하여 전국과 지역의원 8석을 얻었다(Macdonald, 2002: 185; Yashar, 2005: 149). 1996년부터 파차쿠틱이 선거에 관여하면서 원주민 운동 세력이 커지거나 약화되는 등 변화가 있었다. 초창기에는 전국이나 지방의 의회에서 의석을 얻었고, 중소도시의 시장도 차지하였다(Bowen, 2011: 462). 정치활동을 시작하면서 원주민 운동은 국가의 정책에 대해서 더욱 많은 관심을 갖게 되었다. 그렇지만 정당활동을 개시하면서 새로운 문제가 대두되기도 했다. CONAIE와 파차쿠틱의 관계는 처음부터 양날의 칼과도 같았다. 먼저 CONAIE의 합법성과 조직력은 성공적으로 정치적 정당을 결성하고 선거에 참여하는 데에 기여했다.

그러나 파차쿠틱이 CONAIE에 형식적으로 종속되어 사회운동이 우위를 지키면서, 정치운동의 발전을 가로 막았다(Lalander, 2010: 508). 즉 실제적으로 CONAIE의 성격으로 인해 정당활동을 제대로 수행하기 어려운 문제도 있었다. 구체적으로 파차쿠틱은 정치경제적 의제를 제시하여 여론을 유리하게 조성하는 것을 원했지만, CONAIE는 원주민 사회의 명분을 위해 정부가 다민족국가임을 명시할 것을 집요하게 요구했다. 비록 에콰도르가 다문화국가임을 천명했으나, 1988년의 헌법에 다민족국가임을 명시하지는 않았다. 원주민들은 자신들의 요구조건을 관철시키려는 목적으로 1993년 CONAIE는 '에콰도르의 원주민들을 위한 정치적 선언'을 발표하여, '새로운 다민족국가'를 제안하였다(Macdonald, 2002: 183). 정부도 이런 원주민들의 주장을 무조건 무시할 수 없어서, 이들의 주장을 부분적으로 반영하였다. 1994년과 1998년 사이에 민주적으로 선출된 정부가 에콰도르를 집합적인 권리를 인정하는 다종족·다문화 국가임을 인정했다. 그렇지만 원주민들은 이런 권리가 실제적으로는 제대로 존중되지 않았다고 반박한다. 오히려 민간정부보다 군부독재 시절에 에콰도르는 토지개혁법을 통과시키고, 국가의 발전계획을 수립했으며, 이중언어 교육을 승인하고 지원하면서, 이중언어 사용을 향상시켰다(Macdonald, 2002: 174). 이런 측면에서 원주민들의 불만은 완전히 해소되지 않았다.

어쨌든 소수의 원주민들의 지지를 바탕으로 하는 CONAIE는 다양한 문제를 제기하면서 전국적인 주목을 받았다. 이런 성과를 바탕으로 1990년대 말에 이르면, CONAIE는 최고의 정치적 권력을 누리게 되었다. 대규모의 봉기를 주도하고 파차쿠틱은 효율적인 정당이 될 수 있다는 것을 과시하였다. 점차로 원주민 조직은 과거에는 자신들이 거부했던 국가의 기관들과 함께 일하기를 원하게 되었다. 따라서 원주민 운동의 정치는 정부의 정책을 비판하고 중단시키려는 노력에서 변화하여, 정치적 권력을 획득하려는 제도화된 성격을 갖게 되었다(Bowen, 2011: 468). 특히 1997년에 부패 혐의가 있는 아브달라 부카람(Abdalá Jaime Bucaram Ortíz, 1996~1997) 대통령을 축출하는 시위에서 원주민 운동가들이 핵심적인 역할을 하면서 정치적 영역에 참여하려고 했다(Bowen, 2011: 467). 정권을 장악한 지 6개월도 되지 않아서 부카람은 부패, 족벌주의, 기초생활품의 가격인상 등으로 사회의 모든 분야에서 비난을 받게 되었다. 곧 그의 퇴진을 요구하는 대규모의 시위가 발생했다. 논란의 여지가 있는 민중봉기 후의 군부 쿠데타로 부카람이 물러난 후에, CONAIE는 제헌의회를 구성하여 정치경제 체계를 개혁할 것을 요구했다. 그러나 CONAIE는 의회에서 제헌의회를 구성하는 문제에 대해 논의할 때, 자신들의 요구를 반영시키지 못했다. 의원들은 제헌의회의 대표는 시민사회에서 지명하기보다 보통선거에서 선출되어야 한다고 주장했다. CONAIE는 공식적인 제헌의회에 맞서는 대안적인 제헌의회를 만들기 위한 반대운동에 들어갔다. 그러나 파비안 알라르콘(Fabián Alarcón) 대통령 권한대행과 정당의 관계자들은 대안적인 제헌의회를 인정하지 않고 무력화시키려고 했다. 공식적인 제헌의회에서는 CONAIE가 원했던 비경제적인 요구, 예를 들면, 키추아어를 공식언어로 인정하는 것이나 자신들의 마을에서 자원을 개발할 때 원주민의 의견을 청취하는 것은 압도적인 차이로 수용했다(Bowen, 2011: 465).

1999년에 경제위기가 심화되면서 CONAIE는 또 다른 문제를 안게 되었다. 암묵적으로 호르헤 하밀 마우앗(Jorge Jamil Mahuad WittMahuad, 1998~2000) 대통령을 지지했음에도 불구하고, 신자유주의 정책의 실시에 반대하는 대중적 저항을 이끌었다. 당시에 원주민들이 생산하는 작물의 가격에 비해 생활비는 올라가고, 기초식품의 가격이 올라 문제가 되었다. 게다가 마우앗 대통령이 자국의 약화된 화폐를 달러로 대체하려고 시도했고, 이와 함께 경제위기에 대한 불안감이 커진 것이 2000년 초기에 벌어진 시위의 주요한 원인이었다. 그밖에 1980년대부터 에콰도르에 닥친 경제위기가 계속 심화된 것도 문제가 되었다. 특히 석유가격이 1980년대에 하락하면서 경제도 침체되었다. 1995년과 1996년에 페루와 에콰도르는 자원이 풍부한 아마존 분지를 두고 전쟁을 치렀다. 그러나 전쟁에서 에콰도르의 패배로 수익성이 좋은 석유수출이 어렵게 되었다(O'Connor, 2003: 67). 이후에 경제적 어려움이 가중되면서 1998년 11월과 1999년 2월 사이에 5개의 대형 에콰도르 은행이 쓰러졌다. 정부는 즉각적으로 국민들에게 고통을 감내할 것을 요청했다(Macdonald, 2002: 171). 그렇지 않아도 경제적 형편이 좋지 않았던 원주민들은 더욱 견디기 어려운 궁지로 몰렸다. 1999년 말에 이미 마우앗의 지지도는 폭락했고 부패와 긴축정책에 항의하는 시위가 자주 일어났다. 또한 쿠데타의 소문도 돌았다. 1999년 은행자산을 동결하고 사회서비스를 축소하는 등의 경제정책에 반대하는 시위가 있었고, 이어서 2000년 1월 21일에 안토니오 바르가스 우아타투카(Antonio Vargas Huatatuca)가 CONAIE의 의장이 되면서 동시에 시위도 발생했다. 2000년 CONAIE의 의장이었던 안토니오 바르가스는 루시오 구티에레스 대령과 법학자인 카를로스 솔로르사노(Carlos Solórzano)와 함께 하밀 마우앗 대통령을 몰아냈다. 이런 성과를 바탕으로 원주민 운동은 정부에서 무시하지 못할 발언권을 갖게 되었다. 2000년 1월 21일과 22일에 원주민 운동가들이 군부와 합심하여 의사당을 점거하고 하밀 마우앗 대통령의 사퇴를 요구했다. 이것은 원주민 운동이 가담한 최초의 쿠데타로서, 행정부의 교체를 이루어 냈다. CONAIE 의장이었던 안토니오 바르가스는 이 쿠데타를 '무혈혁명'이라고 불렀다(O'Connor, 2003: 66).

이런 상황에서 2000년 1월의 시위가 일어나자 마우앗은 더 이상 군부의 지지에 의지할 수 없었다. 1월 21일에 CONAIE와 구티에레스가 이끄는 군인들이 의회와 대법원을 장악하고 마우앗의 퇴진을 압박했다. 저녁이 되면서 마우앗은 대통령 궁을 떠났고 에콰도르는 CONAIE의 지도자인 안토니오 바르가스를 포함하는 군부에 의해 지배되었다(Bowen, 2011: 469). 권력을 차지한 지 24시간 이내에 군부는 마우앗의 부통령이었던 구스타보 노보아(Gustavo José Joaquín Noboa Bejarano, 2000~2003)에게 통치권을 이양했다. 그러나 이 과정에서 원주민들의 역할에 대해 비판을 하는 사람들이 많아졌다. 선거로 선출된 정부를 상대로 한 쿠데타에 참여하면서 CONAIE는 비판을 받게 되었고, 원주민 지도자들이 어떤 대가를 치르더라도 권력을 장악하는 데에만 관심이 있다는 비난을 감수해야 했다. 이런 상태에서 CONAIE 지도자들은 정치적인 취약성을 드러내었다. 그들이 권력을 얻게 된 과정은 자신들의 운동능력 때문이 아니라, 일부의 불만을 가진 군 장교들과 연대를 했기 때문이었다(Bowen, 2011: 470). 2000년의 봉기는 군대도 함께 참여했다. 실제로 군인의 상당수는 원주민으로서 엘리트 전투부대에 소속되어 있었다. 그동안 에콰도르 군부는 대중의 여론에 반하는 행위를 하지 않았고, 원주민들을 적대시하지도 않았다. 군부는 정부에 대해 여러 모로 불편한 관계에 있었다. 이런 실정에서 마우앗 대통령이 1998년에 오랫동안 지속되었던 페루와의 국경 분쟁을 성공적인 협상으로 마무리 짓는 과정에서 군부가 밀려나게 되어 분개하였다. 더욱이 대통령이 군부의 예산도 삭감하였다. 군부는 이것이 자신들이 예전에 누렸던 지위와 역할이 축소되는 것으로 간주했다(Macdonald, 2002: 173). 이런 불만이 누적되어 군부도 원주민들의 투쟁에 힘을 합치게 되었다.

하밀 마우앗 대통령 시절에 부통령을 하다가 새롭게 대통령이 된 노보아는 물가를 상승시키고 부가세를 올렸으며, 재정과 세제 개편을 단행했다. 게다가 원주민들이 자신이 정권을 장악하는 데 일정한 역할을 했지만 원주민들을 위한 프로그램은 준비하지 않았다. 원주민들은 다시 분노하였고, 노보아 대통령에 대한 비판을 시작했다. 9월이 되면서 원주민과 다른 운동세력들은 1만 명 이상의 서명을 받아서 미국이 마약퇴치를 목적으로 에콰도르의 만타(Manta) 기지를 사용하는 것과 외채상환 문제에 대해 국민투표를 요구했다. 정부는 결국 양보를 하여 합의를 하게 되었다. 구체적인 내용은 5년간 국내 가스 가격의 동결, 1년간 부가세의 동결, 그리고 만타 기지의 취소 등이었다. 그러나 얼마 지나지 않아서 노보아는 2000년 12월 27일에 추가적인 경제자유화 정책을 발표하여 원주민들을 화나게 만들었다. 이렇게 되자 다시 거리에서 시위가 발생했고, 2001년 2월 11일 정부와 CONAIE, 그리고 시민조직 사이에 또다시 협약이 이루어졌다. 여기서는 정부가 원주민 조직에 대한 예산을 늘리고, 원주민들과 대화를 확대하는 등 일련의 조치를 취하기로 합의하였다. 그렇지만 그 뒤에 실제로 실행된 것은 별로 없었다. 그렇지만 일련의 과정을 거치면서 CONAIE가 정치적으로 성공하면서 다른 민중조직들과 협력할 수 있었고, 이것이 CONAIE가 2002년 대통령 선거에서 자신들의 영향력을 확대할 수 있게 만들었다. 선거에서 안토니오 바르가스 후보는 '에콰도르 개신교 원주민 연합'(Federación Ecuatoriana de Indígenas Evangélicos: FEINE)과 아마존 지역의 지지를 얻었다. CONAIE는 자본주의를 확산시키는 데에 치중할 우려가 있는 부유한 노보아 대신에, 차선책으로 2000년 쿠데타를 지원한 군부 출신의 루시오 구티에레스(Lucio Edwin Gutiérrez Borbúa, 2003~2005)를 지지했다. 구티에레스는 파차쿠틱의 지지를 바탕으로 결선투표에서 55%의 득표율로 당선되었다. 구티에레스가 대통령이 된 후에 두 명의 파차쿠틱 인사가 농업부와 외교부 장관에 임명되었다(Jameson, 2011: 66). 이렇게 되면서 CONAIE의 입장이 정치에 직접 반영될 수 있는 통로가 열렸다. 비록 최근에는 파차쿠틱이 전국적인 선거에서 많은 지지를 얻지 못하지만, 이런 과정을 통해 원주민 운동이 선거정치에 포함되는 성과가 있었다(Bowen, 2011: 463).

한편 루시오 구티에레스는 2002년 선거 때에 신자유주의를 반대한다고 했으나, 대통령에 당선되면서 IMF의 신자유주의식 처방에 굴복하고 말았다. 그가 워싱턴을 방문하고 2003년 3월에 IMF의 요구에 동의하면서 캠페인기간에 제시했던 약속을 저버렸다는 지적을 받았다. 이런 변화에 실망하여 파차쿠틱은 5월에 정부와 연대를 포기할 것을 선언했다. 그리고 2003년 6월 17일 CONAIE는 구티에레스에게 지지의 조건으로 변화가 필요한 82건의 목록을 전달했다. 그러나 7월에 정부와의 대화는 별다른 성과 없이 끝이 났고, 내각에 참여했던 원주민 장관들은 사직하거나 밀려났다. 이런 경험은 원주민 운동의 약점으로 남게 되었고, 특히 원주민들의 지지로 구티에레스가 권력을 잡았다는 점에서 원주민 운동은 신뢰성에 큰 상처를 입었다. 2004년 1월 21일에 CONAIE는 정부를 상대로 시위를 시작했고, 2005년 4월에 분개한 시민사회세력에 의해 구티에레스는 마침내 권력에서 밀려났다. 이 시기까지 CONAIE가 정치에 다양한 형태로 참여했지만, 실질적인 경제정책을 결정할 수 있게 되려면 추구하는 목표를 명확히 설정하고 전략을 재평가해야 했다. 2003년부터 부통령을 하다가 구티에레스가 쫓겨나자, 대통령에 오른 루이스 알프레도 팔라시오(Luis Alfredo Palacio González, 2005~2007)에게 새로운 기회가 부여되었다. 팔라시오의 정치는 정통적이었지만 그다지 효율적이지 않았다. 그렇지만 라파엘 코레아를 경제부 장관으로 임명하면서 새로운 경제적 관점을 갖게 했다. 벨기에와 미국에서 경제학을 공부한 코레아의 견해는 민족주의적이며 세계은행, IMF, 국제적 석유 회사 등 영향을 미치는 외부의 세력에 적대적이었다. 그의 입장은 원주민 운동이 취해 왔던 것과 비교적 유사했다(Jameson, 2011: 68). 이런 관점에서 원주민들은 코레아에게 매우 우호적인 입장을 취하게 되었다. 그는 빈곤 해소와 경제 주권의 확립에 관심이 있었다. 당연히 미국과의 자유무역협정을 회의적으로 보고, IMF의 충고도 수용하지 않았다. 대신에 다른 라틴아메리카 국가들과의 협력을 증대시켰다. 그러나 코레아는 에콰도르가 석유로부터 얻는 이익금의 변화가 있다는 이유로 세계은행이 차관을 회수하면서 정부와 갈등을 빚었다. 또, 대통령의 승인을 받아 국채 금리를 시세보다 낮게 발행했으나, 비판을 받자 장관직에서 물러났다. 코레아는 당시의 행정부에서 가장 신뢰받는 각료였으며, 물러날 당시의 국민들을 대상으로 한 여론조사에 의하면 57%의 응답자가 코레아를 신뢰한다고 말했다.

1990년대와 2000년대에 원주민들이 주도한 봉기가 여러 번 발생한 다음부터 원주민 조직은 국내정치의 선봉에 서게 되었다. 그들은 자신들의 경제적 이해와 문화적 유산을 보호하기 위한 요구를 했고, 대규모 행진을 하거나 도로를 점거하며, 전통적 경계를 넘어서 교회나 군부 등과 연대를 형성했다(O'Connor, 2003: 70). 한 발 더 나아가서 제한적이고 보수적인 원주민 문화의 인정이나 종족적인 권리를 추구하는 단순한 정체성의 정치를 탈피하여, 에콰도르의 원주민 조직들은 광범위한 사회문제와 정치권력에 대한 싸움을 포함하는 계급투쟁을 진행시키고 있었다. 원주민 행동가들은 에콰도르가 다민족국가임을 인정하라는 요구를 지속적으로 하면서, 정치적 변화의 중요성을 강조했다. 이것은 에콰도르의 14개 원주민 집단을 단순히 인정하는 것뿐 아니라, 자신들의 생활, 교육, 경제체계가 지배적인 사회와는 상이하다는 특성을 인정하라는 것이었다(Becker, 2011: 51). 특히 원주민들은 신자유주의적인 경제정책의 실행에 강력하게 반발했다. 원주민들은 신자유주의적 경제모델이 에콰도르에 적합하지 않다고 주장했다. 또 국내의 자연자원을 외국의 기업에 넘기거나 수출하는 것도 바람직하지 않은 것으로 인식했다. 자원을 단순히 채취하는 경제는 환경과 사회에 해를 끼치고 있다는 것이었다. 특히 광업은 토지, 생활, 생명다양성, 그리고 원주민들의 생존을 위해 투쟁하는 지역사회에 피해를 준다는 점에서 반대했다. 따라서 대규모 기업보다 중소규모의 생산자를 우선해야 된다고 주장했다. 그들은 자연자원의 국유화, 소규모 대출을 위한 정부의 지원, 여성에 대한 동등한 인권을 요구했다. 좀 더 국제적인 수준에서 원주민 조직들은 국가가 평화, 주권, 연대, 자존의 원칙에서 통치되어야 한다고 믿는다. 이것은 만타 공군기지에서 미국을 축출하는 것을 의미한다(Becker, 2011: 52). 그 외에도 원주민 운동은 이중언어 교육, 농촌개발, 참여 민주주의의 모델 같은 문제에 중요한 역할을 수행했다(Lalander, 2010: 507).

정부는 원주민들과 많은 대화를 시도했지만, 합의된 내용을 실제 행동에 옮기는 것은 별로 없었다. 원주민 운동가들은 중산층 대상의 정치체계를 만들어 낼 수 있게 헌법을 수정할 제헌의회를 구성할 것을 오래전부터 요구했다. 1998년의 헌법은 에콰도르가 다문화, 다종족 국가임을 정의했으나, 다민족국가에까지는 이르지 못했다. 그동안 원주민 단체들은 집합적 권리를 인정하라는 요구를 하면서, 다민족국가를 선언하라는 요구는 그다지 강력하게 전개하지 않았다. 그러나 1998년의 헌법이 이런 약속을 지키지 못하자, 자신들의 본질적인 요구로 돌아갈 수밖에 없었다(Becker, 2011: 53). 이런 논쟁의 핵심에는 다민족국가가 무엇인지에 대한 의견의 불일치가 존재한다. CONAIE의 입장에서는 다민족국가는 원주민들에게 자신들의 토지에서 상업적인 기업을 통제할 수 있게 만드는 것이다(Becker, 2011: 54). 이런 과정에서 국민들의 지지를 받은 코레아가 대통령 선거에 나서면서 원주민 운동에도 새로운 기회가 주어졌다.

(2) Correa의 등장과 원주민 운동

2006년에 라파엘 코레아(Rafael Vicente Correa Delgado, 2007~)는 '조국연맹'(Alianza Patria Altiva y Soberana: Alianza PAIS)이라는 정당을 창당하여 대통령 선거를 준비했다. 코레아는 원주민들의 목소리에 귀를 기울이고 그들의 지지를 얻어내서, 다른 후보들과는 차별성을 가질 수 있었다. 그는 정치적 자주, 지역의 통합, 에콰도르의 빈민을 위한 경제적 지원을 옹호한다는 목표를 제시했다. 아울러 그는 천주교 신자로서 20세기형 사회주의를 지향한다고 강조했다. 선거기간 동안 코레아는 에콰도르의 헌법을 개정하기 위한 제헌의회를 제안했다. Alianza PAIS는 의회에는 후보를 내세우지 않고, 대신에 새 헌법의 초안을 마련할 목적으로 국민투표를 요청할 것이라고 말했다. 그러나 Alianza PAIS는 의회에 후보를 낸 사회주의 정당과 정치적 동맹을 맺었다. 그는 젊었을 때 1년 동안 고지대에서 자원봉사를 하면서 키추아어를 배웠다. 그렇지만 2006년 10월 15일의 대통령 선거에서 코레아는 원주민이 많은 이 지역에서 루시오 구티에레스의 동생인 힐마르 구티에레스(Gilmar Gutiérrez)에 이어 두 번째로 많은 표를 얻었다. 10월 15일의 선거에서 코레아는 26.83%의 득표율을 기록한 알바로 노보아(Álvaro Noboa) 다음으로 22.84%의 표를 얻어 2위를 차지했다. 그러나 11월 26일의 결선투표에서는 56.67%의 득표율을 기록하여 대통령에 당선되었고, 2007년 1월 15일에 대통령의 임기를 시작했다. 원주민 운동가들은 처음에는 루이스 마카스(Luís Macas)를 대통령 후보로 지지했다. 그러나 마카스는 1차 투표에서 2.2%의 지지를 얻었고 6위에 그쳤다. 결선투표에서 코레아는 원주민들이 사는 지역에서도 상당한 표를 얻었다. 원주민 운동이 전국적인 선거에서 패배했음에도 불구하고, 원주민들이 코레아와 그의 정당을 지지한 것은 다음과 같은 이유가 있다. 첫째, 원주민 운동과 좌파운동이 역사적으로 밀접한 관계를 유지하였기 때문에 상대적으로 부담이 적었다. 둘째로 CONAIE와 파차쿠틱 사이에 갈등이 생기면서, 코레아를 지지하지 않는 원주민들의 의견이 크게 반영되기 어려웠다 (Lalander, 2010: 515). 이런 과정을 거치면서 한동안 코레아와 원주민들은 서로의 필요에 의해 우호적인 관계를 형성하게 되었다.

코레아는 수백 명의 정책 참여자들을 내세웠지만, 원주민 운동을 했던 사람은 전혀 없었으며 원주민을 각료로 발탁하지도 않았다. 코레아의 진보적인 정책의 일부를 보면 미국과의 자유무역협상 거부, 만타 미국기지 철수, 해외부채의 재평가와 채무 불이행 등 과거에 원주민들이 지지했던 것이다. 결과적으로 코레아는 원주민 운동의 주요한 후보는 아니었지만, 원주민들의 입장이 그의 정책의 우선순위에 반영되었다. 또 제헌의회를 소집하여 헌법을 수정하고, 사회정의, 평등, 지속가능성, 효율성을 증진시키는 정책도 제시했다(Allen and Hitchcock, 2008: 273). 코레아가 제헌의회를 요구한 것도 이전에 원주민들이 원하던 것이었고, 이 문제도 원주민

지역에서 광범위한 지지를 받았다(Jameson, 2011: 69). 그렇지만 코레아와 원주민의 관계는 부분적으로 우호적인 분야도 있었지만, 상당한 차이가 존재하는 분야도 발견되었다. 이런 문제가 조금씩 구체화되면서 나중에는 원주민과 코레아 정부의 갈등이 노출되기도 했다. 원주민들은 오랜 기간 자신들만의 정당이 없었기 때문에, 어쩔 수 없이 다양한 좌파정당과 손을 잡으면서 자신들의 요구사항을 정치권에 전달하려고 애썼다. 이것이 사실상 오늘날의 원주민 운동의 발전에도 중요한 역할을 했다. 파차쿠틱이 정당으로 인정을 받게 되면서, 원주민 운동이 원주민들의 문화적 권리를 법적으로 인정받는 데에 무시하지 못할 기여를 했다.

2007년 2월에 코레아는 의회로부터 제헌의회를 구성하기 위한 국민투표를 실시하려는 계획을 승인받았다. 국민투표는 2007년 4월 15일에 실시되었다. 그러나 코레아는 투표 날짜가 정해지자, 제헌의회의 권한을 강화하는 방향으로 내용을 변경하였다. 그중의 하나가 의회를 해산하는 권한인데, 의회는 이런 권한을 승인하지 않았다. 그렇지만 새로운 국민투표 안은 7명의 선거재판소에서 인정되었다. 3월 초에 야당에 의해 통제되었던 의회는 이 같은 결정에 반발하며 선거재판소장을 탄핵하려 했다. 이에 대항하여 선거재판소는 57명의 의원이 선거과정에 관여했다는 명목으로 제명시켰다. 코레아는 선거재판소의 결정을 합헌적이라고 인정하며 지지했다. 이렇게 되자 야당은 거리에 나가 시위를 하며 항의했다. 이어서 3월 22일에 제명된 의원을 대신해서 21명의 대체 의원이 들어오면서, 의사결정에 필요한 정족수가 채워졌다. 이어서 3월 23일과 24일에 20명의 의원이 더 들어왔다. 이렇게 해서 제헌의회를 위해 국민투표를 실시하자는 안을 지지하는 의원들이 다수가 되었다. 그러나 4월 23일에 헌법재판소는 선거재판소에 의해 쫓겨난 57명 중에 51명을 복귀시키라고 결정했다. 헌법재판소는 선거재판소의 행위가 불법이라고 규정했다. 그러나 쫓겨났던 의원들이 의회로 들어가기 전에 의회는 투표를 통해 헌법재판소의 결정이 비헌법적이라고 주장하면서 9명의 법관을 해임했다. 4월 15일에 실시된 국민투표에서 에콰도르 국민들은 81.72%의 득표로 제헌의회를 위한 선거를 지지했다. 결국 코레아가 대통령직을 시작하자마자 압도적인 수의 에콰도르 유권자가 제헌의회를 소집하라는 국민투표에 찬성했다. 국민투표를 성공으로 이끈 데에는 원주민 사회의 지지가 큰 역할을 했다. 국민투표의 결과는 부와 권력을 소수의 특권층에게 집중시키는 신자유주의적 경제 모델을 거부한다는 것을 의미한다.

2007년 9월 30일 제헌의회 의원을 선출하는 선거에서 코레아는 다수의 의석을 차지함으로써 자신의 정치적 통제력을 확고히 했다. 전국선거의 결과 코레아는 헌법을 다시 작성하고 국가 경제를 통제할 권한을 얻었다. 코레아의 정당은 의회 130명 중에 80명을 차지하여 약 61%의 의석을 차지했다. 최초의 제헌의회가 2007년 11월 29일에 열렸다. 여기서 6개월 내에 새 헌법을 만들어 내고, 2개월을 더 연장할 수 있다고 결의했다. 코레아는 대통령 선거에서는 혼자서 캠페인을 이끌었지만, 그 후에 Alianza PAIS라는 정치운동을 주도했고 나중에 '국가합의'(Acuerdo PAIS)라는 이름으로 변경하였다. 코레아가 승리할 수 있었던 것은 MUPP에서 이탈하여 코레아의 정당에 합류한 원주민 행동가들 때문이었다(Becker,

2011: 49). CONAIE는 새 헌법이 1998년의 헌법에서 성문화한 것처럼 원주민과 흑인들에게 집합적 권리를 유지하고 확대할 수 있어야 한다고 요구했다. 그러나 이때부터 코레아와 원주민들 사이에는 조금씩 갈등이 생기기 시작했다. 주로 개발 문제를 둘러싸고 코레아와 원주민들이 부딪혔다. 예를 들면, 2007년 11월에 다유마(Dayuma)에서 지역 주민들이 석유 채굴에 항의하면서 유전을 점거하고, 원주민의 경제 발전과 환경 보호를 요구했다. 코레아는 전통적인 방법에 의존하면서 군대를 파견하여 반대자들을 제지하고, 시위자들을 비애국적인 방해자들이라고 비난했다. 또한 초보적인 환경론자들이 경제 발전에 걸림돌이 된다고 불만을 표시했다(Becker, 2011: 57).

제헌의회에서도 모든 상황이 순조롭게 진행된 것은 아니었다. 새로운 헌법을 만드는 과정에서 여러 의견이 나오면서 시간이 지체되었다. 2008년 6월에 제헌의회의 의장인 알베르토 아코스타(Alberto Acosta)가 새 헌법을 완성할 최종 기한인 7월 26일을 지키기 위해 남은 조항들에 대한 논의를 서두를 수 없다고 주장하면서 사임했다. 그는 6월 24일에 페르난도 코르데로 쿠에바(Fernando Cordero Cueva)로 대체되었다. 마침내 2008년 7월 말에 제헌의회는 494조의 새 헌법을 승인했다. 이어서 제헌의회가 마련한 헌법을 승인할 것인지에 대한 국민투표가 2008년 9월 28일에 실시되었다. 약 64%의 득표율로 새로운 헌법이 인정되었다. 그러나 제헌의회에서 헌법을 마련하는 과정에서 문제가 발생하기도 했다. 구체적으로 키추아어나 다른 원주민 언어에 공식적인 지위를 부여하느냐 하는 문제로 서로 대립했다(Becker, 2011: 55). 2008년 7월 19

일 오전 1시경에 코레아의 지시를 받은 Alianza PAIS가 지배하는 의회는 키추아어를 공식적인 언어로 인정하지 않기로 결정했다. 파차쿠틱의 지지자들은 철수했다. 코레아는 전국의 대부분의 지역에서 영어를 배우는 것이 키추아어를 배우는 것보다 유용하다고 말했다. 7월 24일 오전 2시에 의회는 스페인어가 에콰도르의 공식언어이고, 스페인어, 키추아어 슈아르(Shuar)어가 문화적인 관계에서 공식언어라고 발표했다. 또한 다른 언어도 원주민들이 거주하는 지역에서는 그들만의 공식적인 사용이 허용된다고 규정했다. 그리고 국가는 원주민어를 존중하고 이런 언어들이 보존되고 사용되는 것을 촉진시킬 것이라고 언급했다. 비록 원주민어의 중요성이 부각되기는 했지만 원주민 운동가들은 원주민어가 스페인어에 버금가는 공식지위를 얻지 못했다고 비판했다(Becker, 2011: 56). 한편 CONAIE는 2008년 1월에 3번째 총회를 열고 에콰도르를 다민족국가로 인정할 것을 정부에 다시 요구했다. 그리고 CONAIE는 과거의 실패를 바탕으로 원주민 운동을 국가로부터 독립할 것을 선언하면서, 새로운 젊은 지도자들로 재편되었다. 2008년 3월에 많은 원주민들이 선언문을 작성하여 대통령과 의회 의장에게 보낼 것을 요구했다(Jameson, 2011: 69). 이런 노력의 결과로 2008년 4월 14일에 다민족국가에 대한 CONAIE의 입장이 의회에서 수용되었다(Jameson, 2011: 70).

에콰도르의 국민들은 새로운 진보적인 헌법을 통과시켜서, 신자유주의 정책이 중단될 것을 기대하였다(Dosh and Kligerman, 2009: 21). 그럼에도 불구하고 라파엘 코레아와 원주민 운동과의 관계는 헌법의 테두리 안에서 혁명적인 변화를 추진하는 과정에서 여러 문제와 한계가 노출되었다. 비록 원주민 운동은 코레아와 마찬가지로 신자유주의 정책을 축소시키고 국민 대다수에게 혜택이 돌아가는 사회경제 전략을 실현하기를 원했으나, 이런 목적을 어떻게 달성하느냐 하는 문제를 두고 서로의 의견이 달랐다(Becker, 2011: 47). CONAIE는 이미 14개 원주민 집단을 결합시켜서 적극적인 정치활동으로 무시하지 못할 사회세력으로 성장했다. 실제로 원주민 조직은 자신들의 수에 비해서 과도한 정치적 의미를 획득하였다. 코레아는 개인의 권리를 강조하는 틀을 중시하는데, CONAIE의 의장인 마를론 산티(Marlon Santi)는 코레아가 강조하는 개인의 권리나 보편적 시민에 대한 개념이 공동체 사회에 기반을 두고 있는 원주민들을 배제한다고 주장한다. 원주민 지도자들은 반대로 토지와 자연자원을 집합적으로 통제하는 담론을 제시했다. 심지어 원주민 지식인인 루이스 페르난도 침바 심바(Luis Fernando Chimba Simba)와 라우라 산티얀(Laura Santillán)은 코레아의 정책을 새로운 형태의 식민주의라고 불렀다(Becker, 2011: 48). 결과적으로 많은 사람들은 새 헌법이 양면성을 가지고 있다고 보았다. 어떤 측면에서는 사회적 진전이 있지만, 다른 면에서는 후퇴하기도 했다(Becker, 2011: 58). 원주민 운동이 성공하게 된 것은 자본제적 질서에 대해 다민족국가와 관련된 대안을 꾸준하게 제시했기 때문이었다. 그럼에도 불구하고 다민족국가의 의미와 이것을 실현하는 방법에 대한 의견은 일치하지 않았고, 에콰도르 정부의 정책에 이런 과제가 제대로 전달되지 못한 부분도 있었다(Jameson, 2011: 63).

원주민들과 코레아가 가장 첨예하게 대립하는 문제가 자연자원을 개발하고 상업화하는 것이었다. 다시 말해 원주민 거주지역에서 광산 개발 문제로 끊임없는 대립을 하게 되었다. 2009년 1월에 에콰도르 의회는 캐나다의 광산회사가 용이하게 사업을 할 수 있도록 코레아가 계획한 대로 광산법을 통과시켰다. 이렇게 되자 원주민들은 새로운 법이 깨끗한 식수와 건강한 환경을 누릴 수 있는 인권을 선언한 새로운 헌법의 환경 조항에 위반된다고 주장했다. 여러 차례의 시위가 전국적으로 발생했다. 2008년 11월 10일에 여러 사회운동가와 CONAIE의 임원 등 200여 명이 키토의 캐나다 대사관으로 행진했다(Dosh and Kligerman, 2009: 22). 코레아는 자신의 광산법을 반대하는 사람들을 '어린애 같다'고 비난하였다. 이런 사태로 코레아와 사회운동세력의 관계는 악화되었고, 원주민들은 코레아가 신자유주의 정책을 실시한다는 확고한 생각을 갖게 되었다(Dosh and Kligerman, 2009: 23). 그 다음으로 2009년 1월에 광산 개발에 대한 문제로 또 대규모 시위가 발생했다. 원주민들은 자신들이 더 이상 무조건 착취당하지 않을 것이라고 주장하면서, 도로를 점거했다. 코레아는 시위자들을 '보잘것 없는 사람' 또는 '극단주의자'라고 비난했다. 정부는 시위 주동자 일부를 테러 혐의로 억류했다. 이 당시에 잠시 실종되었던 아마존의 한 지도자가 머리에 총상을 입은 채로 아마존의 마카스(Macas)라는 도시의 병원에 나타났다. 코레아는 경찰은 무장을 하지 않았고 폭동진압 장비만 갖추고 있으며, 오히려 시위대가 산탄총으로 무장했다고 주장했다. 이런 갈등으로 원주민들과 코레아의 갈등이 증폭되었다.

사회운동의 전반적인 측면에서 원주민 운동이 다양한 분야와 지역으로 확산되었다. 식민시대 이후부터 에콰도르의 석유, 광업,

목재, 수력과 물 같은 자연자원의 채취와 이용 정책은 광범위한 시위와 논쟁, 그리고 국제적인 주목의 대상이었다. 주로 자원을 채취하는 지역이 원주민들이 많이 사는 농촌이어서, 이 지역을 중심으로 저항운동이 빈번하게 발생했다. 그러나 최근에 도시지역에도 원주민들이 상당수 이주했고, 도시지역에서도 자원을 이용하고 공급하는 문제가 심각해지면서 도시의 저항운동도 많아지고 있다. 특히 도시에서는 신자유주의 정책의 시행과 더불어 서비스를 민영화하려는 노력도 대중운동의 대상이 되었다. 예를 들어 근래에 키토에서 물의 공급을 사기업에 양도하려는 계획은 반대자들에게는 민영화의 방안으로 인식되었고, 2004년과 2007년 사이에 이것에 관한 시위가 주기적으로 발생했다. 2004년에 언론의 탐사보도에 의하면 시정부가 물을 생산하고 분배하는 과정을 런던에 근거를 둔 프라이스워터하우스쿠퍼스(PricewaterhouseCoopers)라는 기업에게 양도하겠다는 계획을 수립했다고 한다. 시에서는 물 관리를 담당할 기금이 부족해서 민영화가 필요하다고 주장했다. 이에 맞서서 환경론자, 원주민, 노동자, 대중조직이 연합하여 '물 수호를 위한 연맹'을 설립하여, 물과 관련된 업무를 민영화하는 계획이 경제적으로 타당하지 않으며 필요하지도 않다고 주장했다. 또 시에서 직접 물을 관리할 수 있다는 의견을 제시하면서, 즉각적으로 그 계획을 철회할 것을 요구했다. 연맹은 시위, 워크숍, 라디오 프로그램, 시와 기업과의 공개토론 등의 방법으로 민영화를 격렬하게 반대했다. 마침내 2007년 3월에 파코 몬카요(Paco Moncayo) 시장은 물 공급을 기업에 양도하려는 계획을 포기하였다. 이 계획이 무산되면서 키토의 대중운동은 승리를 거두었고, 물의 민영화에 대한 의식이 크게 증가했다. 이 결과 2008년의 헌법에는 물의 민영화가 금지되었다(Dosh and Kligerman, 2010: 225).

원주민들과의 갈등에도 불구하고 코레아에 대한 국민들의 지지는 비교적 견고했다. 코레아는 2009년 4월 26일에 열린 대통령 선거에서 루시오 구티에레스 등 다른 7명의 후보를 물리치고 51.9%의 표를 얻어서 재선되었다. 그는 에콰도르 역사상 30년 만에 처음으로 결선투표 없이 당선되었다(Dosh and Kligerman, 2009: 24). 코레아의 첫 임기는 원래 2011년 1월 15일에 종료될 예정이었으나, 의회에서 준비한 새 헌법이 2009년 4월 26일에 선거를 치르도록 명시했었다. 그의 정당은 의회에서도 많은 당선자를 진출시켰다. 코레아의 새로운 임기는 2013년 8월 10일에 종료되며, 재선된다면 2017년까지 집권할 수 있다. 코레아는 2009년 8월 10일에 취임식을 가졌는데, 그의 정치적 성향을 따라서 볼리비아의 에보 모랄레스(Evo Morales), 쿠바의 라울 카스트로(Raúl Castro), 베네수엘라의 우고 차베스(Hugo Chávez) 등을 초대했다. 그는 사회주의 혁명을 지속한다는 약속을 하면서, 빈곤을 종식시키고 빈곤의 구조적 원인을 근절하겠다고 다짐했다. 그러나 코레아가 선거에서 승리했지만, 그와 원주민과의 관계는 급격하게 악화되기 시작했다. CONAIE의 전 의장이었던 마를론 산티에 의하면 코레아는 2006년에 대통령이 되면서 원주민, 환경주의자, 인권 단체 등 모든 사회운동의 지지를 받았다. 그러나 코레아의 모든 사회 정치 프로그램은 자신의 정당과는 상관이 없이 독자적으로 시행되었다. 2009년 말이 되면서 정부는 원주민 운동과 본격적인 갈등에 놓이게 되었다. 농민과 원주민들은 자신들을 희생시키면서 수력

발전과 다국적 광업 기업들의 수자원 요구를 충족시키기 위해 마련한 호수와 강의 사유화를 위한 수자원 법안에 반대하였다. 교사와 교수들은 고등교육을 규제하는 문제로 정부와 대립하였다(Webber, 2011: 10). 이렇게 되어 사회적으로 상당한 혼란이 지속되었다.

2010년에 접어들어 전국적으로 갈등이 많이 발생했다. 원주민 운동가들은 광업 문제를 들고 일어났으며, 공공부문에서는 노동자들이 자신들의 기본적 노동권을 지키기 위해 싸웠다. 이해 6월 5일에 가장 중요한 원주민 투쟁이 일어났다. 오타발로(Otavalo)에서 코레아는 인근 국가들을 초청하여 지역 내의 원주민과 아프리카계 흑인들의 문제를 논의하였지만, CONAIE는 초대받지 못했다. 분노한 원주민 조직들은 약 3,000명이 시내에서 행진을 하면서 거리와 광장에서 다민족 의회를 상징적으로 세웠다. 경찰이 즉각 대응하면서 원주민 지도자들에게 폭력과 회의를 방해한 혐의가 씌워졌다(Webber, 2011: 11). 한편 코레아는 경찰과도 갈등을 일으켰다. 2010년 9월 30일에 경찰이 승진과 함께 수여되는 메달과 보너스를 폐지한다는 법이 통과되자, 경찰이 파업을 시작했다. 시위대는 도로를 막고, 의회와 국영 텔레비전 방송국을 공격하며, 키토의 공항을 점거했다. 코레아는 불만을 가진 경찰과 협상을 시도했지만 성공하지 못했다. 코레아는 경찰들에게 자신을 죽이려면 그렇게 하라고 요구했고, 경찰은 그를 공격하면서 인질로 잡았다. 코레아는 바로 국가비상사태를 선언했고, 그날 밤에 군이 병원에서 코레아를 구출해 냈으며, 경찰과 군 사이에 무력충돌이 발생했다. 8명의 남미 대통령들은 아르헨티나의 부에노스 아이레스에서 즉각적으로 코레아와 에콰도르 민주정부를 지지하는 선언문을 발표했다. 이 사태로 8명이 사망하고 274명이 부상을 입었다. 미국도 코레아를 지지한다는 의사를 표시했지만, 에콰도르 정부는 미국의 오바마 행정부와는 아무 상관없는 일이라고 대응했다. 이런 갈등과 대립에도 불구하고 코레아에 대한 국민들의 지지는 계속되었다. 코레아는 2011년 5월 7일에 헌법에 관한 국민투표를 또 실시했다. 에콰도르 국민들은 사법부의 개혁을 포함하는 10개의 질문에 대해 투표했다. 투표의 결과는 10개 질문 모두가 과반을 넘어 찬성이었다.

원주민과 코레아 사이에 개발을 둘러싼 갈등이 심화되면서 원주민들은 에콰도르의 자연자원 개발에 참여하는 다국적 기업과도 적극적인 투쟁에 나서기 시작했다. 한 예로 2011년에 에콰도르의 루미팜바(Rumipamba)에서 61세의 마리아 아긴다(María Aguinda)라는 원주민 여성이 열대우림 지역을 오염시킨다는 혐의로 미국의 정유회사인 쉐브론(Chevron)을 고소하여 법원에서 승소하였다. 쉐브론은 환경 훼손의 대가로 95억 달러의 벌금을 물게 되었다. 이 지역은 1964년에서 1990년까지 텍사코에서 석유 시추사업을 하다가 2001년에 쉐브론이 인수하였다. 그녀는 1993년 여러 원주민들과 함께 3만 명 정도의 주민을 대표해서 텍사코가 독성물질을 방치하여 강, 호수, 토양 등을 오염시켰다는 혐의로 고소했다. 이렇듯 개발을 둘러싼 대립적인 상황이 갈수록 악화되자, 2011년 8월 9일에 에콰도르의 사회운동 대표자 약 400명이 모였다. 이들은 코레아가 광업에 관한 지나친 관심, 약속과는 달리 토지 개혁의 미실시, 공공부문 노조의 공격, 권력의 집중, 참여민주주의의 실종,

저항운동의 감시와 범죄화 등의 문제가 있다고 주장하며 우려를 표명했다(Webber, 2011: 9).

2012년에 CONAIE는 3월 22일 키토에서 정부가 사모라 친치페 (Zamora-Chinchipe) 지역의 구리광산 채굴권을 다른 나라에 넘긴 것과 환경 파괴에 반대하는 대규모 시위를 주도했다. 시위가 발발한 직접적인 이유는 에콰도르가 중국으로부터 14억 달러의 투자금을 유치하여 남동부 아마존의 구리광산을 개발하는 권리를 중국기업에 25년간 부여하였기 때문이었다. 이에 맞서서 원주민들은 2012년에 코레아의 토지와 수자원 정책이 자신들의 삶에 피해를 준다면서 2주간의 행진을 시도했다. 코레아는 CONAIE가 정부를 흔들려는 불순한 목적을 갖고 있다고 말하면서, 자신의 지지자들에게 적극적으로 대응할 것을 주문했다. 원주민들은 CONAIE 이외에도 여러 좌파세력들과 힘을 합쳤다. 수천 명의 시위대가 여러 지역에서 몰려와서 키토의 공원에서 '국제여성의 날'을 기념하는 행사를 가졌다. 아마존 지역에서 시작된 행진은 3월 22일 키토에 도착했다. 코레아는 이런 움직임이 부질없는 행위로 실패할 것이라고 평가절하하며 강력하게 대처했다. 그리고 약 1만 명 정도의 코레아 지지자들도 원주민이 주도하는 시위에 반대하는 시위를 벌였다. 코레아는 자연자원을 개발해서 국가의 근대화를 추구하고, 가난한 사람들을 돕거나 필요한 사업을 수행할 수 있다고 강조했다. CONAIE의 의장인 움베르토 촐랑고(Humberto Cholango)는 이 시위가 코레아를 축출하기 위한 것이 아니라, 수자원을 보호하고 향후에 광산 개발을 하려면 원주민과 상의해야 하는 법을 통과시키기 위한 것이라고 말했다. 원주민들이 광산 개발로 자신들이 살던 토지에서 쫓겨나기 때문에 더 이상의 개발은 바람직하지 않다는 것이다.

20여 년에 걸쳐서 꾸준하게 조직활동과 운동을 병행하면서, 원주민들은 대체적으로 에콰도르의 정치 체계에 편입되었다. 실질적으로 국내 정치에 상당한 영향력을 미치는 존재가 되었다. 라파엘 코레아를 대통령으로 만드는 데에도 일조했고, 원주민들의 의견을 정책에 반영시키기도 했다. 그러나 코레아가 원주민들의 표를 상당히 얻었지만, 경제적 이익을 위해 원주민들이 사는 지역에서 자연자원을 개발하면서 CONAIE와 파차쿠틱 지도자들을 분노하게 만들었다. CONAIE와 파차쿠틱이 코레아가 자원을 개발하려는 계획을 막으려 하자, 코레아는 원주민 지도자들이 원주민들로부터 선출되지 않아 대표성이 없으며, 그들이 환경을 보호한다는 주장은 '어린애 같은 환경주의'이며, 이들이 외국의 NGO와 결부되어서 그런 주장을 한다고 비난했다(Bowen, 2011: 481). 코레아와 CONAIE 간의 갈등은 광물을 채굴하는 문제에 서로 다른 견해를 갖기 때문이다. 코레아는 광업에 국가의 미래가 달렸으며 자연자원을 빈곤을 해소하는 데 이용하려고 한다(De la Torre, 2011: 29). 그러나 원주민들은 자연자원이 거의 원주민들이 거주하는 지역에 존재하기 때문에, 개발로 인해 자신들의 삶과 환경이 파괴되는 행위는 동의할 수 없다는 입장이다.

(3) 에콰도르 원주민 운동의 의미와 특징

정치적 영향력을 고려하면 에콰도르의 원주민 운동은 라틴아메리카에서 가장 성공적인 운동 중의 하나이다. 원주민들의 조직활동은 1997년과 2000년에 두 명의 대통령을 물러나게 했고, 루시오구티에레스 정부에서는 주요한 장관직을 차지할 수 있었다(Jameson, 2011: 63). CONAIE는 1990년, 1992년, 1997년 그리고 2000년에 도로를 막고 시위를 하며 개인농장을 침범하고 정부나 교회를 점거하는 등 많은 전국적인 봉기를 주도했다. 이런 운동은 언어에 대한 권리, 영토의 자치에 대한 권리, 지역의 자연자원에 대한 통제, 농지분배, 선거로 선출된 관리의 퇴진 등을 요구하는 데에 초점이 맞추어져 있다(Bowen, 2011: 458). CONAIE는 주기적인 원주민 봉기를 통해 라틴아메리카 정치의 민주화에 기여하였고, 과거에는 정치에서 배제되었던 집단들이 정치활동에 참여할 수 있는 기회를 확대시켰다. 그 결과 헌법 개정을 통해 에콰도르가 다종족, 다문화 국가라는 사실이 명시되었다. 이와 더불어 원주민들은 새로운 형태의 개인적·집합적 권리를 부여받았다(Postero and Zamosc, 2004: 2). 이런 면을 보면 에콰도르의 원주민 운동은 다른 어떤 지역의 원주민 운동보다 정치 경제와 사회 문화 각 분야에서 뚜렷한 업적을 남겼다고 말할 수 있다.

1970년대부터 1990년대까지 에콰도르 원주민들의 정치적 전략은 토지와 기반 시설을 원하던 계급운동에서 본격적으로 종족운동으로 변화되었다. 처음에는 종족과 계급을 동시에 강조하다가 나중에는 완전한 원주민들의 지위를 원하게 되었다(Allen and Hitchcock, 2008: 256). 즉 원주민 운동이 전국적인 조직을 갖추던 초창기에는 농업 분야에서 조상으로부터 물려받은 토지의 법적인 소유권을 확보하는 것이 지역과 원주민 운동의 주요한 관심사였다. 이것은

1990년 전국적인 시위에서 제시한 16개의 요구사항 중에 첫 번째로 원주민으로부터 빼앗은 토지를 법률비용 없이 원주민에게 돌려달라고 요구한 데서도 볼 수 있다. 나머지 요구도 농업과 관련이 있는 것이 많다(Allen and Hitchcock, 2008: 269). 원주민들은 정치적인 영역에 발을 들여놓으면서 광범위한 문제에 관심을 표명하게 되었다. 이런 과정에서 자신들의 원주민성을 근거로 다양한 요구조건을 정부에 내세웠다. 특히 국가와 상대할 때에 주변적인 위치를 차지하던 원주민들이 종족적 담론을 들고 나와서(Bauer, 2010: 170), 과거에 볼 수 없었던 새로운 요구를 했다.

오늘날 CONAIE의 활발한 정치활동으로 에콰도르에서는 고지대와 아마존의 원주민뿐만 아니라 다른 지역의 원주민들도 상당한 영향을 받게 되었다. 태평양 연안 지역 등 그동안 소수의 원주민들이 거주하고 있어서 원주민 정체성도 제대로 확립되지 못하고, 원주민 운동도 매우 미약했던 지역에서도 상당한 변화가 발생했다. 마나비(Manabí) 사회가 대표적인 사례에 속한다. 최근까지 해안지역의 마나비 사회에서는 원주민의 유산이라는 것이 지역의 박물관에 보존되어 있는 유물이나 혹은 종종 원주민 역사와 관련 있는 축제를 여는 것에 그쳤다. 그러나 1990년대가 되면서 원주민 의식이 새롭게 발전되기 시작했다. 해안 지역인 과야스(Guayas)와 마나비에 사는 사람들이 전에는 메스티소라고 간주되었으나, 자신들의 원주민 유산을 강조하면서 조직을 구성하기 시작했다. 마침내 2000년 3월 2일 해안 지역에서 MIPMAWPU(Movimiento Indígena de los Pueblos Manta Wancavilca y Puná)라는 조직이 발족하여 원주민을 대표하는 모임이 되었다(Bauer, 2010: 177). 이런 조직을 바탕으로 2004년 여름에 마나비에 속하는 마카보아에서 토지로 인한 분쟁이 발생했을 때, 이들은 종족성에 기반을 둔 집단행동을 통하여 조상들로부터 물려받은 토지에 대한 마을의 권리를 주장하고, 지역정체성을 강조했다. 또 이들은 사회경제적 권리를 요구하는 동시에 에콰도르 사회에 존재하는 원주민과 백인의 양극화를 지적했다. 마카보아의 문제는 1996년에 스위스계 에콰도르 사업가인 크리스토프 애클린(Christophe Acklin)이 개인적인 개발을 위해 마카보아의 공동토지를 구매하겠다고 나서면서 시작되었다. 2001년 12월 31일에 1994년의 농업 근대화 법에 근거하여 그는 34헥타르에 이르는 공동토지를 15만 달러 이상을 주고 구입했다. 땅을 팔 때에 55명의 마을 사람들이 자신들의 이름이 명단에 기록되었음에도 불구하고, 토지 판매를 승인하지 않았다. 많은 사람들이 애클린이 지역 지도자들을 매수해서 토지를 구입했다고 주장했다(Bauer, 2010: 178). 에콰도르의 농업부에서는 마카보아의 거주자들이 원주민이 아니라 메스티소로 분류되어 있기 때문에, 토지의 판매는 법적으로 하자가 없다고 주장했다. 이에 따라 이 지역 사람들은 원주민으로서의 싸움에 발을 들여놓게 되었다. 2003년 여름에 토지 판매를 반대하던 사람들이 마을의 새로운 지도자가 되었다. 에콰도르 정부는 새로운 마을의 지도자를 인정하지 않았지만, 이들은 공동토지 판매를 무효화하기 위한 노력을 개시했다. 이런 운동의 중심에는 안식일 교회 신도인 로베르토 톨레도(Roberto Toledo)가 있었다(Bauer, 2010: 179).

톨레도는 시위를 에콰도르의 원주민 조직과 연계하여 계급투쟁이 아닌 종족투쟁으로 만들었고, 전국적인 관심을 끌어냈다.

2004년 7월 12일에 마카보아에서 시위에 대한 소식이 퍼져나갔고, 7월 16일 오전 5시에 시위는 본격적으로 시작되었다. 이들은 모여서 에콰도르 시민으로서 자신들의 권리를 주장하고, 해안가의 주민들을 원주민으로 인정해 줄 것을 요구했다. 이들은 고속도로를 점거하여 교통을 마비시켰다. 정치적 소요에 관한 소문은 널리 퍼져서 많은 사람들이 참여하였다(Bauer, 2010: 180). 사람들은 시위에 관한 소식을 듣기 위해 리트모 아술(Ritmo Azul)이라는 라디오 방송에 귀를 기울였다. 7월 18일 오전 6시에 연방경찰이 마카보아에 도착하여 최루탄을 터트리며 시위대를 진압했다. 이날 오후에 톨레도와 젊은이들은 막대기와 마체테(machete)를[8] 들고 나와서 거리를 행진했다. 이렇게 되자 처음에는 마을과 외지인 간의 단순한 지역적 갈등이, 나중에는 주민들이 에콰도르 시민으로서의 권리를 주장하는 큰 문제로 바뀌었다. 이들은 공동토지에 대한 권리, 원주민 정체성에 대한 정부의 인정, 그리고 평화롭게 시위를 할 권리를 주장하였다. 7월 22일 시위가 시작된 지 6일 후에 마나비의 주교가 마카보아에 도착했고, 연방경찰 간부 두 명이 참관했다. 시위대들은 주교에게 자신들의 요구사항을 제시하였다. 긴 목록에는 공동토지가 판매된 이후에 폐쇄된 해변을 개방하라는 것과 관리 책임을 농업부에서 사회복지부로 옮기라는 것, 새롭게 선출된 마을 지도자들을 인정해 달라는 것, 그리고 자신들이 사는 지역을 원주민 마을로 인정해 달라는 것이 포함되어 있었다(Bauer, 2010: 181). 이 사건은 전국에 배포되는 신문인 엘 우니베

---

8) 길고 약간 두꺼운 칼로 주로 나무를 자르거나 농업에 쓰인다. 가끔 무기로 사용하는 경우도 있다. 길이는 보통 30cm에서 60cm까지 다양하다. 남성다움을 의미하는 'macho'라는 단어에서 파생되었다고 한다.

르사리오(El Universario)에 7월 26일 한 주교의 칼럼으로 소개되었다. 이런 과정을 거치면서 지역의 문제가 전국적인 관심을 받게 되었고, 의외로 사태가 쉽게 수습되었다. 마침내 7월 29일에 정부에 의해 마을 사람들의 지도자와 마을의회가 정부의 인정을 받게 되었다(Bauer, 2010: 182). 이렇게 됨으로써 태평양 연안지역에도 원주민 정체성이 자리 잡는 계기가 되었다.

이런 많은 변화와 업적에도 불구하고 CONAIE를 중심으로 하는 에콰도르의 원주민 운동은 많은 문제를 갖고 있다. 먼저 CONAIE는 지난 20여 년 동안 문화적·정치적 자치를 얻었고, 정치적인 정당도 만들었으며, 특정한 정부기관도 통제할 수 있게 되는 등 많은 성과를 얻었다. 그러나 실제적으로 원주민들이 필요로 하는 것은 제대로 얻어내지 못했다. 특히, 토지개혁 등 시급하게 해결해야 할 과제는 정부에 의해 무시당하거나 거절당했으며, 피상적으로 다루어졌다(Bowen, 2011: 452). 최근에 에콰도르의 경제적인 문제가 과거에 비해 많이 개선된 것도, 원주민들의 경제적 고통에 관한 주장을 어렵게 만드는 요인이 되기도 한다. 21세기에 들어 에콰도르는 상당한 경제적 성장을 달성했다. 가장 비중이 높은 수출품인 석유가격의 상승이 중요한 기능을 했다. 2002년과 2003년에 GDP가 3% 정도 상승했고, 2004년에는 9%에 이르렀다. 2005년, 2006년, 그리고 2007년에는 각각 6%, 5%, 그리고 2%의 성장을 이루었다. 이어서 2008년에는 7%까지 올라갔으나 2009년에는 0%로 내려왔다. 2010년에는 약 4% 정도이고, 2011년에는 3%로 예측된다(Webber, 2011: 12). 정부는 이런 통계를 제시하면서 원주민들의 주장이 다소 과장되었다고 주장하면서, 원주민들의 요구를 수용하기를 꺼린다. 이런 복잡한 현실을 고려하여 에콰도르의 엘리트들은 다문화주의, 경제적 자유주의, 그리고 민주주의 등 3가지 핵심적인 원칙을 바탕으로 원주민들을 상대했다. 이런 방식으로 엘리트들은 원주민들을 정치 체계에 포섭하면서 한편으로는 자신들의 정치적·경제적 힘을 손상시킬 수 있는 원주민 운동을 배제하였다. 그렇기 때문에 원주민들이 정치적으로 달성할 수 있는 목표는 일정한 한계가 있을 수밖에 없었다. 이런 까닭에 현재의 에콰도르의 원주민 운동은 제도권 정치에 발을 들여놓고, 기존의 정치인들과 함께 활동하면서 대표성과 합법성의 문제를 안고 있다. 게다가 CONAIE는 긴장과 갈등, 내부적인 분열로 고통을 받고 있어서(Lalander, 2010: 505), 안팎으로 어려움이 가중된다.

원주민들은 자신들이 식민시대로부터 수 세기 동안 착취당하면서 배척당해 왔고, 에콰도르에서 원래부터 살았던 사람이라는 점에서 자신들의 투쟁이 합법적이라고 말할 수 있다. 그러나 많은 사람들은 원주민들의 이런 주장에 동의하면서도, CONAIE가 사용하는 전략을 비판한다. 이그나시오 페레스(Ingacio Pérez) 같은 사람은 원주민 운동의 약점이 정치적 문제와 종족적 문제를 이념적으로 혼합시키는 것이라고 했다. 즉 원주민들이 지나치게 종족성을 정치화시키면서 자치를 강조하여, 자신들이 국가 전체에 완전히 통합되지 못하는 문제를 갖게 되었다는 것이다. 이런 의미에서 엘리트들은 원주민들이 국가 내에 독립국가를 세우려는 것과 같다고 비판한다(Bowen, 2011: 471). 원주민들이 정치적 영역에 참여하는 것은 허용될 수 있지만, 과도하게 정치화하는 것은 민주주의에 위협적이라는 것이다. 게다가 원주민 운동의 지도력이 문제가 되면서 진정성이 의심을 받는 경우도 있었다. 또 많은 사람들이 CONAIE 자체의 운영방식이 민주적이지 못하다고 비판했다. 실제로 CONAIE는 지난 20여 년 동안 별다른 변화 없이 동일한 지도자들에 의해 유지되면서 문제를 키워 왔다. 이렇게 동일한 구조를 지속시키다 보니 부패에 빠져들 수도 있고, 다른 집단에 의해 이용당할 가능성도 커진다. 예를 들어 CONAIE와 함께 마우앗 정권을 붕괴시킨 루시오 구티에레스는 자신의 지위를 활용하여 CONAIE와 파차쿠틱에서 이탈한 원주민 사회에 보상을 해 주었다. 이렇게 하면서 특정한 원주민 사회로부터 정치적 지지를 얻는 한편, 원주민사회를 분열시켜 원주민 운동 전체를 약화시키려고 시도했다. 그는 엘리트주의적인 원주민 지도자들은 더 이상 원주민들을 대표할 수 없다고 보았다. 따라서 부패하고 대표성이 결여된 지도자들보다는 '진정한' 원주민 사회와 직접 협상해야 한다고 느꼈다. 게다가 원주민 운동이 해외의 기구들과 연결되면서 진정성이 더욱 의심받는 실정이다(Bowen, 2011: 472). 다시 말해 국제 NGO 단체들이 원주민 사회를 정치화시키는 데에 상당한 공헌을 하고 있다고 생각했다. 이렇게 되면서 에콰도르의 주권이 침해되기 때문에 이들의 활동을 허용하지 말아야 된다고 주장했다.

에콰도르의 엘리트들은 원주민들을 동일한 집단으로 보지 않고, 이해관계가 다른 여러 성격의 원주민 집단이 있다는 것을 강조한다. 반면에 이들은 서구적인 기준으로 보아 현대적이고 진보적인 원주민들이 등장하는 것에 기대를 걸고 있다. 이들은 오타발로 지역의 원주민들을 성공적인 사례라고 간주한다. 오타발로 원주민들은 수백 년 동안 장거리 교역에 가담해서 성공을 거두었다.

식민시대에 스페인 사람들은 오타발로 사람들의 천을 짜는 기술을 이용하여 옷을 만들어 유럽에 가져다 팔았다. 이런 방식은 아직까지 지속되고 있다. 현재 오타발로 사람들은 라틴아메리카에서 가장 부유한 원주민들이다. 이들의 주말 시장은 전 세계의 관광객들로 붐비고, 오타발로의 상인들은 자신들의 제품을 팔기 위해 유럽, 미국, 혹은 라틴아메리카의 다른 지역으로 정기적으로 이동한다. 에콰도르에서 오타발로 사람들만큼 세계 자본주의의 규칙을 잘 숙지하는 사람들은 거의 없다. 이들이 성공할 수 있었던 것은 수 세기 동안의 문화적 전통과 식민시대 초기에 스페인 정복자들과 경제적 거래를 잘 수행했기 때문이다(Bowen, 2011: 473). 엘리트 정치인과 경제인들은 오타발로의 사례가 21세기 에콰도르 사회에서 현대적인 원주민들이 할 수 있는 일이라고 본다(Bowen, 2011: 474). 즉 원주민들이 정치적인 분야에 지나치게 개입하기보다는 경제적인 조건의 개선에 관심을 두게 만들려는 것이 에콰도르 정치인들의 견해이다. 이런 생각은 현대의 에콰도르의 원주민 운동이 추구하는 방향과는 상당한 괴리감이 있다. 이런 상황에서 원주민들이 앞으로 자신들의 요구사항을 적극적으로 제시하려면 쉽지 않은 장벽을 넘어야 할 것이다.

3. 볼리비아

(1) 볼리비아 원주민 사회와 원주민 조직

다른 라틴아메리카 국가들과 유사하게 20세기 후반까지 볼리비아의 원주민 운동은 미약했다. 그 이전에는 대부분의 볼리비아인들은 자신들이 원주민이라기보다 농민이라고 생각했다. 특히 고지대에서는 종종 시위가 일어나도 종족성보다는 계급에 기반을 둔 것이어서 종족성에 바탕을 둔 운동이 설 자리는 별로 없었다(Canessa, 2007: 201). 그러다가 1970년대와 1980년대에 카타리스타(Katarista) 운동이 두각을 나타내기 시작하면서 변화의 조짐이 보였다. 카타리스모(Katarismo)는 1781년 사망한 아이마라(Aymara) 원주민 반란군 지도자였던 투팍 카타리(Túpac Katari 혹은 Túpaj Katari)의 이념을 추구한다. 1953년의 농지개혁 이후에 일련의 젊은 아이마라 원주민 청년들이 수도인 라파스(La Paz)에서 대학을 다니는 도중에 다양한 사회적 편견에 시달리게 되었고, 이들로부터 카타리스타의 이념이 논의되기 시작했다. 그래서 젊은 아이마라 원주민 남성들이 자신들의 원주민 문화, 정체성, 그리고 우주론의 우수성을 내세웠다. 그들은 존엄성과 과거, 그리고 미래를 되찾는 것이 중요하다고 주장했다(Yashar, 2005: 154). 원주민들은 독립 이후에도 식민지배의 유산이 계속해서 진행되고 있는 문제를 지적하고, 원주민들이 볼리비아

인구의 다수를 차지하기 때문에, 정치적으로도 원주민들이 주도 권을 잡아야 한다고 주장한다. 이들에 따르면 볼리비아의 원주민 들은 경제적 의미의 계급에 따른 억압과 자신들의 열등한 종족적 지위에 따른 억압 등 이중 고통에 시달리고 있다. 이들은 원주민 의 과거를 현재와 미래를 내다보는 정치에 포함시키려고 노력하 며, 원주민들을 위한 이중언어 교육 같은 문화적 요구를 제시했다. 1971년이 되면서 원주민들은 전국농민조직에도 가담하여 친정부 적인 성향을 보이는 세력과 본격적으로 대립하였다. 1973년에 톨 라타(Tolata)에서 13명의 케추아(Quechua) 농민들이 살해되면서, 카 타리스타 운동은 급진적으로 바뀌었다.

카타리스타 운동 세력은 1970년대 말에 '볼리비아 농업노동자 조합'(Confederación Sindical Única de Trabajadores Campesinos de Bolivia: CSUTCB)에서 주도적인 역할을 수행하면서 상당한 영향력 을 발휘하게 되었다. 그 후에 카타리스타 운동은 2개의 집단으로 나뉘게 된다. 개혁적인 입장을 취하는 사람들은 국가가 주도하 는 신자유주의적 다문화주의를 제도화하려고 노력했다. 반면에 아이마라 민족주의를 내세우는 집단은 혁명운동과 게릴라운동 에 참여하였다. 이념적으로 급진주의를 지향하며, 과거의 질서 로 돌아가려는 움직임과도 관련이 있다. 이들은 나중에 '파차쿠 티 원주민 운동'(Movimiento Indígena Pachakuti: MIP)으로[9] 바뀌고, 펠리페 키스페(Felipe Quispe)를 중심으로 신자유주의를 강하게 비 판했다(Howard, 2010: 177). 이들은 점차 세력을 잃게 되었지만 그 후에도 여러 조직에서 이들의 이념을 부분적으로 수용하였다.

---

9) 파차쿠티는 케추아어로 '세계가 뒤집힌다'는 의미이다.

볼리비아에서는 안데스와 아마존에서 처음에는 지역의 자치를 지키기 위해 원주민 운동이 출발했으나, 궁극적으로 1980년대와 1990년대에 구축된 민주주의 체제에서 평등한 지위를 요구하게 되었다(Yashar, 2005: 152). 볼리비아 정부가 신자유주의 개혁의 일환으로 '신경제정책'(NEP)을 1985년 8월에 도입하면서 원주민 운동이 활성화되는 결정적인 계기가 되었다. '신경제정책'은 1985년에 연간 25,000%에 도달한 극심한 인플레이션, 재정적자, 국제수지, 그리고 전체 수출액의 70%를 차지하는 부채 등의 문제를 해결하려는 목표를 가지고 출발했다. 무엇보다도 개혁정책은 농작물, 석유, 가스에 대한 가격통제나 보조금을 없애고, 임금을 동결시켰다(Yashar, 2005: 182). 또한 정부는 농촌사회를 지원하던 몇 가지 프로그램도 없앴다. '신경제정책'이 시행되고 나서 2년 동안 사회서비스가 많이 축소되었는데, 특히 교육과 보건 분야에서 두드러졌다(Yashar, 2005: 183). 결국 1985년 볼리비아에서 신자유주의가 도입된 이후에 농촌지역에서는 고지대의 농지가 훼손되고 해체되었으며, 저지대에서는 원주민이 사는 지역에서 농지를 둘러싼 갈등이 발생했고, 코카 재배지역에서는 군과 경찰이 개입하는 등 어려움이 가중되었다(Healey, 2009: 84).

개혁정책 중에 가장 주목할 것은 비효율적인 국영 광산기업인 COMIBOL을 폐쇄한 것이었다. 그동안 주석광산은 외환 보유액에 가장 큰 기여를 했다. COMIBOL의 폐업으로 2만 8,000에서 3만 명의 노동자 중에 2만 2,000에서 2만 3,000명이 해고당하였다. 광부들이 모두 농민은 아니었지만, 그들 대부분은 농촌지역의 원주민 마을에서 이주해 왔다. 광부들이 해고당하면서 그들의 가족이 상당한 소득의 손실을 보게 되었다. 많은 전직 광부들은 고향으로 돌아가서 쌀을 재배했으나, 가격 자유화로 쌀 가격이 하락하여 생계를 유지하기가 용이하지 않았다. 이들과 많은 다른 농민들은 먹고 살 것을 찾아 결국 고향을 등지고 코카(coca)를 재배하러 차파레(Chapare)로 거주지를 옮겼다. 코카는 수확량이 많을 뿐 아니라, 국제적인 수요도 많고 안정적이며 가격도 양호하였다. 과거에 주석 광부들은 급진적인 노동운동으로 소문이 났었는데, 이런 급진주의가 차파레의 코카 재배지역으로 건너온 것이었다. 즉 1980년대 중반에는 고지대의 도시에 살면서 노조활동을 했던 광산이나 공장 노동자들이 일자리를 찾아서 이주했고(Grisaffi, 2010: 429; Yashar, 2005: 184), 이들 중 상당수가 코카 재배에 관여하게 되었다.

이렇게 해서 볼리비아 원주민 운동과 코카가 자연스럽게 연결되는 계기가 만들어졌다. 코카는 안데스에서 상징적 의미뿐 아니라 실제의 생활에서도 대단히 중요하다. 우선 코카의 생산과 소비에는 오랜 역사를 가진 원주민의 전통문화가 깊이 관련되어 있다. 이 지역은 다양한 지형과 기후조건 때문에 여러 가지 식물군이 형성되었는데, 그중에서도 약초가 많았다. 원주민들은 이런 약초를 일상생활과 종교적 의례에 활용해 왔다. 그러나 유럽인들이 들어오고 새로운 형태로 약초를 사용하게 되면서 심각한 문제가 발생했다. 안데스 고지대에 사는 잉카 원주민들은 산소가 부족한 지역에서 정신을 집중시키고 피로에서 벗어나기 위해 오랫동안 코카 잎을 씹었다. 특히 고지대에 사는 원주민들이 일상적으로 추운 밤을 견디고 배고픔을 달래려고 코카 잎을 씹는다. 또한 코카의 사용은 노동, 의례, 종교관행과 관련되어 있는데, 안데스에서 코카는 인간과 초자연적 존재와의 매개물이자 사회관계를 유지시켜 주는 수단으로 간주되었다. 따라서 코카는 신성한 잎으로 의례와 일상적인 소비에 모두 사용되고 있다. 이런 맥락에서 코카는 인간과 영적인 세계의 필수적인 매개체이다(Grisaffi, 2010: 430). 예를 들면, 종교적 의례를 수행하거나 병을 치료할 때, 또한 산과 언덕에 있는 조상들의 영혼의 노여움을 달래는 데에도 사용된다. 스페인의 정복자들도 광산에서 원주민 노동자들이 코카 잎을 씹는 것을 막지 않았는데, 그 이유는 원주민들이 이런 행위를 통해 활력을 얻음으로써 사기가 높아지고 식욕이 감소해서, 임금을 적게 주어도 불만이 없어 노동력을 활용하는 데 유리했기 때문이었다.

안데스 고지대에서 코카는 적은 비용을 들이고 많은 생산량을 올릴 수 있는 유일한 작물이다. 한 번 심으면 35년 동안 매년 네 번에서 다섯 번까지 수확을 할 수 있다. 또한 언덕이나 경사진 땅에서도 잘 자라서 토지의 이용도 매우 효율적이고, 병도 많지 않으며 시장가격이 높다는 특징을 지니고 있다. 고지대에서는 기후조건이 나쁘고 토양이 척박해서 대부분의 작물이 잘 자라지 못하기 때문에, 코카 잎만큼 수익성이 높은 다른 작물을 찾기 힘들다. 처음에 미국과 라틴아메리카 정부는 마약문제를 해결하기 위해 안데스 산간지역에서 차, 커피, 담배 등 코카를 대체할 작물을 찾았으나 모두 성공하지 못했다. 20세기에 들어서도 마약의 불법재배와 코카인(cocaine)의 유통이 증가하자 미국과 라틴아메리카 정부는 코카 재배 원주민들에게 쌀, 카카오, 옥수수, 야자의 재배나 가축사육을 권유하면서 재정 지원을 했지만, 만족할 만한 성과를 얻지 못했다. 문제는 이러한 코카가 코카 페이스트와 코카인으로 변화되면서 엄청난 결과를 낳았다는 것이다. 우선 코카인의 생산은 복잡한 기술이나 조직을 필요로 하지 않는다. 생산과정을 보면 우선 페루, 볼리비아, 콜롬비아, 에콰도르 등지에서 생산한 코카 잎에 석유 등 화학약품을 첨가하여 코카 페이스트를 만든다. 코카 페이스트는 다양한 경로로 콜롬비아 등지에 위치한 실험실에서 코카인으로 만들어진 뒤에 메데인(Medellin) 등지를 중심으로 하는 카르텔에 의해 처리, 수송, 분배가 이루어져서 불법적으로 전 세계로 팔려 나간다. 이렇게 해서 '마약 자본가'들이 막대한 수익을 얻어서 정치와 경제에 상당한 영향력을 행사한다.

현재 모든 코카 재배가 불법인 것은 아니다. 원주민 사회의 전통을 인정해서 정부의 승인을 받은 일부 지역에서는 합법적으로 코카 잎을 재배할 수 있고 소비도 할 수 있다. 코카 재배로 벌어들인 돈을 의미하는 '코카 달러'는 가난한 원주민 사회를 유지시켜 주는 중요한 수단이 되고 있다. 이것이야말로 유일하게 이들의 꿈을 실현시켜 주는 것이기 때문이다. 이런 이유로 안데스 지역에서 코카 재배를 완전히 사라지게 만들 수 없고, 정부에서도 적극적으로 나서지 못한다. 그동안 미국과 남미의 국가들이 코카 생산을 억제하기 위해 군과 경찰을 동원하여 코카를 재배하는 농지를 지속적으로 찾아서 파괴시켰지만 뚜렷한 성과는 없었다. 페루와 마찬가지로 볼리비아에서도 코카 재배를 통제하는 것은 매우 중요하고 또한 어려운 과제였다. 미국의 압력으로 볼리비아는 차파레 지역 등 허가받지 않은 지역에서 코카 생산을 근절시키기 위한 노력을 여러 번 시도했으나 성공을 거두지 못했다. 1961년에 당시의 볼리비아 대통령이었던 빅토르 파스 에스텐소로(Victor Paz

Estenssoro, 1952~1956, 1960~1964, 1985~1989)는 비엔나에서 마약협약에 서명하면서 볼리비아에서 코카나무를 가능한 제거하겠다고 약속했다. 그러나 볼리비아에서 코카가 지니는 문화적 의미를 고려하여, 법률가들은 코카를 국내 전통시장에 공급하기 위해 제한적으로 코카 잎을 허용할 것을 요청했다. 이런 여러 문제로 코카를 둘러싼 문제를 해결하기는 너무 힘이 든다.

　코카를 재배하려는 목적으로 많은 사람들이 이주해 오면서 인구가 늘자, 코차밤바(Cochabamba)의 차파레 지역에 근거한 코카 생산자들은 강력한 힘을 발휘할 수 있게 되었고, 전국의 농민조직에서 지도적인 역할을 맡았다. 차파레 지역은 1953년 토지개혁 이후에 개척지로 지정되었다. 1970년대와 1980년대 코카인 붐이 일어나고 볼리비아에 경제 위기가 닥치면서 경작할 농지의 부족, 주기적인 가뭄으로 고통을 받던 코차밤바 계곡과 고지대인 포토시(Potosí) 지역의 농민들에게 차파레 지역은 매우 매력적인 곳으로 보였다. 차파레의 인구는 빠르게 늘어서 1967년에 2만 6,000명에서 1981년에는 8만 명이 되었다. 같은 기간에 코카 생산은 거의 30배가 증가했다. 초과 생산된 코카는 거의 북미와 유럽으로 팔려 나갔다. 이런 와중에 1970년대 중반부터 미국과 유럽에서 코카인의 수요가 급증하자 상황이 달라졌고, 차파레 지역의 코카 재배가 더욱 널리 확산되었다. 소위 '코카 붐' 시기에는 코카 100파운드의 가격이 800달러에 이르렀다. 이렇게 되면서 1978년에는 코카 재배면적이 1만 3,000헥타르에 불과했으나 10년 뒤에는 5만 5,000헥타르로 크게 늘었다. 인구는 1989년에는 35만 명으로 늘어났다.

　1980년대가 되면 코카 재배가 전혀 다른 양상으로 변화되었다.

1982년과 1983년의 고지대의 가뭄, 1985년에 시작된 신자유주의 구조조정 정책 때문에 국영광산과 국영기업이 문을 닫으면서, 코카 생산에 종사하는 사람들의 수가 더욱 급격하게 증가했다. 이렇게 되자 미국은 불법적인 마약 유입을 방지하기 위한 노력에 들어갔다. 볼리비아는 1983년에 미국과 협약을 맺어서 1985년까지 4,000헥타르의 코카를 제거하고, 합법적인 코카 잎의 운송, 구입, 판매를 엄격하게 통제하며, 코카 페이스트의 거래를 막기 위해 경찰의 감시를 확대하기로 동의했다. 협약에는 차파레 지역에서 코카 생산을 억제하는 것에 상응하는 대안적 농촌개발을 위한 프로그램을 재정적으로 지원한다는 단서가 첨가되었다. 이런 정부의 정책에 대해 코카 재배자들은 격렬하게 반대했다. 1983년과 1984년 사이에 코카 생산자들은 조직적으로 18번이나 코차밤바와 차파레 지역의 고속도로를 수천 명의 남녀를 동원하여 봉쇄하였다. 이 외에도 코차밤바의 160개 농민조직도 참여하여 단식투쟁, 대규모 행진, 정부기관의 건물 점거를 시도했다(Healey, 2009: 91; Kohl and Bresnahan, 2010b: 16). 이런 대립 속에서도 1985년 이후에 코카 생산량은 엄청나게 증가했다. 별다른 생계수단이 없는 상태에서 코카 생산은 생계를 해결하기 위한 주요한 안전판이었다. 특히 극심한 인플레이션에서 코카만이 수익을 가져다주는 작물이었다. 1985년이 되면서 이 지역의 코카 생산량이 볼리비아의 전체 코카 생산량의 90~95%를 점유하게 되었다. 코카 생산이 통제할 수 없을 만큼 늘어나자, 1986년에 미군이 투입되어 볼리비아 경찰과 함께 코카 페이스트 실험실을 습격하고, 코카를 수송하기 위해 만든 비밀 활주로를 파괴하였다. 또 마약 거래 단속을 위해 경찰의 감시 강화, 1990년까지 자발적으로 코카나무를 제거하는 경우에 현금보상, 수출용 대체작물의 홍보 등을 포함한 3년 계획을 수립하였다. 이 계획에는 코카의 가격을 생산비 이하로 낮추고, 새로운 지역에서 생산하는 것을 금지하며, 마약거래와 맞서 싸우는 경찰과 무장 세력에게 실질적인 권력을 부여하는 것이 포함되어 있었다.

정부의 제약에도 불구하고 코카의 생산이 계속 확대되면서 코카는 이 지역 사람들의 생활에서 분리할 수 없게 되었다. 이렇게 되면서 차파레의 농민들에게 코카는 경제적 요인뿐 아니라 문화적·정치적으로도 중요한 작물이 되었다. 이제 볼리비아의 차파레 농민들에게 '성스러운 잎'(hoja sagrada)으로 불리는 코카 잎은 주권, 국가, 원주민성을 의미하는 것이 되었다. 이들에게 코카 잎은 원주민 정체성과 반제국주의에 대한 저항을 상징하는 것이다(Grisaffi, 2010: 427). 코카 재배가 빠른 속도로 증가하자 볼리비아 정부는 대책을 마련할 수밖에 없었다. '코카 및 통제물질 제도법 1008호'(Ley 1008, Ley del Regimen de la Coca y Substancias Controladas)이 1988년 7월 빅토르 파스 에스텐소로 행정부에 의해 통과되었다. 이 법은 코카의 재배를 세 지역으로 구분하였다. 전통적 생산지역, 과도기적으로 과다 생산지역, 불법 생산 지역이 그것이다. 불법 생산지역에서는 아무 보상 없이 코카를 근절시키며, 차파레와 같은 과도기 생산지역에서는 정부가 일정한 보상을 해주고 생산을 중단하게 한다는 것이었다. 단지 전통적 생산지역에서만 코카를 생산할 수 있다는 것이었다. 전통적으로 코카를 재배하던 1만 2,000헥타르의 토지에서 코카를 생산하는 것을 인정했다. 구체적으로 전통적으로 코카와 관련이 있던 코차밤바의 융가스(Yungas)에서 200헥타르, 그리고 나머지는 라파스의 융가스에 배분되었다. 이 법에 따르면 차파레(Chapare)를 포함한 그 외의 지역에서는 코카를 재배할 수 없다(Grisaffi, 2010: 431). 다시 말해 법률 1008호가 적용되면서 차파레 지역에서는 코카 재배가 불법화되었다. 차파레의 코카 재배자들은 1008호 법안에 반대하며 단식투쟁을 전개하였다. 코카만이 유일하게 소득을 얻을 수 있는 작물이어서, 코카가 생계에 꼭 필요한 농민들에게 이 법은 재앙이나 마찬가지였다.

그러나 마약산업이 발전하면서 마약의 남용으로 국제적인 문제가 발생하면서, 코카를 재배할 권리를 수호하려는 싸움은 쉽지 않았다. 순수한 원주민 문화가 아니라 이질적인 문화를 소유한 차파레의 코카 재배자들은 융가스의 코카 재배자들에 비해 전통적인 재배자로 인정받을 문화적 유산이 존재하지 않았다. 그래서 신성한 코카 잎을 널리 알리고 코카 재배의 정통성을 확보하기 위해, 차파레의 농민연맹은 코카씹기, 전통음악축제, 코카 전시회 등 다양한 행사를 개최했다(Grisaffi, 2010: 432). 즉 차파레 지역 사람들이 코카 잎에 대해 자신들도 원주민과 관련이 있다는 점을 내세우면서, '전통의 창조'의 하나의 사례가 되었다(Grisaffi, 2010: 436). 이들은 CSUTCB를 설립하여 조직적으로 정부에 대항하는 한편, '동부 볼리비아 원주민 사회연합'(Confederación de Pueblos Indígenas del Oriente Boliviano: CIDOB)과 동맹을 맺어 함께 활발한 활동을 전개했다. 1992년에는 10월 12일 '콜럼버스의 날'을 맞이하여 콜럼버스가 최초로 미대륙에 도착한 1492년부터 1992년 까지 '500년의 원주민들의 저항'이라는 구호를 내세우며 라파스로 행진하며 시위를 벌였다. '500년의 저항' 행사는 1992년 10월 12일 라파스에서 원주민들이 모여 '토착민족의회' (Asamblea de Naciones Originarios)를 개최하는 기틀을 마련했다. 이 의회의 목적은 원주민들의 고유한 권위구조를 기반으로 아이유와 마을을 재구성하고 전국적인 조직을 구성하는 것이었다. 그 다음부터 코카 생산자들은 정치운동을 위한 주된 사회세력으로 성장하였다(Healey, 2009: 95). 이런 규제는 나중에 2004년에 카를로스 메사(Carlos Diego Mesa Gisbert, 2003~2005) 대통령과 코카 재배자들에 의해 약간 수정되어 합의되었다. 합의된 내용은 현재의 생산자들이 1가구당 1카토(cato)의 코카를 재배하게 허용하는 것이었다. 1카토는 약 1,600평방미터의 땅으로 코카를 재배하면 한 달에 70달러에서 100달러를 벌 수 있다(Grisaffi, 2010: 433). 현재의 에보 모랄레스(Juan Evo Morales Ayma, 2006~) 대통령은 차파레 지역에 8,000헥타르, 그리고 나머지 지역에서 1만 2,000헥타르 등 2만 헥타르의 코카 생산지역을 허용할 예정이라고 한다.

코카 재배자들이 자신들의 경제적 이익을 지키려고 정부에 맞서서 조직적인 활동을 전개하면서 안데스 고지대의 원주민 운동이 활성화되었다. 안데스의 CSUTCB는 1979년 6월 25일과 26일에 걸쳐서 세워졌다. CSUTCB는 정부의 영향력 아래에 있는 농민조합에 반대하는 사람들이 중심이 되어 만들어졌다. CSUTCB가 탄생하면서 대다수의 볼리비아 고지대의 원주민 농민들이 하나의 전국적 조직으로 들어오게 되었다(Healey, 2009: 89). CSUTCB는 아이마라의 지식인들이 이끌던 카타리스타 운동의 원주민 담론에 기반을 두어 만들어졌다. 즉 카타리스타의 이념과 농민조합의 구조와 행위가 결합하여 형성되었다(Pape, 2009: 107). CSUTCB는 원주민이 아닌 사람들도 함께 활동을 하도록 허용해서 자신들을 지지하는 세력을 늘렸다. 특히 타리하(Tarija), 베니(Beni), 그리고 판도(Pando) 지역의 원주민이 아닌 농민도 포함시키고 있다(Gustafson, 2002: 271). 또한 원주민의 경우에도 다양한 집단을 포함시켰다. 처음에는 아이마라 원주민들이 주도적으로 참여했으나, 1990년대에 이르러 과라니(Guaraní)와 케추아 원주민들도 조직에 포함시켰다. 이렇게 되면서 CSUTCB는 코카 재배자를 비롯해서 안데스 지역의 원주민과 농민들의 문제를 해결하려는 목적을 갖게 되었다. 코카 재배자들의 수가 크게 증가하면서 이들이 1990년대에 다수를 차지하여 CSUTCB에서 두각을 나타내기 시작했다. 그들은 코카 생산에서 얻어지는 수익으로 경제적으로 어느 정도 여유가 있어서, 활동의 범위를 넓힐 수 있었고, 1985년 이후에 다른 농민 조합보다 농업부와 쉽게 접촉할 수 있었다. 또 정치에도 참여하여 선거에서도 몇몇 후보를 성공적으로 내세울 수 있었다. 1991년에 최초로 '안데스 코카 생산협의회'가 개최되었고 1993년의 2차 대회에서 에보 모랄레스가 의장으로 선출되었다. 정리해 보면, CSUTCB의 운동은 코카 잎의 가치를 새롭게 평가하고 코카의 생산과 소비를 합법화하려는 목적이 있다. '코칼레로'(cocalero)라고 불리는 코카 재배자들은 코카 생산이 원주민 문화와 전통의 일부라고 주장하며 합법화를 끊임없이 요구했다(Yashar, 2005: 185). 오늘날 CSUTCB는 코카와 관련된 가격, 신용대출, 고등교육의 기회, 수자원의 권리와 통제 등 여러 문제를 정부에 요구하고 있다. 또 CSUTCB는 초등학교 교사 노조와 도시노동자 노조와도 동맹을 맺고 있다. 이런 과정을 거치면서 사회의 여러 분야에 광범위한 영향을 미치는 조직으로 성장했다.

그러나 이 지역의 원주민들이 모두 CSUTCB에 참여하여 조직운동을 한 것은 아니었다. 원주민 세력 중의 일부는 1990년대에 아이유를 보호하고 지역자치를 강화하려는 움직임이 등장했다. '남부 오루로 아이유 연합'(Federación de Ayllus del Sur de Oruro), '북부 포토시 아이유 연합'(Federación de Ayllus Originarios del Norte de Potosí), '잉가비 아이유 연합'(Federación de Ayllus y Comunidades Originarias de la Provincia Ingavi) 등이 포함된다. 이들은 의도적으로 CSUTCB와 관련 있는 전국적인 조직과 전략을 거부하고, 전통적인 원주민의 권위구조를 수호하고 발전시키기 위해 지역 수준에서 활동했다. 구체적으로는 아이유, 원주민 정체성, 원주민의 문화적 가치, 공동체의 조직 등을 재확인하는 것이었다(Yashar, 2005: 187). 이런 움직임은 오늘날까지 이어져서, 원주민들의 아이유 제도가 국가에서 주도하는 마을조직의 대안으로 떠오르고 있다(Cameron, 2009: 69). 이 밖에도 많은 다른 조직들이 NGO들의 도움을 얻어서 CSUTCB의 전략과 방향을 거부하고 지역 차원에서 활동했다(Yashar, 2005: 188).

아마존의 저지대에서도 원주민들의 움직임이 싹트기 시작했다. 이 지역의 원주민 운동은 1980년대와 1990년대 초에 발생했는데, 이것은 안데스지역의 카타리스타 운동이 전개되었던 시기보다 10년 정도 늦은 것이었다(Yashar, 2005: 190). 아마존의 사회운동은 종족별로 조직을 구성하여 이루어졌다. 비록 조금 늦게 시작되었지만, 아마존에서는 동원능력이나 정치적 자본에 있어서 카타리스타 운동을 추월했다. 몇 년 되지 않아서 그들은 원주민들의 행진을 주도하고, 여러 지역의 자치를 위해 협상하며, 헌법 개정을 위해 참여하는 등 여러 활동으로 볼리비아인들의 관심을 유도했다. 이렇게 되면서 사회 각 분야에 보다 깊숙하게 파고들고 정치에도 관여하게 되었다. 실제로 안데스 고지대에 비해, 아마존에 사는 볼리비아 원주민들의 수는 매우 적다. 1994년의 원주민 통계에 의하면 이 지역에 약 22만 명이 살고 있는 것으로 조사되었는데, 원주민의 90% 이상이 산타 크루스(Santa Cruz)와 베니에 살았다(Yashar, 2005: 191). 볼리비아의 아마존 지역은 전체 국토의 2/3를 차지한다. 그러나 이 지역은 그동안 정치적·경제적으로 소외되었다. 험준한 지형과 낮은 인구밀도로 인해 식민 시대부터 별다른 주목을 받지 못했다. 원주민들은 여기서 작은 마을을 구성하여 반영구적으로 정착해서 생활했다. 정부의 관심이 크지 않았기 때문에, 이 지역의 원주민들은 정부의 조세도 회피할 수 있었고, 시장에 통합되지도 않았다. 결국 안데스의 원주민에 비해 제한된 범위에서 아마존의 원주민들은 상당한 정도의 정치적·사회적·문화적 자치를 누릴 수 있었다(Yashar, 2005: 192). 자연스럽게 원주민정체성이 마을에서 사회문화 생활을 하는 데 중심적인 역할을 했다(Yashar, 2005: 193). 그러나 정부가 아마존 지역을 개발시키려는 계획을 시작하면서 원주민 사회는 영향을 받게 되었고, 국가로부터 자신들의 자치를 지키려는 운동을 벌이게 되었다.

아마존 지역에도 안데스처럼 외지인들이 몰려오면서 변화가 생겼다. 특히 1970년대에 정부에 의해 공표된 여러 법안들은 원주민들이 소유하던 토지를 더욱 쉽게 개발하도록 만들었다. 산림법과 동식물법, 광물법 등이 대표적인 것으로 모두 자연자원을 채취하는 허가를 인정하는 것이었다. 결과적으로 많은 벌목업자와 가축사육업자들이 이 지역으로 들어왔다. 이로 인해 원주민 마을들이 외부인들로 둘러싸이게 되었고, 원주민들이 물, 동물 그리고 목재 같은 자원에 접근하기도 어려워졌다(Yashar, 2005: 198). 1980년대가 되면 이 지역으로 외부인들의 유입이 점점 많아지고 빨라져서, 아마존 원주민들은 자신들의 토지에서 쫓겨나게 되었다. 벌목업자, 목장주, 심지어 코카 재배자들까지 들어와서 이 지역의 자치를 위험하게 만들었다. 이런 상태에서 원주민들은 마을 사이의 거리가 멀고 통신수단이 부족하며 정체성도 지역에 국한되어 있어서 집단적인 행동을 하기는 곤란했다. 그나마 과거에 교회들이 선교를 위해 네트워크를 형성한 것이 남아 있어서 도움이 되었다. 원주민 사회는 교회가 남기고 간 시설을 이용하여 마을 간의 네트워크를 구축하여 자신들의 자치를 지키기 위해 사람들을 동원했다. 또 원주민들을 조직하는 데에도 교회의 도움을 얻었다(Yashar, 2005: 195). 미국의 지원을 받는 '하기언어연구원'도 어느 정도 도움이 되었다. 하기언어연구원은 저지대에서 활동하면서 문맹퇴치 교육, 이중문화 교육, 지도자 훈련, 라디오 통신 등에 초점을 두고 활동했다. 그들은 새로운 마을을 만드는 일도 도와주었고, 원주민들이 토지 소유권을 얻는 것을 도와주기도 했다. 하기언어연구원의 학교를 다니거나 프로그램을 이수한 사람들은 기술이 있고, 글을 알며, 전문적인 훈련을 받고, 자신들의 권리에 대한 지식을 소유하게 되었다. 즉 1980년대와 1990년대에는(20세기 후반에는 NGO) 교회의 조직과 네트워크가 원주민 운동에 활용되었다(Yashar, 2005: 196). 에콰도르의 아마존에서는 NGO가 그다지 큰 역할을 수행하지 못했지만, 볼리비아에서는 사정이 달랐다. NGO 가 원주민들의 조직을 용이하게 만드는 네트워크의 형성과 자원을 제공하거나 강화하는 데에 이용되었다(Yashar, 2005: 197). 이런 과정에서 1990년대가 되면 상황은 더욱 악화되었다. 특히 1996년의 「개척법」(Colonization Law)은 아마존의 원주민 사회에 심각한 위협을 초래했다. 정부는 안데스의 농민이나 지주들에게 동부지역으로 이주하여 주인이 없는 지역을 개척하라고 부추겼다 (Yashar, 2005: 194). 이렇게 되면서 지난 30년 사이에 원주민들이 집단적으로 거주하던 동부의 저지대는 정부의 발전전략의 중심지가 되었다. 사업가, 목재회사, 가축 사육업자, 그리고 고지대로부터 토지를 얻기 위해 오는 이주자들이 동부지역과 산타 크루스로 몰려들었다(Postero, 2004: 195).

이런 실정에서 아마존 원주민들의 권리를 회복하기 위해 CIDOB 이 1982년 산타 크루스와 차코(Chaco)의 저지대에서 창립되었다. 볼리비아 저지대의 원주민들을 대표하는 CIDOB은 나중에 '500년 동안의 저항'을 후원했던 국제조직의 지원을 받아서 설립되었다 (Healey, 2009: 94). CIDOB의 창립총회에는 이소세뇨－과라니 (Izoceños-Guaraníes), 아요레오(Ayoreos), 과라요(Guarayos), 그리고 치키타노(Chiquitanos) 등의 원주민들이 참가했다(Yashar, 2005: 200). CIDOB은 저지대의 중심도시인 산타 크루스에 사무실을 운영하고 있다. CIDOB은 여러 활동 중에 주로 영토와 관련된 자연자원과 정치적 참여에 대한 정치적 요구를 했다(Gustafson, 2002: 272). CIDOB이 성공적으로 첫발을 내디디면서 원주민들은 1985년과 1989년 사이에 아마존에서 다른 원주민 조직을 설립하는 것을 적극적으로 도왔다. 이런 과정을 거치면서 CIDOB은 차코, 아마존, 오리엔테(Oriente) 등지에서 30개 이상의 원주민 집단을 대표하게 되었다. 이들은 고지대의 일부 원주민들과도 접촉하여 연대의 가능성을 타진했다. CIDOB은 1986년과 1988년에 CIDOB과 CSUTCB을 합쳐서 전국적인 조직을 만들자고 제안했으나, 완전한 성과를 거두지는 못했다(Yashar, 2005: 202). CIDOB은 계속해서 활동지역을 확장하고 1989년에 이름을 '볼리비아 오리엔테, 차코, 아마존의 원주민 연합'(Confederación Indígena Del Oriente, Chaco y Amazonía de Bolivia)으로 변경하였으며, 1990년에 법적인 지위를 획득하여 공식적인 조직이 되었다. 이들의 정치적 세력은 조금씩 상승하여 나중에는 정부와 직접 대화를 할 정도로 성장했다. 예를 들어 산체스 데 로사다(Gonzalo Sánchez de Lozada, 1993~1997, 2002~2003) 대통령과의 협상에서 CIDOB은 원주민의 영토, 정치적 참여와 발전을 결정할 수 있는 조직적 자치, 자치정부의 권리, 전통적인 법의 인정과 법적 다원주의, 그리고 문화적 생존과 발전의 권리를 요구했다(Yashar, 2005: 203). 36개의 원주민 집단 중에 34개를 지원하는 CIDOB은 1990년 거리 행진을 하면서 영토에 관한 권리와 제헌의회의 구성을 최초로 건의하는 등의 성과를 거두었다(Rousseau, 2011: 11).

원주민들은 분산되어 정부와 투쟁을 하기보다, 서로 힘을 합쳐서 활동할 필요성을 절실하게 느꼈다. CSUTCB과 '볼리비아 개척민조합'(Confederación Sindical de Colonizadores de Bolivia: CSCB)은 CIDOB과 힘을 합쳐서 다양한 분야에서 자신들의 목소리를 냈다. 1990년대 초에 지역의 차원에서 원주민과 농민들이 연대하여 힘이 커지는 현상이 볼리비아에서 발생했다(Cameron, 2009: 70). 이런 투쟁들은 정부의 탈중앙집권 계획과는 다르게, 원주민들이 지역자치와 권력을 확대하는 수단으로 무니시피오 행정을 통제하고 개혁하려는 아래로부터의 노력을 의미하였다(Cameron, 2009: 74). 라틴아메리카의 다른 지역과 마찬가지로 볼리비아의 원주민 운동은 1980년대와 1990년대 NGO, 교회 등의 조직과 1992년의 콜럼버스 항해 500주년 기념식을 거치면서 성장했다. 이런 노력은 일정한 성과를 거두었다. 이 시기에 자유주의적이고 원주민 친화적인 개혁이 부분적으로 이루어졌다. 주목할 것은 국제노동협약 169조에 따라 1994년의 볼리비아 헌법은 볼리비아가 다문화, 다종족 국가임을 천명했다. 또 처음으로 헌법 171조는 원주민들의 사회적 · 경제적 · 문화적 권리를 인정하는 동시에 원주민들의 전통적인 권위구조도 법으로 인정하였다(Albro, 2010: 75). 그리고 1994년의 교육개혁(Reforma Educativa)으로 문화와 언어의 다양성을 반영하기 위한 이중언어 및 다문화 교육과정을 인정받게 되었다. 다음으로 1994년의 무니시피오 탈중앙집권화를 위한 「대중참여법」(Ley de Participación Popular)은 원주민 조직과 전통적인 권위체계에 특별한 지위를 부여하였다.

마지막으로 1996년의 「토지개혁법」(Ley Instituto Nacional de Reforma Agraria: Ley INRA)은 합리적이고 효율적인 토지시장을 추구하면서, 집합적으로 토지를 소유하는 원주민들의 권리를 확립하면서 다른 한편으로는 동부 저지대에서 농지가 필요한 사람들에게 농지를 재분배하였다(Gustafson, 2002: 268). 그러나 이 법의 제정을 앞두고 외부인들이 자신들의 토지를 차지할지 모른다는 우려에서 일부 원주민들은 강경하게 대처하였다. CIDOB에 따르면, 2,000명에서 시작해서 나중에는 약 3만 명이 라파스까지 행진했다. 이들의 요구사항은 원주민, 농민, 개척민들이 갖고 있는 토지와 영토에 대한 소유권 인정, 농업노동자를 노동법에 포함, 원주민들이 관리하는 원주민 발전기금의 설립, 경제적 사회적 발전에 동등한 참여, 모든 사람에게 신분증 지급, 자연자원의 통제와 농지분배를 포함하는 영토에 대한 법적 정의가 들어 있었다. 그러나 정부가 「토지개혁법」을 CSUTCB와 CSCB를 제외하고 CIDOB과 협상을 하면서 원주민들의 행진은 불협화음을 내며 막을 내렸다. 토지개혁법은 결국 우여곡절 속에 1996년 10월에 통과되었다. 새로운 토지개혁법은 전국에 걸쳐서 살고 있는 원주민들의 공동토지 권리를 인정하는 유례를 보기 힘든 법안의 하나였다. 이렇게 해서 새 법은 국가가 원주민들의 공동토지를 TCOs(Tierra Comunitarias de Origen)의 형태로 인정하는 기재를 마련했다(Yashar, 2005: 216). 토지개혁법은 사실상 CIDOB이 제안했던 내용을 상당히 많이 담고 있다. 고유의 공동토지에 대한 원주민의 권리를 인정하고, 자신들의 토지에 존재하는 자연자원을 지속 가능한 방식으로 이용할 권리를 허용하고, 토지에 대한 소유권을 인정하는 것이었다. 이것을 보면 볼리비아의 원주민 운동은 토지를 단순히 농업생산에 필요한 요소로 간주하는 국가의 한정된 개념을 넘어서서, 집합적 정체성의 근거지로서 영토라는 폭넓은 의미로 사용한다(Albro, 2006: 393). 정부와의 대결에서 승리하면서 1990년대 중반에 CIDOB은 논란의 여지가 없이 지역을 기반으로 하는 강력한 원주민 조직이 되었다. 아마존 지역의 원주민 사회를 동원할 능력이 있을 뿐 아니라, 정부와도 성공적으로 협상을 할 수 있었다 (Yashar, 2005: 218). 이렇게 원주민 조직들은 20세기 말까지 꾸준하게 정부와 투쟁하면서 자신들의 목소리를 높였다.

원주민들과 코카 재배자들이 정부를 상대로 투쟁하는 과정에서 모랄레스의 역할이 두드러졌는데, 당시에 언론들은 에보 모랄레스를 '마약테러리스트'(narco-terrorist)라고 비난했다. 언론들은 모랄레스와 함께 활동했던 키스페에게도 그다지 호의적인 평가를 하지 않았고, 그를 공산주의식 게릴라 전투를 꿈꾸는 반민족주의적인 '군화 없는 나치'라고 기술하였다. 또 미신과 문화적 후진성이 잔존하는 전근대적 세계로 돌아가기를 희망하고, 국가에서 백인들을 추방하기를 원한다고 비난했다(Gustafson, 2002: 288). 아이마라 원주민이면서 카타리스타 게릴라였던 키스페는 문화적 민족주의라는 용어를 사용하며 별도의 아이마라 권력운동에 관여하고 있었다. 모랄레스는 서부 볼리비아의 오루로(Oruro) 주의 이사야위(Isallawi)라는 작은 마을에서 1959년 10월 26일에 태어났다. 그는 메스티소로서 아이마라 원주민의 피를 이어받았다. 그러나 그의 부모가 경제적으로 이주를 하면서 대부분의 젊은 시기를 스페인어와 케추아어를 사용하는 지방에서 보냈다(Howard, 2010: 180). 그는 어려서 농사를 짓는 아버지를 도왔으며 야마(llama)와 양을 돌보았다. 그는 오루로의 기술학교를 다녔으나 돈이 부족해서 학위를 얻지는 못했다. 학업성적이 좋지 않아서 대학은 갈 수가 없었다. 1977년과 1978년 사이에 볼리비아가 정치적으로 가장 불안했던 시기에 병역의무를 수행했다. 병역을 마친 뒤 고향에 돌아왔으나 1980년에 폭풍이 불어서 농업이 큰 피해를 입었다. 그래서 가족들과 함께 동부지역의 저지대인 코차밤바의 차파레로 이주하게 되었다. 외삼촌으로부터 돈을 빌려서 아열대 삼림지역을 개척하여 쌀, 오렌지, 자몽, 파파야, 바나나를 재배하다가 나중에는 코카도 생산하였다. 당시에 차파레 지역에는 많은 사람들이 코카 가격이 오르는 것을 보고 코카 생산에 관심을 갖고 이주해 왔다. 모랄레스는 차파레에서 축구팀에 참여하는 등 지역사회의 모임에 적극적이었다.

모랄레스는 루이스 가르시아(Luis García Meza Tejada, 1980~1981) 대통령이 독재정치를 펼칠 시기에 코카 재배자 조합에 가입하였다. 가르시아가 사퇴하고 에르난 실레스(Hernán Siles Zuazo, 1956~1960, 1982~1985)가 선거를 통해 대통령이 되면서 볼리비아의 경제는 더욱 어려워졌다. 당시에 여당이었던 UDP(Unidad Democrática y Popular)는 경제개혁을 목표로 신자유주의 정책을 시행했다. 공공부문의 예산을 삭감하고 해외자본을 유치했다. 이 과정에서 통제하기 어려운 극심한 인플레이션에 빠졌다. 한편 미국은 라틴아메리카의 마약문제가 점점 더 심각해지자, 불법 마약거래를 근절시킨다는 명분으로 마약과의 전면적인 전쟁에 나섰다. 조지 부시 미국 대통령은 코카 생산을 막아야 된다는 주장을 하면서, 볼리비아 정부기관의 협조를 받아 차파레 지역에 군 병력을 투입하였다. 에보 모랄레스와 코카 재배업자들은 미국의 마약단속국과 미국대사관이 주도하는 마약 퇴치 작업에 맞서서 저강도 전쟁을 계속해 왔다. 이 투쟁은 마약단속 세력이 잔인하게 시위를 진압하고, 코카 재배자들이 도로를 봉쇄하면서 여러 번 폭력사태를 빚기도 했다. 1983년에 모랄레스는 그의 아버지가 사망하면서 잠시 코카 재배자 조합의 일에서 물러났다. 그러나 볼리비아 정부가 코카 재배 지역 1에이커마다 2,500달러의 보상비를 지급하고 코카 생산을 중단시킨다고 하자 분노했다. 실제로 코카 재배로 많은 수익을 얻었던 코칼레로들은 보상비가 턱없이 적어서 이런 제안을 절대 수용할 수 없었다. 코카 재배자들은 자국의 코카 생산에 미국이 관여하는 것은 제국주의적인 사고이며, 주권이 침해당하는 것이라고 주장했다. 이들은 자신들의 언어로 '코카여 영원하라, 양키에게 죽음을'(Causachun coca! Wañuchun yanquis!)이라는 구호를 외치며 저항했다. 모랄레스는 1982년부터 1985년까지 조합에서 다양한 직책을 맡아 일했다. 1985년에 모랄레스는 코카 재배자 조합의 사무총장이 되었고, 1988년에는 조합 연맹의 총책임자가 되는 등 지도자의 길을 걸었다.

코카 생산자들의 운동이 탄력을 받으면서 원주민들은 노동자, 교사, 대학생 등 다른 민중부문과 연대하여 항의와 요구를 지속할 수 있게 되었고, 코카의 종족적·문화적 중요성도 되찾을 수 있었다. 1992년에 차파레 지역의 5개의 생산자 조합은 에보 모랄레스를 지도자로 내세우면서 위원회를 조직하였다. 이런 과정에서 자신들의 정치적 역량을 키우고 CSUTCB 의 전국총회에 나갈 대표의 수를 3배로 늘릴 수 있었다. 1996년에 모랄레스는 코차밤바의 6개 연맹의 조정위원회 의장이 되었다. 모랄레스는 정부의 코카정책에 가장 강력하게 반대하고 마약 카르텔을 위해 로비를 한 사람 중의 하나였다. 이런 까닭에 그는 여러 번 수감되기도 했다. 모랄레스는 코카는 안데스의 상징이며 동시에 멸종위기에 처한 식물이라고 강조했다. 이렇게 코카 생산을 둘러싼 분쟁을 배경으로 모랄레스는 확고한 정치적 입지를 다지게 되었다.

(2) 원주민 운동의 변화와 MAS

코카 재배를 둘러싼 정부와의 투쟁이 용이하지 않았기 때문에, 정부의 대책에 대해 보다 적극적으로 대처하기 위해 코카에 관련된 사람들이 모여서 본격적으로 정치에 참여하기 위한 논의가 이루어졌다. 마침내 정당을 결성하기로 결정되어서 1995년 에보 모랄레스를 중심으로 '사회주의운동-국민주권정치도구'(Movimiento al Socialismo-Instrumento Político por la Soberanía de los Pueblos: MAS-IPSP)가 결성되었다. 결국 MAS는 코카 재배자들의 이해관계를 보호하기 위해 시작되었다. MAS는 2005년 12월에 열린 선거에서 승리하며, 2006년부터 볼리비아를 통치하고 있다. 현재는 다민족국가를 수립하고 새로운 탄화수소법을 작성하여 광산을 개발할 때, 볼리비아에 수익금의 절반이 보장되도록 하려는 목표를 갖고 있다. 처음에 CSUTCB는 정치권력을 지향하는 정치적 정당으로 변화하는 것을 주저하였다. 1986년부터 조합에 가담한 사람들 사이에서 정치에 참여하자는 의견이 나왔으나, 일부 구성원은 그렇게 되면 사회운동이 개인적 이익을 얻기 위해 활동하는 정치인들에게 이용당할 수 있다며 반대했다. 정치적 이해 때문에 조직이 분열될 수 있다는 우려가 반영된 것이었다. 그래서 사회운동과 정치적 투쟁을 병행하는 이원적 구조로 바뀌었다. 1992년 11월 7일에 여러 원주민과 농민, 노동자 조직이 연합하여 기존 정당에서 탈피하여 독립적인 정치세력으로 나갈 것을 결의하였다. 모랄레스는 1989년에 정당설립을 지지했고, 1993년에는 구체화된 계획을 제시했다. 1994년 8월과 9월 사이에 코카 재배자들이 행진을 주도하면서 정당을 만드는 것에 동의하였다. 1995년 3월 27일에 CSUTCB와 CIDOB은 다른 시민조직과 합세하여 산타 크루스에서 모임을 갖고 '국민주권의 회'(Asamblea por la Sobernía de los Pueblos: ASP)를 만들었다. 국민주권의회는 CSUTCB 외에 광부, 농민, 원주민을 대표하는 FNMB, CSCB, 그리고 CIDOB 등 3개의 다른 조합을 포함시켰다. 알레호 벨리스(Alejo Véliz)가 지도자가 되고 에보 모랄레스가 두 번째 지위를 차지했다. 그러나 1996년 이후부터 모랄레스가 두각을 나타내기 시작했다. 이렇게 되면서 모랄레스를 지지하는 에비스타스(Evistas)와 벨리스를 지지하는 알레히스타스(Alejistas) 사이에 갈등이 커졌다. ASP는 1997년의 전국 선거에 참여하려 했으나 정당등록에 실패했다. 볼리비아 선거재판소는 사소한 규정위반을 들어서 ASP에 소속된 사람들이 출마하는 것을 금지시켰다. 할 수 없이 코카 재배자들은 1988년 공산당이 만든 뒤에 별다른 활동이 없었던 '좌파연합'(Izquierda Unida: IU)이라는 정당의 이름으로 선거에 나섰다. 그 결과 4명의 ASP 구성원이었던 에보 모랄레스, 로만 로아이사(Román Loayza Caero), 펠릭스 산체스(Félix Sanchéz Veizaga), 그리고 네스토르 구스만(Néstor Guzmán Villarroel)이 전국 득표율 3.7%를 기록하며 차파레 지역의 의원으로 당선되었다. 모랄레스는 차파레와 카라스코(Carrasco) 지역을 대표하는 인물로 70%의 득표율을 기록했다. 또 지역구에서 시장 11명, 무니시피오 의원 49명 당선이라는 승리를 거두었다. 코차밤바 주에서는 17.5%의 표를 차지했다.

잇단 선거의 승리와 함께 내분으로 인한 갈등도 발생했다. 알레호 벨리스와 모랄레스는 주도권을 두고 극심한 경쟁을 하게 되었다. 갈등이 해결될 기미를 보이지 않자 모랄레스와 그의 지지자들은 벨리스와 ASP를 떠나서 1998년에 '국민주권정치도구'(Instrumento Político por la Soberanía de los Pueblos: IPSP)라는 정당을 만들었다. 이렇게 되자 ASP는 순식간에 무너지게 되었고, 벨리스는 중도우파 정당인 NFR (Nueva Fuerza Republicana)에 다시 가담했다. 이어서 모랄레스는 실제 활동은 거의 없지만 정당의 명맥은 겨우 유지하고 있던 '사회주의 운동'(Movimiento al Socialismo-Unzaguista)의 지도자인 다빗 아녜스 페드라사(David Añez Pedraza)와 협의하여 정당의 이름을 가져왔다. 1999년 1월에는 MAS조직의 일부를 흡수하여 MAS-IPSP가 되었다. 이렇게 해서 과거에 우파정당이었던 MAS가 새로운 좌파정당인 MAS-IPSP로 바뀌었다. 이 과정에서 IPSP와 새로운 CSUTCB의 지도자였던 펠리페 키스페 사이에 충돌이 발생했다. 키스페는 과거의 파시스트의 흔적이 남아 있고, 원주민 정체성을 부정하는 집단인 MAS와 함께 할 수 없다고 주장했다. 1999년의 선거에서 키스페는 벨리스를 지지하는 사람들과 공산당에 소속되어 참여했다. 그러나 MAS-IPSP의 입장은 MAS라는 명칭의 사용은 형식에 지나지 않는다는 것이었다. 키스페는 '파차쿠티 원주민 운동'(Movimineto Indígena Pachakuti: MIP)이라는 정당을 2000년 11월에 만들었다. MIP는 2002년 선거에서 2.2%의 득표로 하원에서 130석 중에 6석을 얻었고 상원에서는 의석 확보에 실패했다. 키스페는 대통령 선거에서 6.1%의 표를 획득하는 데 그쳤다. 그밖에 많은 CIDOB 지도자들이 '좌익혁명운동' (Movimiento de la Izquierda Revolucionaria: MIR) 정당과 연합하여 의회 후보로 출마하였고, 나머지 사람들은 모랄레스의 MAS 정당과 힘을 합쳤다(Postero, 2004: 205).

MAS-IPSP는 원주민에 기반을 둔 정당을 표방하면서, 산업의 국유화, 코카 잎의 합법화, 국가자원의 공평한 분배를 주장했다. 모랄레스와 MAS는 1999년 12월 5일의 지방선거에 참여했다. 1999년에 MAS-IPSP는 전국 투표자의 3.3%인 6만 5,425표를 얻었고 81개의 지역의석을 확보했다. 상당수의 원주민들이 지역에서 당선되었다. 심지어 코차밤바 주에서는 39%의 득표율을 기록하면서 7명의 시장을 배출했다. 이렇게 원주민들의 정치적 입지가 넓어졌지만, 코카 재배자들의 어려움은 해결되지 못했다. 비록 코카 생산을 통제하기 위해 새로운 군사기지를 설립하려는 정부의 계획은 연기되었으나, 코카 근절정책은 계획대로 진행되었다. 정부의 정책도 모랄레스와 코카 재배자들에게 유리하지 않았고, 원주민과 사회운동 세력 간에도 쉽게 합의점을 찾기 어려웠다. 정부는 코카가 근절되면 모랄레스와 대화할 필요가 없고, 차파레에서는 더 이상 합법적인 코카 재배자들의 운동은 존재하지 않는다고 주장했다. 이에 반발한 모랄레스와 코차밤바의 시민위원회는 다음 해에 다시 라파스로 행진하였고, 간헐적인 갈등이 계속되었다. 1998년에서 2002년까지 코카 재배자들의 운동에 대한 억압이 심화되면서 MAS-IPSP의 활동도 왕성해져서 이들의 기반도 확고해졌다. MAS-IPSP는 키스페의 새로운 정당인 MIP와 더불어 체제에 반대하는 정당의 역할을 담당했다. 그러다가 반세르(Hugo Banzer Suárez, 1971~1978, 1997~2001) 대통령이 2001년 8월 7일 질병 때문에 갑자기 사퇴하고 죽으면서 새로운 정치적 변화가 발생했다. 이 기회를 놓치지 않고 모랄레스는 결국 MAS의 깃발을 들고 대통령 후보에 오르게 되었다(Gustafson, 2002: 291).

모랄레스가 지방의회에 있는 동안, 우고 반세르와 호르헤 키로가(Jorge Fernando 'Tuto' Quiroga Ramírez, 2001~2001) 정부는 코카를 근절시키려는 정책을 계속했다. 차파레 지역에서는 수백 명의 경찰과 군이 들이닥쳐서 살인 등 엄청난 인권과 자유의 위반 행위가 발생했다. 모랄레스는 강력하게 반발하면서, 농민들이 시위대를 향해 발포하는 군인들에게 무력으로 저항할 권리가 있다고 선언했다. 이 시기에 코카 시장을 폐쇄하려 했던 3명의 경찰이 살해당했다. 2002년 1월 24일에 모랄레스가 사카바(Sacaba)에서 경찰과 코카 재배자들 사이의 폭력 충돌을 사주하여 무장 투쟁을 했다는 명목으로 의회가 그를 축출했다(Yashar, 2005: 186). 의회의 윤리위원회는 모랄레스가 의원으로서 자신의 의무를 수행하는 데 부적절하다고 판단했다. 모랄레스가 의회에서 쫓겨나면서, 그의 정치적 명성은 오히려 상승했다. 모랄레스는 2002년 3월 5일에 헌법재판소에 자신의 권리가 침해당했다며 이의를 제기했다. 그 뒤에 모랄레스는 바로 MAS의 대통령 후보로 지명되었다. 모랄레스의 지지자들은 안데스 문화를 상징하는 깃발을 들고 '코카여 영원하라, 양키는 물러가라'(Kausachum coca! Huaiñuchum yanquis!)는 구호를 외쳤다. 모랄레스는 예전의 좌익세력, 영향력 있는 좌파 변호사들, 농민과 노동조합 지도자들, '무토지운동'(Movimiento Sin Tierra) 지지자들, 저지대의 원주민 지도자들과 함께 공동 연합전선을 구축했다. 그러나 모든 분야에서 정부에 저항하는 세력이 같은 생각을 갖는 것은 아니었다. 원주민 지도자들 사이의 이해관계가 여러 부문에서 충돌하였다. 이런 긴장은 2002년 2월에 더욱 두드러졌다. 원주민지도자들은 원주민들의 대표성을 인정받으려는 목적에서 헌법개정을 위한 제헌의회를 구성하는 전략을 논의하였지만, 의견의 일치를 보지 못하였다(Postero, 2004: 206).

2002년의 대통령 선거에 앞서 MAS-IPSP는 지지기반을 넓히려는 시도를 했고, 모랄레스와 안토니오 페레도(Antonio Peredo)를 각각 대통령과 부통령 후보로 내세웠다. 안토니오 페레도를 후보로 선택한 것은 도시 중산층의 표를 모으기 위한 전략이었다. 또한 좌파 인사들도 MAS-IPSP의 후보로 받아들였다. 선거 캠페인 기간에 MAS-IPSP는 국가의 주권을 강조하면서 미국이 볼리비아 사태에 개입하는 것을 비난했다. 더불어 신자유주의 정책을 지지하는 사람들을 미국의 지원을 받는 반역자라고 비판했다. 선거가 있기 4일 전인 6월 26일에 미국대사였던 마누엘 로차(Manuel Rocha, 2000~2002)는 미국은 코카 재배자를 대통령으로 수용하지 않을 것이라고 경고했다. 마누엘 로차는 만약에 모랄레스가 승리한다면, 볼리비아에 대한 미국의 원조를 중단시킬 것이라고 협박했다. 이 문제가 부각되면서 사회 각 분야에서 분노의 목소리가 터져나왔고, 모랄레스의 인기가 치솟아, 실제 투표에서 선거 전에 예상했던 4위에서 2위로 올라갔다(Oviedo Obarrio, 2010: 92). 모랄레스는 MAS가 성공하게 된 이유 중의 하나가 로차 대사라고 말하기도 했다. 이런 일이 있고 난 후에 모랄레스는 로차 대사를 MAS의 캠페인 매니저라고 불렀다. 이어서 새로 부임한 대사인 데이비드 그린리(David Greenlee)는 곤살로 산체스 데 로사다(Gonzalo Sánchez de Lozada, 1993~1997, 2002~2003) 이외의 어느 누구도 대통령으로 인정하지 않을 것이라고 말해 반미 감정을 부추겼다. 곤살로 산체스 데 로사다가 결국 대통령에 재선되었지만, 에보 모랄레스는 불과 1.5%의 표 차이로 2위를 차지했다.

2002년 선거에서 에보 모랄레스와 MAS는 중도우파인 MNR(Movimiento Nacional Revolucioario)의 22.45%의 득표율에 조금 못 미치는 20.92%의 득표율로 2위를 차지하는 놀라운 결과를 얻었다. 이것은 매우 부유한 만프레드 레예스(Manfred Reyes)의 득표율인 20.91%를 약간 앞서는 것이었다. 아이마라 지도자인 펠리페 키스페와 MIP는 6%의 득표율로 5위를 차지했다(Gustafson, 2002: 294). MAS-IPSP는 14.6%의 득표율로 하원 130명 중에 27명, 상원 27명 중에 8명을 당선시키는 성과를 거두었다. 선거 결과는 매우 놀라울 만한 것이었다. 당선된 의원 중에 10명이 원주민이나 농민이었고, 12명은 좌파지식인이거나 아니면 노조지도자였다. 선거가 끝난 뒤에 모랄레스는 남미에서 유명인사가 되었다. 많은 의원을 배출하면서, MAS는 볼리비아에서 두 번째 지위에 해당하는 정치적 권력을 누리게 되었다(Oviedo Obarrio, 2010: 93). MAS는 호전적이고 강경한 지지층을 중심으로 6개의 코카 생산조합이 있는 중심지에 본부를 설치했다. 실제로 이 지역의 투표소 17개가 평균 80%의 득표율을 보였고, 비야 투나리(Villa Tunari) 무니시피오의 몰레토 이코야(Moleto Icoya)에서는 97.95%의 득표율을 기록했다는 것은 우연이 아니었다. 도시에서 떨어진 농촌지역일수록 MAS를 지지하는 표가 많았다. 그러나 동부 지역인 산타 크루스, 베니와 판도에서는 지지율이 상대적으로 낮았다(Oviedo Obarrio, 2010: 94).

2003년 10월에 산체스 데 로사다 대통령이 새로 발견된 천연가스를 개발하여, 칠레를 통과하는 관로를 이용해 미국과 멕시코에 가스를 수출하려는 계획을 공개하였다. 국민들은 자신들의 유산을 팔아 버리는 것이라고 주장하며 강력한 반대의사를 표시했다. 모랄레스와 키스페를 중심으로 라파스, 엘알토(El Alto), 코차밤바 등지에서 열린 6주 동안의 시위 도중에 많은 사람이 죽거나 다쳤으며, 마침내 대통령은 사임하고 국외로 도피했다(Healey, 2009: 83; Postero, 2004: 190). 이런 정치적 상황에서 MAS와 MIP는 정치적 전략을 위해 무니시피오 선거에 집중했다. 2004년의 선거에서는 전체 시장의 1/3 이상이 원주민이거나 농민을 대표하는 후보들이었다(Cameron, 2009: 64). 그러나 갈등도 점차 증가하였다. 2004년 6월에 볼리비아 고지대의 아요 아요(Ayo Ayo)에서 무니시피오의 정치권력을 두고 싸움을 벌이다가 시장이 납치된 다음에 맞아서 죽는 불행한 사태가 발생하기도 했다(Cameron, 2009: 65). 이런 다음에 계속되는 도로점거와 폭동과 함께 모랄레스와 MAS는 끊임없이 압력을 가해 마침내 2005년에 카를로스 메사(Carlos Diego Mesa Gisbert, 2003~2005) 대통령을 사임시키는 데 성공했다. 대법원장이었던 에두아르도 로드리게스(Eduardo Rodríguez Veltzé, 2005~2006)가 잠정적으로 대통령직을 이어받았는데, 그는 2007년에 예정이었던 선거를 2005년 12월로 앞당겼다.

한편 원주민 운동이 정치세력화하는 과정에도 정부를 상대로 하는 시위는 계속 발생했다. 2000년에서 2002년 사이에 볼리비아의 정치를 뒤흔든 일련의 사회투쟁이 발생했다. 2000년 코차밤바의 물 전쟁과 2000년과 2001년의 아이마라 원주민의 봉기, 그리고 차파레 지역의 코카 재배자들의 투쟁이 이에 속한다. 이런 과정을 거치면서 이전보다 훨씬 과격하고 조직적인 사회운동이 가능해졌다. 2000년이 되면서 CSUTCB와 에보 모랄레스가 이끄는 코카 재배자들은 정부를 상대로 시위를 벌였다. 2000년 4월부터 아이마라 사람들과 코카 재배자들은 도로를 막으면서 투쟁을 했고, 이것은 그 다음 2년 동안 지속되었다. CSUTCB의 아이마라 마을들은 라파스 근처에 위치해 있고, 코카 재배자들도 라파스와 산타 크루스를 잇는 고속도로를 따라 거주하고 있어서 용이하게 행동을 취할 수 있었다. 그들은 비폭력적인 방법으로 도로를 점거했다. 도로 차단은 라파스에서 4월과 9월에 발생했다. 시위의 결과 주요 도로가 막혀서 산타 크루스와 코차밤바, 그리고 라파스 사이의 교통이 완전히 마비되었다(Gustafson, 2002: 287). 정부가 시위를 강경하게 진압하면서, 미국의 지원을 받아 군대를 동원하여 벌인 마약 전쟁은 코카 재배자들의 움직임을 세계적인 안보 이슈로 만들었다. 또 선거가 얼마 남지 않아서 이런 충돌이 더욱 심각해졌다. 이런 상황에서도 원주민 조직의 지도자들 사이의 갈등은 멈추지 않았다. 아이마라 지도자인 펠리페 키스페와 코카 재배자들의 지도자인 에보 모랄레스는 CSUTCB 운동에서 주도권을 차지하려고 서로 경쟁을 했다. CSUTCB는 '국립원주민발전연구원'을 설립하자는 INDIO(Instituto Nacional de Desarrollo Indígena y Originario) 법을 제안했다. 이를 통해 토지개혁을 원주민이 통제하고 소유권도 분배하며, 안데스의 마을이 토양과 수자원에 대한 권리를 행사하기를 원했다. 한편 아이마라 사람들은 자신들의 거주지역에 상당한 규모의 투자를 요청했으며, 1,000개의 트랙터를 요구했다. 아이마라 원주민들의 요구 중에 일부가 수용되어, 정부가 일본의 지원을 받아서 2,600만 달러를 그들이 사는 지역에 투자하여 기반시설을 개선하고, 또 1,000대의 트랙터도 마련해 줄 것을 약속했다(Gustafson, 2002: 290).

2000년 6월과 7월에는 저지대의 원주민 조직인 CIDOB이 자신들의 요구조건을 내세우면서 정부와 대치했다(Gustafson, 2002: 268). 이런 과정에서 안데스의 아이마라(160만 명)와 케추아(240만 명) 원주민들이 가장 많은 주목을 받았다. 이런 투쟁을 거치면서 아이마라와 케추아의 상징, 언어, 문화적 특징이 볼리비아의 정체성을 형성하는 데에 상당한 역할을 했고, 그래서 볼리비아를 안데스 국가라고 생각하도록 만드는 데 기여했다(Gustafson, 2002: 270). CIDOB의 행진은 아이마라 원주민이나 코카 재배자들의 운동보다는 전국적인 관심이 높지 않았다. CIDOB은 2000년 6월에 원주민 의회의 모임을 갖고 자신들의 요구사항을 명확히 하였다(Gustafson, 2002: 284). 7개의 지역에서 예비회의를 한 다음에 CIDOB은 정부에 제출할 통일된 요구사항을 점검하기 위해 산타 크루스에서 모였다. 구체적으로 교육, 보건, 주택, 자연자원에 대한 요구가 마련되었다. 약 500명의 원주민 지도자들이 7월 초에 산타 크루스에 집결하였다. CIDOB 이외에 두 개의 농민조직도 참여하였다. 이들이 라파스를 향해 행진을 시작하자, 정부의 각료들이 산타 크루스에 도착해서 협상을 할 것을 종용했다(Gustafson, 2002: 285). CIDOB은 협상의 결과 정부가 교육, 보건, 주택 분야에 투자할 것을 합의했다고 말하면서 7월 4일 승리를 선언했다. 그러나 이런 합의가 토지경계에 대한 명확한 규정을 만들지 않았다는 점에서, 아마존의 원주민들과 북부 산타 크루스 지역의 개척민들은 받아들이지 않았다. 이것을 보면 통일된 원주민 운동과 이해관계를 유지한다는 것이 매우 어렵다는 것을 확인할 수 있다. 정당정치, 국가의 부문별 개혁, NGO에 대한 의존성, 지역 동맹 등이 원주민의 입장을 복잡하게 만들었다(Gustafson, 2002: 286).

2000년에 또 다른 격렬한 대규모의 시위가 발생했는데, 이것은 물 전쟁이라고도 불리며, 볼리비아에서 세 번째로 큰 도시인 코차밤바에서 1999년 1월에서 2000년 4월까지 시의 물 공급을 둘러싸고 일어났다. 물의 민영화로 인해 시작된 시위는 신자유주의 개혁과 미국의 지원을 받는 코카 근절 정책을 거부하는 것으로 발전했다(Lucero, 2006: 50). 이 사태는 천연자원에 대한 정부의 정책뿐 아니라 코카 근절, 부패, 파업과 시위에 대한 억압적 대응 등에 관한 불만이 겹쳐서 발생하였다. 몇 년 동안의 경제위기로 힘들어진 상황에서 물 문제가 터지자 파업이 전국으로 퍼졌다. 화가 난 농민, 노동자, 교사, 운수업자, 코카 재배자들은 고속도로를 점거하면서 라파스를 고립시켰다. 고지대에서는 CSUTCB와 농민조합들이 격렬한 시위를 벌이면서 일부의 농민들이 경찰과 충돌하여 죽거나 다쳤다(Postero, 2004: 204). 사건의 배경을 보면, 1982년에 군부독재가 종식되고 민간정부가 들어섰지만 경제적 안정은 달성되지 못했다. 1985년에 인플레이션이 2만 5,000%에 이르면서 외국의 기업들이 투자를 꺼리게 되었다. 경제적 난항을 벗어나기 위해 볼리비아는 세계은행에 손을 벌렸다. 그 후 20년 동안 볼리비아는 계속 융자를 얻기 위해 세계은행이 정한 규정을 준수해야 했다. 경제발전을 위해 볼리비아 정부는 철도, 전화, 항공산업, 탄화수소 산업을 민영화시켰다. 2000년에 세계은행은 볼리비아가 물 공급을 민영화하지 않으면, 2,500만 달러 규모의 융자를 갱신하지 않을 것이라고 경고했다. 세계은행은 부패와 무능으로 볼리비아의 공공 수자원 체계가 효율적으로 운영되지 못하기 때문에, 투자와 관리를 개방할 필요가 있다고 강조했다. 세계은행의 관점으로는 정부의 보조금이 가난한 사람들에게 혜택을 주는 것으로 사용되는 것이 아니라, 기업이나 중산층 이상의 사람들에게 주어진다는 것이었다. 사유화 이전에 코차밤바의 수도사업은 SEMAPA라는 정부 기관에서 담당하고 있었다. 그러나 영국, 이탈리아, 미국, 스페인, 볼리비아의 기업들이 합쳐서 만든 Aguas del Tunari라는 업체에 수도사업이 넘어가면서 문제가 생겼다. 당시의 볼리비아 대통령이었던 우고 반세르는 40년 동안 수자원과 위생시설을 맡을 권리를 25억 달러에 넘겼다. Aguas del Tunari에게 수자원 공급이 독점되면서 물 가격이 35% 상승하여 한 달에 가구당 20달러 정도를 내게 되었다. 상당수의 고객들이 한 달에 100달러 정도를 벌고 최저임금이 70달러가 안 되는 실정에서, 큰 폭의 수도요금 인상은 사람들에게 큰 부담이 되었다. 이런 상황에서 2000년 1월에 가난한 사람들이 수도요금 인상에 항의하는 시위를 벌였다. 시위대는 도시 기능을 4일 동안 마비시켰다. 정부 대표가 내려와서 요금 인상을 철회한다고 합의했으나 시위는 계속되었다. 2000년 2월 4일에 수천 명이 거리행진을 할 때에 오루로(Oruro)와 라파스에서 온 군인과 경찰들이 도착했다. 2일간의 충돌로 인해 많은 사람들이 다쳤다. 2000년 3월에 천주교회는 정부와 시위대 사이에 중재에 나섰다. 시위대는 Aguas del Tunari의 계약을 무효화할 것을 요구했으나 정부는 또 거부했다. 2000년 4월에 시위가 다시 발생했고 정부는 시위 지도자들을 체포했다. 그러자 시위는 다른 지역으로 확산되어, 농촌지역뿐 아니라 라파스, 오루로, 포토시(Potosí) 같은 도시에서도 발생했다. 시위가 점점 커지면서 시위대는 새로운 요구조건을 더 내걸어 정부에 실업과 경제문제를 해결할 것을 요구했다.

상황이 심각해지자 반세르 대통령은 2000년 4월 8일에 계엄령을 선포했다. 비상사태 속에서도 시위는 계속되어 여러 명의 사상자가 발생했다. 시위에 모랄레스를 비롯한 코카 재배자들이 포함되면서 볼리비아 정부는 시위대가 마약밀매자들의 하수인이라고 비난했다. 시위가 격렬해지면서 여러 집단이 참여하여 다양한 조건을 내세우는 시위가 많아졌다. 교사와 학생들도 자신들의 요구를 제시하면서 시위에 참가했다. 마침내 볼리비아 정부는 Aguas del Tunari와의 계약을 파기하기로 했고, 2000년 4월 11일에 법안이 변경되어 기존에 추진하던 계획이 취소되었다. 시위의 승리는 코카 재배자나 농민들이 국제적으로 반세계화 집단들로부터 지지를 받는 계기가 되었다. 수돗물 가격은 다시 2000년 이전의 수준으로 돌아가고 SEMAPA가 다시 수도사업을 책임지게 되었다. 그렇지만 물 부족 문제는 완전히 해결되지 않았다. 2000년 1월에서 4월까지의 물 전쟁은 다양한 사회부문이 관여한 도시운동이지만, 원주민들이 물의 전통적인 사용형태와 분배를 용도와 관습이라는 집합적인 문화권리로 표현하면서 타당성을 주장했다. 시위대는 '물과 생명 수호 조정위원회'(Coordinadora de Defensa del Agua y de la Vida)를 결성하여 자신들의 주장을 알렸다. 이들은 또 인터넷이나 세계사회포럼 같은 국제회의에도 자신들의 의견을 전달했다. 다른 사회운동과도 광범위한 네트워크를 형성하여 전국적으로 운동이 확산되었고, 궁극적으로 산체스 데 로사다 정부를 무너뜨리고 모랄레스가 정권을 잡는 데 기여했다. 이들이 보다 분명하고 성취할 수 있는 목표를 대상으로 공격했다는 것이 성공할 수 있었던 요인이었다(Vanden, 2007: 22).

또 하나의 중요한 사회적 갈등인 볼리비아 가스 전쟁은 2002년 초에 호르헤 키로가 대통령이 태평양 연안의 칠레의 메히요네스(Mejillones)까지 가스관을 건설하겠다고 제안하면서 일어났다. 가스 판매에서 볼리비아가 얻는 이익이 별로 없고, 국내 수요도 완전히 충족되지 않았다는 점을 지적하며, 수십만 명의 볼리비아인들이 항의를 하며 도로를 점거했다. 여성들도 시위에 적극적으로 참여했는데, 민영화를 반대하는 만화를 그리고, 전단도 나누어주고, 매트리스 등 가정용품을 이용하여 도로를 점거하고, 폭발물도 제작하고, 시위 기간에 공동 취사장도 운영했다(Dosh and Kligerman, 2010: 218). 볼리비아가 과거에 칠레와의 태평양전쟁(1879~1884)에서 패하면서 태평양의 해안지역을 빼앗겼기 때문에, 볼리비아 국민들은 칠레에 대해 강한 적대감을 가지고 있었고, 이런 역사적 사실이 가스관을 연결하는 것을 반대하는 명분이 되었다. 대안으로 볼리비아 사람들은 가스관을 페루의 일로(Ilo)로 연결하는 것이 좋다는 의견을 제시했다. 더욱이 페루 정부는 가스관을 끌어오기 위해 볼리비아 정부에 토지와 각종 편의를 제공하겠다고 나섰다. 그러나 정부는 페루로 가스관을 연결하면 비용부담이 크다는 판단을 하고 있었다. 키로가는 2002년 7월에 임기를 마치기 전에 가스관 건설에 대한 결정을 연기하면서, 다음 정권에서 결정하도록 만들었다. 2002년 선거에서 승리한 곤살로 산체스 데 로사다는 칠레로 가스관을 놓는 것을 선호하였으나, 공식적 결정은 하지 않았다. 그러나 이 논쟁이 심화되면서 여론이 급격하게 악화되었다. 원주민과 노조를 중심으로 파업과 도로 점거가 이어지면서 혼란이 극심하였다. 이에 맞서서 정부가 무장세력을 동원하여 진압하면서 혼란이 걷잡을 수 없이 커졌다.

2003년 9월에 시위와 도로점거가 발생하면서 전국의 많은 지역이 마비상태에 빠졌다(Dosh and Kligerman, 2010: 214-215). 원주민들은 산체스 데 로사다가 미국의 마약전쟁의 앞잡이가 되었고, 볼리비아 국민들의 생활수준을 향상시키지 못했다고 비난했다. 9월 19일에는 코차밤바에서 3만 명, 라파스에서 5만 명이 모여 가스관 건설을 항의했다. 다음 날 아이마라 사람 6명이 와리사타(Warisata) 마을에서 시위 도중 사망했다. 시위대를 향해 발사한 것에 반대하며, 볼리비아 노동조합은 9월 29일에 파업을 강행했다. MIP의 지도자였던 펠리페 키스페는 군대가 시위지역에서 철수하지 않으면 정부와 대화하지 않겠다고 주장했고, 정부는 키스페가 농민운동을 대표한 권한이 없다고 반박했다. 시위가 지속되면서 라파스 부근의 엘알토에서는 라파스로 가는 길을 봉쇄해서 심각한 연료와 식량부족에 시달리게 만들었다. 그들은 대통령과 와리사타 학살에 책임이 있는 각료들의 사임을 요구했다. 시위대들은 당시에 논의 중이었던 라틴아메리카 국가들과 미국과의 자유무역협정도 반대했다. 16명이 엘알토에서 경찰의 총에 맞아 사망하면서, 2003년 10월 12일에 정부는 이 지역에 계엄령을 발동하였다. 10월 13일에 산체스 데 로사다 행정부는 충분한 논의를 하기 위해 가스 프로젝트를 중지한다고 발표했으나, 일부 각료가 시위를 무력 진압한 것에 우려를 표명하며 사직했다. 미국 국무성은 10월 13일에 성명서를 내고 산체스 데 로사다에 대한 지지를 밝혔다. 10월 18일이 되자 산체스 데 로사다 정권에 대한 지지가 급격히 하락하면서 그는 사임하였고, 부통령이었던 카를로스 메사로 대체되었다. 메사는 군경에 의한 시위대의 살해는 없을 것이라고 다짐했고, 시위와 도로점거는 해제되었다.

메사는 가스 문제에 대한 국민투표를 약속했고, 몇 명의 원주민을 각료로 임명했다. 마침내 2004년 7월 18일에 가스 국유화에 대한 국민투표가 실시되었다. UN의 조사에 의하면 2004년에 볼리비아 국민의 82%가 탄화수소 산업의 국유화를 지지했다(Webber, 2010: 55). 시위대의 압력으로 2005년에 볼리비아는 새로운 탄화수소법을 제정하여 국가가 가스개발로 얻는 수익금을 늘렸다. 5월 6일에 볼리비아 의회는 석유와 가스를 채취하는 외국기업이 얻는 이익 중에서 세금을 18%에서 32%로 올리는 탄화수소법을 통과시켰다. 또 가스를 개발할 때 업체들은 현지에 거주하는 원주민들의 의견을 청취하도록 했으며, 이미 외국기업과 계약을 한 76건은 180일 이내에 재협상을 할 것을 요구했다. 그러나 많은 시위대들이 이 법이 자연자원을 보호하기에는 불충분하다고 평가하면서, 석유와 가스의 완전한 국유화를 요구했다. 모랄레스와 키스페는 탄화수소 자원의 전면 국유화를 요구하면서, 아이마라와 케추아 원주민들이 자원 문제에 참여할 수 있게 만들라고 주장했다. 80만 명 이상의 사람들이 2005년 5월의 시위에 참여했다. 매일 수만 명의 사람들이 엘알토에서 라파스까지 걸어서 가스 산업의 국유화와 원주민의 권리를 인정받기 위해 시위를 했다. 특히 아이마라 원주민들과 광부들이 시위에 많이 가담했다. 2005년 5월 24일에 1만 명 이상의 아이마라 농민들이 엘알토에서 라파스까지 행진을 했고, 5월 31일에 또 같은 길을 따라 시위를 했다. 5월 30일에 약 1만 5,000명이 라파스의 무리요(Murillo) 광장을 가득 메웠다. 6월 1일에는 아이마라 원주민들이 라파스로 진입하는 도로를 막았다. 코차밤바에서도 농민과 노동자들이 시내에서 대규모 행진을 했다. 6월 2일에 시위가 격렬해지면서 메사 대통령은 원주민들의 시위와 산타 크루스의 자치 운동을 달래기 위한 조치를 발표했다. 구체적인 내용은 제헌의회 선출을 위한 선거와 지역 자치를 위한 국민투표로서 둘 다 10월 16일에 예정되었다. 그러나 이 제안은 두 집단에 의해 모두 거부되었다. 6월 4일에는 볼리비아 전국에 걸쳐 주요 고속도로의 55개 지점에서 도로가 봉쇄되었다(Albro, 2006: 387). 산타 크루스 시민 위원회는 자신들의 자치를 위한 국민투표를 8월 12일에 실시한다고 발표했고, 엘알토의 시위대는 라파스로 가는 휘발유를 끊었다. 6월 6일 약 50만 명의 군중들이 라파스의 거리에 모였고, 메사는 대통령직에서 사임할 계획을 밝혔다.

광부들이 대통령궁 근처에서 다이너마이트를 사용하면서 시위를 벌이자 경찰은 최루가스로 대응했다. 그러나 의회는 불안한 치안으로 인해 회의를 소집할 수 없었고, 일부 의원은 교통 통제로 회의에 참석할 수 없었다. 과격한 농민들은 다국적 기업 소유의 유전을 점거하였고, 메사는 완전히 봉쇄된 라파스에 식량공급을 위해 비행기를 동원하라고 군부에 명령했다. 2005년 6월 6일에 카를로스 메사 대통령은 5월 중순부터 전국을 마비시켰던 대규모

소요사태로 더 이상 통치할 수 없는 상태에 빠졌다면서 사임을 결정했다. 3주 동안의 시위, 행진, 도로 봉쇄 후에 메사가 사직한 날에 수십만 명의 사람들이 라파스의 중심가에 모였다. 그리고 벌어진 야외 포럼에서 새로운 '민중의회'를 구성하자는 요청이 들어왔다. 새로 제안된 의회에는 원주민, 도시지역조합, 노조와 농민조합 등이 포함되었다. 각 단체나 지역에서는 자신들의 고유한 관습에 따라 모임을 갖고 대표를 선발하게 하였다. 두 가지 주요한 관심사는 볼리비아 천연가스의 국유화와 원주민들의 권리를 보호하도록 헌법을 새로 만드는 국민투표였다(Albro, 2006: 388). 마침내 메사가 물러나고, 대법원장인 에드와르도 로드리게스(Edwardo Rodriguez)가 선거 때까지 한시적으로 대통령직을 수행하기로 결정하면서 시위대는 해산하였고, 사람들은 일상으로 돌아갔다. 결국 곤살로 데 로사다 행정부에 의해 시도된 신자유주의정책은 결실을 맺지 못하였다.

시위가 성공적으로 마무리되었다고 해서 가스 문제가 완전히 해결된 것은 아니었다. 외국기업들은 볼리비아 정부와 가스에 관해 계약을 재협상하는 것이 불분명해지면서, 2005년 하반기에 이르자 사실상 가스 부문의 투자를 중단했다. 볼리비아의 사회불안이 가중되면서 자원의 공급이 안정적이지 못할 것이라는 전망이 나왔다. 2005년 말에 모랄레스가 대통령에 당선되면서 상황은 급격하게 변화되었다. 그는 볼리비아에서 산업화 없이 가스를 개발하는 것을 반대했다. 2006년 5월 1일 노동절에 모랄레스는 모든 매장된 가스의 국유화를 선언하면서 국가가 가스의 소유권을 갖고 통제한다고 발표했다(Dosh and Kligerman, 2010: 219). 이렇게 되면서 국가가 에너지로부터 얻는 수입이 크게 증가할 것이라고 말했다. 그는 과도기로서 6개월의 시한을 두고 외국기업이 재계약을 하거나 볼리비아에서 나가라고 요구했다. 그럼에도 불구하고 모랄레스는 국유화는 수용이나 몰수는 아니라고 말했다. 이런 볼리비아의 행위는 베네수엘라의 우고 차베스(Hugo Chávez) 정부가 시행한 것과 매우 유사하다. 마감시한인 2006년 10월 28일을 앞두고 볼리비아 정부와 외국기업은 협의를 계속했다. 특히 브라질과의 협상이 난항을 거듭했다. 볼리비아의 가스 매장량은 남미에서 베네수엘라 다음으로 두 번째로 많다. 가스는 남동부인 타리하(Tarija) 지역에 85% 정도가 매장되어 있고, 산타 크루스에 10.6%, 코차밤바에 2.5%가 있다. 정부는 가스에서 나온 수익금으로 볼리비아 경제를 회생시키고 보건과 교육 분야에 투자할 수 있을 것이라고 주장했다. 그러나 가스 개발을 반대하는 사람들은 원자재인 가스로부터 얻는 실제적인 이익은 매우 작다고 주장한다. 또 17세기부터 금과 은을 해외에서 착취해 간 것처럼, 자연자원도 외국인들에 의해 이용되기만 할 뿐이라고 강조했다. 오히려 가스를 처리할 공장을 세워서 수출하기 이전에 국내 소비를 충당시킬 것을 요구했다.

(3) 모랄레스와 원주민의 정치세력화

카를로스 메사가 물러난 다음에 2005년 12월에 총선이 조기에 실시되었다. MAS 창당 10주년을 맞이하며 모랄레스는 MAS가 볼리비아를 통치할 준비가 되었다고 선언했다. 2005년 대통령 선거를 위한 사전여론 조사에서 모랄레스는 중도우파인 '사회민주세력'(Poder Democrático y Social: PODEMOS)의 호르혜 키로가, 그리고 시멘트 업계의 거물 사무엘 도리아 메디나(Samuel Doria Medina)와 우열을 가리기 어려웠다. 8월 21일에 모랄레스는 알바로 가르시아 리네라(Álvaro García Linera)를 부통령 후보로 지명했다. 모든 정당이 국민의 단합, 탄화수소 자원의 국유화, 국민의 부유함을 약속한 상태에서, 12월 4일에 열린 선거에서 모랄레스는 32%의 표를 얻어 27%를 얻은 키로가, 그리고 15%에 머문 도리아 메디나를 물리쳤다. 결선 투표에서 모랄레스는 근래에 보기 드물게 유권자의 85%가 참여하는 놀라운 투표율을 기록한 가운데, 2005년 12월 22일에 발표된 최종 선거 결과에서 53.7%의 표를 얻어 당선되었다. 또 MAS-IPSP는 43.5%의 득표율로 하원 130석 중에 65석, 상원 27석 중에 12석을 차지하는 성과를 거두었다. 같은 해에 열린 지방선거에서 MAS는 9개 주 모두 주지사 후보를 냈지만, 추키사카(Chuquisaca), 오루로, 그리고 포토시 등 3지역에서만 승리했다. 모랄레스는 대통령 선거에서 2002년에 58만 1,163표를 얻었으나, 2005년에는 154만 4,374표를 획득했다. 이런 변화는 대도시에서도 정치적 분석가들의 예측을 뛰어넘어 상당한 지지를 이끌어 냈기 때문이었다(Oviedo Obarrio, 2010: 96). 따라서 모랄레스를 지지하는 농촌과 도시지역의 격차는 크게 감소되었다(Oviedo Obarrio, 2010: 103). 결국 정치적으로 2002년에 완성된 핵심적인 지지지역은 근본적으로 변하지 않았다. 모랄레스의 지지기반은 볼리비아에서 가장 인구밀도가 높으며 가장 가난한 지역인 약 22만㎢에 해당하는 고지대를 거의 포함하고 있다. 이 지역은 토지분할로 소규모 토지 형태인 미니푼디오(minifundio)가 많고 토양이 척박해지면서 생산성이 저하되어 거주자들의 생활이 매우 불안정한 곳이 었다(Oviedo Obarrio, 2010: 98).

2005년 선거에서는 새로운 홍보방식이 선을 보였다. 선거운동은 휴대전화와 이메일, 비공식적 의사소통 네트워크를 이용했다. 이와 반대로 상대편이었던 PODEMOS는 외관상 효율적으로 보이지만 별로 효과적이지 않은 조직구조를 가지고 있었다(Lerager, 2010: 22). 2005년 선거는 지난 23년간의 민주주의 기간에 지속된 정당체계가 붕괴되는 신호였다. 소위 전통적 정당의 농촌지역 유권자들은 실질적으로 MAS와 MAS의 지도자들의 담론과 제안에 의해 넘어갔다. 모랄레스도 2005년에는 볼리비아의 재건을 캠페인에서 약속했다(Oviedo Obarrio, 2010: 99). 대통령 선거 이후에도 모랄레스에 대한 국민들의 지지는 계속되었다. 2006년 7월 2일의 투표에서 모랄레스와 MAS가 획득한 132만 2,656표는 2005년보다 22만 1,718표가 적은 것으로, 2006년 3월에 명시된 제헌의회에 제출할 새 헌법을 승인할 2/3에는 미치지 못했다(Oviedo Obarrio, 2010: 100). 2008년에는 312만 983표 중에서 67%인 210만 3,950표를 얻어서 2006년보다 78만 1,294표를 더 얻었는데, 이것은 거의 안데스 지역에서 나왔다. 결국 2002년 이후에 안데스 지역의 표가 모랄레스의 정치적 진로에 중심적인 역할을 했다(Oviedo Obarrio, 2010: 101). 2009년 선거에서는 90%의 투표율과 60%의 득표율로 대통령에 재선되었다. 하원에서는 130석 중에 82석, 그리고 상원에서는 36석 중에 25석을 차지했다(Hylton, 2011: 243). MAS는 야심찬 마을 중심의 국가발전 계획의 기초를 다지기 위해 헌법개정과 함께 다종족, 다문화 주권국가를 다시 세우자고 제안했다. 이렇듯 MAS가 등장하게 된 이유는 원주민들의 정치적 지도력이 발휘될 수 있도록 탈중앙집권화 개혁이 시행되어서, 지역의 무니시피오에서도 정치적 공간이 열렸기 때문이었다. 또 볼리비아에서 유일한 전국노조를 통해 노동자계급이 강력한 운동을 전개한 것도 도움이 되었다.

모랄레스는 2006년 1월 21일에 잉카 유적지인 티와나쿠(Tiwanaku)에서 라틴아메리카의 여러 지역에서 온 원주민 대표들의 선물을 받았고, 22일에 공식적으로 대통령에 취임했다. 모랄레스 정부의 성향은 인디헤니스모, 사회주의, 그리고 포퓰리즘이다. 모랄레스는 취임식에서 1970년대의 카타리스타 운동의 요구와 생각을 수용한다고 말했다. 그는 "더 이상 우리 없이 안 돼"(Nunca Más Sin Nosotros!)라는 구호를 사용했다(Postero, 2010: 23). 모랄레스의 내각은 원주민 활동가와 좌파 지식인으로 구성되었는데, 행정에는 경험이 없는 사람들이 많았다. 모랄레스는 정책의 목표로 빈곤층의 비율을 35%에서 5년 이내에 27%로 낮추겠다고 약속했다. 또 석유, 광업, 가스, 그리고 통신 사업을 국유화하면서 빈곤해소에 신경을 썼다. 복지에 관심을 두어 고령연금도 도입하고, 아이들의 보건과 교육 문제에도 관여했다. 그리고 물가를 통제하기 위해 식품에 보조금도 지원했다. 이런 방식으로 경제적 안정을 취하고 경제성장을 도모했다. 2006년 취임 때에 모랄레스는 자신의 이념이 안데스의 반란투쟁, 시몬 볼리바르(Simón Bolívar)의 민족주의, 그리고 체 게바라(Che Guevara)의 사회주의와 연결되어 있다고 주장했다. 그와 MAS는 원주민의 권리, 경제정의, 그리고 대중민주주의라는 세 가지의 서로 다른 투쟁을 엮으려고 노력했다. 모랄레스는 특히 원주민의 문화적, 정치적 권리, 국가와 영토의 주권, 인권, 노동자의 권리, 반신자유주의, 사회주의 등을 내세우면서, 국가를 새로 건설하고 볼리비아 사회를 탈식민화하려고 시도했다. 그러나 그의 정책이 항상 원주민을 포함한 모든 사람들로부터 지지를 받는 것은 아니었다. 예를 들면, 대통령이 된 후에 코카 생산을 제한하면서, 일부의 코카 재배자들로부터 비난을 받았다. 과거에는 융가스 지역의 농민들은 수 헥타르의 코카를 별다른 제재 없이 재배할 수 있었다. 에보 모랄레스는 전통적인 재배지역까지 1 카토 규모의 토지에서만 사람들이 코카를 재배할 수 있도록 제한하여, 코카 생산량을 줄였다. 이런 상태에서 융가스 지역에서 모랄레스의 인기는 급락하고, 2005년 대통령 선거에서 융가스의 코카 재배자들은 경쟁지역인 차파레 지역에서 코카를 근절하겠다는 우파의 호르헤 키로가 후보에게 투표했다(Grisaffi, 2010: 434).

에보 모랄레스는 2006년 초에 취임하면서 그해에 제헌의회를 출범시키겠다고 약속했다(Rousseau, 2011: 12). 약속한 대로 2006년 제헌의회가 소집되어, 2007년 12월에 새로운 헌법이 만들어졌다. 2006년 8월부터 2007년 12월까지 제헌의회가 활동한 결과, 2009년 1월 25일에 새로운 헌법이 61.43%의 득표율로 승인되었다(Rousseau, 2011: 5). 볼리비아의 새 헌법은 원주민의 가치를 평가하고, 원주민들에게 권한을 부여하는 분수령이 되었다. 그렇지만 저지대에서는 아직 정부로부터 인정받지도 못하고 대표권도 없는 원주민들도 있다(Albro, 2010: 71;Postero, 2010: 31). 그럼에도 불구하고 2009년 말 이후에 상당한 원주민의 권리가 볼리비아의 새 헌법에 수용되었다. 헌법 1조는 볼리비아가 다민족국가이며 공동체의 국가라고 정의한다. 또 헌법 2조는 원주민의 권리를 다른 권리와 구분하였다(Albro, 2010: 78). 이어서 36개의 원주민어를 공식언어로 지정하는 한편, 원주민들의 민주적인 참여를 보장하며, 원주민 공동체를 본받아 공동체적인 통치방식을 활용하였다. 결과적으로 원주민들의 우주론을 다원적 볼리비아 사회의 도덕과 윤리의 기반으로 서술하면서, 원주민들을 위한 구체적인 권리를 명시했다. 특히 새 헌법은 원주민 사회의 집합적 권리를 분명하게 구체적으로 표현함으로써, 원주민들의 공동체적 민주주의의 자치를 위한 법률의 틀을 마련했다. 아울러 원주민들이 무니시피오 수준에서 자신들의 지도자나 의사결정구조, 제도 등을 활용하여 자치를 시행할 수 있는 선택권을 부여했다(Albro, 2010: 79).

이렇게 원주민들에 대한 권리가 신장된 데에는 볼리비아에서도 1989년에 채택되었던 국제노동협약 169조가 상당한 기여를 했다. 그 다음으로 1994년에는 「대중참여법」(Ley de Participación Popular)이 제정되어 볼리비아가 다종족, 다문화 국가임을 헌법에 재정의할 수 있는 가능성을 남겼다. 대중참여법은 1952년 혁명 이후부터 원주민들을 문화적·종족적으로 주류사회에 동화시키려는 볼리비아의 문화정책과는 달라진 것이었다(Albro, 2006: 392). 대중참여법의 특징은 정치적·법적 주장을 전개하는 과정에서 문화유산의 중요성을 부각시켰다. 그러나 새 헌법이 전혀 문제가 없는 완벽한 것은 아니어서, 실제 내용이 중복되거나 모순되는 것도 존재한다. 예를 들면, 새 헌법은 탈중앙집권화된 정부가 자연자원을 대다수 시민들을 위해 사용한다고 했지만, 원주민들의 자결권이나 단순한 토지를 넘어서는 영토의 요구도 언급하고 있다. 즉 모랄레스 정부는 국민 대다수의 이해를 반영하는 혁명적인 국가변혁을 시행하는 것이 아니라, 원주민들의 요구와 지배적인 위치를 고려하면서, 이들의 주장과 아직도 힘을 발휘하고 있는 지주계급의 요구와 균형을 맞추려고 노력한다. 다시 말해 새 헌법은 자결권과 자치가 원주민의 권리라는 맥락에서 새로운 변화를 추구하지만, 다른 면으로는 과거의 헌법에서 보장된 사유재산의 권리도 강화하고 있다(Regalsky, 2010: 36).

모랄레스는 2008년 8월 14일의 재신임 투표에서 2/3 이상의 득표율로 대통령직을 유지하게 되었다. 2009년의 국민투표에서 새 헌법이 승인되면서 새로운 선거가 실시되었다. 2009년 12월 6일의 선거에서 모랄레스는 64%의 표를 얻어 대통령에 재선되었다. MAS는 의회 의석의 2/3를 차지하여 다수당이 되었다(Postero, 2010: 31). 그 외에 전직 군 장교였던 만프렛 레예스 비야(Manfred Reyes Villa)가 27%, 그리고 사무엘 도리아 메디나가 8%의 득표율을 기록했다. MAS는 상원과 하원에서 각각 2/3 이상의 의석을 확보했다. 2010년 1월 22일에 모랄레스는 두 번째 임기를 시작했다. 2009년 10월에 모랄레스는 유엔 총회에서 '대지의 세계적 영웅'으로 명명되었고, 2010년 1월에는 서부 볼리비아의 티와나쿠 고대 문명 유적지에서 아메리카 대륙의 원주민들의 정신적 지도자로 칭송받았다. 취임식에서 모랄레스는 대통령궁의 나쁜 기운을 제거하기 위해 알코올과 태운 설탕을 이용해서 전통적인 의례를 수행했다(Bourne, 2011: 42). 선거에서의 승리를 발판으로 모랄레스는 사회주의 개혁을 가속화하겠다고 약속했다. 모랄레스의 MAS는 원주민 운동과 신자유주의를 반대하는 사회주의 및 대중부문을 결합하여 원주민의 경제적 민주주의를 옹호했다(Kohl and

Bresnahan, 2010b: 5).

모랄레스는 2009년 재선에서 경쟁자보다 세 배 정도 많은 표를 얻었다. 모랄레스의 인기가 치솟은 것은 가스와 석유에 대해 새로 세금을 부과하고 2005년에서 2007년까지 탄화수소 가격이 상승했기 때문이었다. 세계적인 경기 침체에도 불구하고 볼리비아는 2008년에 6%의 경제성장을 달성했다(Shultz, 2010: 4). 2005년 대통령 선거 이후에 가스와 석유는 모랄레스의 경제 의제의 가장 중요한 항목이 되었다. 볼리비아 정부는 가장 중요한 수출품목인 가스에 대한 통제권을 강화하면서, 여기서 나오는 수익금으로 사회경제변화를 위한 프로그램을 추진하려 했다(Kaup, 2010: 123). 모랄레스는 탄화수소 부문의 국유화를 선포하고, 천연 가스의 가격을 올리면서 국영탄화수소 기업인 YPFB(Yacimientos Petrolíferos Fiscales Bolivianos)을 회생시키려고 했다(Kaup, 2010: 129). 2006년 5월 1일에 모랄레스는 볼리비아의 주요한 석유와 가스시설에 군대를 파견하여 국유화를 선언했다. 그러나 군대와 TV 카메라가 떠나고 나자, 그의 정책이 그다지 급진적인 것이 아니었다는 사실이 드러났다. 모랄레스의 개혁은 외국계 정유회사와의 여러 계약을 재협상하며, 이들 기업에 대한 세금을 올리고, 공영 석유와 가스회사(YPFB)를 재설립하는 것으로, 볼리비아 정부가 지배자가 아닌 경제적 협력자의 역할에 그쳤다. 많은 좌파 세력들은 모랄레스의 가스와 석유 프로그램이 수십 년 동안 기대해 왔던 진정한 국유화에는 훨씬 못 미치는 것이라고 비판했다(Shultz, 2010: 5). 그렇지만 일정한 성과도 얻었다. 남미에서 두 번째로 가스 매장량이 많고, 생산비가 매우 낮으며, 에너지가 부족한 브라질과 아르헨티나로 가스관을 연결할 수 있다는 장점 때문에, 모랄레스는 자국에 수익이 보다 많아지도록 다국적 정유회사와 재협상을 할 수 있었다(Kohl and Bresnahan, 2010a: 14).

모랄레스의 인기가 높지만 볼리비아의 정책에 불만을 가진 사람들도 서서히 생겨나고, 이에 따른 사회적 불안도 발생했다. 그러면서 정책이 혼선을 빚기도 했다. 예를 들면, 볼리비아가 2010년 12월 28일에 휘발유와 경유에 대한 보조금을 중단하여 가격이 상승하자 전국적인 시위가 발생했다. 이렇게 되자 12월 31일에 정부는 가격을 올리는 결정을 취소하였다. 또 2011년에도 아마존 분지에 고속도로를 만들려는 계획을 발표하자, 그 지역의 원주민들이 자신들의 토지가 침해된다며 시위를 벌였다. 모랄레스는 처음에는 시위대가 미국의 하인이라고 비난했지만, 나중에는 그 문제를 두고 국민투표를 실시했다. 또 이 사건을 진압하는 과정에서 발생한 문제로 국방부장관을 사임시켰다. 한편 모랄레스 정부에서 인권이 침해되는 사례도 있다. 2011년 8월에 경찰이 폭력으로 평화시위를 하는 사람들을 공격하자, 이에 대해 비판적인 여론이 형성되어 모랄레스는 결국 사과했다. 정치적·경제적으로 아직 모랄레스가 해결해야 할 문제는 산적해 있다. 모랄레스 취임 이후에 GDP가 2005년 93억 달러에서 2008년 167억 달러로 증가했고, 그해에 볼리비아는 세계에서 가장 높은 성장률을 기록한 국가 중의 하나가 되었으나, 아직도 라틴아메리카에서 최악의 사회경제 지표와 낮은 생활의 질을 가진 국가에 속한다(Kohl and Bresnahan, 2010a: 5). 이런 문제를 개선하는 데에는 아직도 많은 노력이 필요하다.

모랄레스가 정권을 잡으면서 가장 두드러지게 나타난 변화는 여성들의 역할이 증대된 것이다. 그동안 여성들의 문제가 원주민 운동에서도 꾸준하게 제기되었다(Rousseau, 2011: 6). 그러나 모랄레스가 등장하면서 훨씬 체계적인 성과를 낼 수 있었다. 농촌이나 광산촌의 원주민 여성들은 1978년에 독재자 우고 반세르를 상대로 단식투쟁을 전개하였고, 물 전쟁과 가스 전쟁에도 가담하여 2003년 산체스 데 로사다 대통령을 축출하는 데에도 기여했다(Rousseau, 2011: 13). 여성들은 조직에도 적극적으로 가담해서 CIDOB, CONAMAQ(Consejo Nacional de Ayllus Y Markas del Qullasuyu), 그리고 CSUTCB 등 3개의 주요 원주민 조직에 여성들이 참여하고 있다. 특히 원주민 여성들의 운동은 제헌의회가 만들어지면서 더욱 활성화되었다. 먼저 '볼리비아 원주민 여성협회'(La Confederación Nacional de Mujeres Indígenas de Bolivia: CNAMIB)가 2007년 11월에 만들어져서 CIDOB에서 저지대 원주민 여성들이 강한 목소리를 낼 수 있게 되었다(Rousseau, 2011: 23). 이후에 2008년과 2009년에 각각 전국 규모의 원주민 여성들의 대회가 개최되어 여성들의 권리를 위해 노력하기로 했다(Rousseau, 2011: 24). 그렇다고 해서 여성들이 원주민 운동을 주도하는 것은 아니다. 제헌의회 선거가 있기 전까지 거의 대부분의 원주민 조직은 남녀가 섞여 있었지만 남성들이 여전히 지도자의 위치에 있었다. 단지 FNMCB BS(Federación Nacional de Mujeres Campesinas de Bolivia Bartolina Sisa)만이 예외로서 1980년대에 CSUTCB의 하부조직으로 여성들로만 이루어졌다(Rousseau, 2011: 16).

(4) 현대사회의 원주민 운동

2002년부터 모랄레스와 MAS가 보여준 놀라운 선거결과는 볼리비아의 정치지형을 완전히 바꾸었다. 이들의 행위는 정치의 중심지뿐 아니라 정치문화와 권력형성의 철학적 관행도 변화시켰다. 예를 들어 모랄레스 정부는 "훔치지 말고, 게으르지 말고, 거짓말하지 마라"(ama sua ama quella ama llulla)는 잉카의 격언에 따라 운영되고 있다. 이와 더불어 국제적으로 모랄레스는 변변찮은 출신과 개인적 카리스마, 그리고 원주민 정체성 때문에 지나칠 정도의 찬사를 받고 있다(Hylton, 2011: 243). 정치행위를 보면 모랄레스는 순수한 사회주의자라기보다는 여러 이념들을 절충하여 사용하고 있다. 제국주의를 반대하지만, 세계화 자체를 거부하지는 않는다. 한편 새로운 정치이념과 제도를 도입하여 과거와는 다른 정치를 보여주고 있지만, 그렇다고 문제나 한계가 전혀 없는 것은 아니다. 예를 들면, 아직도 모랄레스는 소수의 특권층, 제한된 행정능력, 제도적 부패, 다양한 사회운동 세력 간의 갈등, 다국적 집단 때문에 근본적인 도전을 받고 있다(Kohl, 2010). 이런 분위기를 틈타서 모랄레스에 대한 비판도 조금씩 거세졌다. 보다 구체적으로 모랄레스의 편향성을 지적하면서, 그가 모든 볼리비아인들을 위해 통치하는 것이 아니고, 새 헌법은 또 다른 사람들을 배제하는 결과를 가져왔다는 것이었다(Albro, 2010: 72). 심지어 한때는 모랄레스를 지지했던 좌파들이 모랄레스의 경제정책이 너무 교조적이며 전임자들의 정책과 별로 다르지 않다고 비판한다. 경제적인 측면에서 볼리비아의 통화인 볼리비아노(boliviano)는 달러에 대비해서 가치가 올랐고, 국가재정은 개선되었지만(Bourne, 2011: 43), 이런 비판이 증가한다는 것은 정책을 수행하기가 어려워지고 있다는 것을 의미한다. 이런 요소들로 인해 최근에는 사회 각 분야에서 모랄레스 정부를 위협하는 사건들이 발생하고 있다. 이런 현상들을 구체적 사례를 통해서 살펴보면 다음과 같다.

첫째, 지역 간의 충돌이 두드러지게 나타난다. 특히 모랄레스는 가스와 농업 자원이 집중되어 있는 부유한 동부 볼리비아와 힘겨운 싸움을 하고 있다. 이 지역은 자신들만의 자치를 요구하면서, 자신들이 사는 영역에 매장되어 있는 풍부한 자원을 안데스 고지대에 넘겨주는 것을 못마땅해 하고 있다. 비록 모랄레스가 산타 크루스의 보수적인 상대를 대상으로 선거에서 계속 승리를 거두었지만, 지역, 언어, 사회정치 분야에서의 균열은 아직도 남아 있다. 예를 들면, 2006년 5월에 모랄레스는 볼리비아의 심각한 토지 불평등을 바로잡겠다고 약속했다. 그러자 대토지 소유자들이 많고 토지 투기가 흔하며, 자원에 대한 갈등이 많았던 산타 크루스 지역의 농촌 엘리트들이 격렬하게 반대했다(Valdivia, 2010: 67). 특히 산타 크루스 델 라 시에라(Santa Cruz de la Sierra)는 산타 크루스 주에 속하며 모랄레스를 반대하는 사람들의 근거지이다. 산타 크루스 주는 볼리비아 동부의 저지대로서, 현재 볼리비아의 경제 중심지이며 전체 GDP의 1/3이 여기서 생산된다. 이 도시의 영향력과 권력은 1950년대부터 다국적 기업이 기업농을 육성하고 대규모 농장을 정부가 지원하면서, 작은 시골 마을이 농업과 산업 중심의 자본주의로 발전하는 과정에서 성장하기 시작했다. 볼리비아는 역사적으로 고지대의 광산이 경제의 근간이었으나, 서서히 비옥한 토지를 가진 저지대로 이동하였다. 이렇게 된 것은 미국이 수백만 달러의 원조를 하면서 기업농이 등장하고 자본제적 농업에 종사하는 농부들이 많이 생겼기 때문이었다. 1950년대와 1960년대에는 설탕생산이 번성했고, 1970년대에는 면화가 그 자리를 차지했다. 최근에는 콩이 '푸른 금'이라고 불리며, 이 지역의 발전을 위한 희망이 되었다. 이렇게 경제가 발전되면서 경제적 기회를 찾아 원주민들이 대규모로 저지대로 이주해 왔다. 일부는 저임금 노동자가 되었고, 나머지는 새로운 사업의 기회에 이끌려서 왔다(Fabricant, 2011b: 23). 게다가 브라질의 영향력이 커지면서 약 30년에 걸쳐서 볼리비아의 정치, 경제 중심지가 광업을 기반으로 하는 서부에서 석유와 농업과 그 밖의 산업이 중요한 동부로 옮겨지고 있다. 특히 수출이 브라질이 위치한 대서양 유역으로 많이 향하고 있다(Regalsky, 2010: 40).

1980년대와 1990년대 초에 걸쳐 신자유주의 정책으로 안데스의 농촌사회에서 사회관계와 생계가 악화되면서 더욱 많은 고지대 사람들이 산타 크루스 지역으로 이주했다. 이런 변화에 대해 산타 크루스 사람들은 종족과 계급에 근거한 차별을 강화했다. 그들은 이주자들을 '침입자'(avasalladores)로 보면서 산타 크루스에 위협적인 존재라고 인식했다. 전국적으로 원주민 집단과 사회운동이 힘을 얻으면서, 산타 크루스 사람들은 자신들이 투자한 재산과 역사적인 특권이 공동체를 강조하며 재분배를 주장하는 원주민들에 의해 피해를 볼 것이라고 우려했다. 그래서 자신들의 주가 자치를 통해 경찰, 이주, 교육, 경제정책을 직접 담당해야 한다고 주장했다. 이런 상태에서 일부의 엘리트들은 본격적인 움직임에 들어가서 민주주의와 인권을 내세우면서 자신들의 이해관계를 관철시키려고 노력했다. 2006년 11월에 이들은 산타 크루스의 권력을 상징하는 장소인 9월 24일 광장에서 단식투쟁을 전개했다. 그들은 'MAS의 나치주의 반대'(No al Nazismo Masista)라는 구호를 들고 나왔다. 이들 우파세력들은 민주주의, 자유, 권리를 공개적으로 요구했다(Fabricant, 2011b: 24). 산타 크루스의 반대자들은 현재 볼리비아가 베네수엘라 불법무장단체의 지지를 받는 독재체제에 의해 지배당하고 있다고 주장한다. 새로운 형태의 원주민과 대중세력의 등장에 위협을 느낀 지역의 엘리트들은 모랄레스가 2005년 정권을 잡은 후에 잠시 차질을 겪기도 했으나, 그 후에 전열을 정비해서 다시 반격에 나서기 시작했다. 이들은 지역을 넘어서서 시민들의 힘을 합쳐 자치를 이루고, 자신들의 주에서 자원을 통제할 수 있게 탈중앙집권적 정부를 만들 것을 목표로 한다. 이런 계획 아래 동부의 엘리트들은 지속적으로 지역의 권력을 장악하려고 공격을 했다. 예를 들면, 세무서, 토지개혁 사무소, 이동통신회사 등 중앙정부의 건물들을 점거했다. 또한 원주민의 권리를 옹호하고 좌파운동에 법적 지원을 해주는 비정부기구의 사무실에 방화를 하기도 했다. 모랄레스가 '시민 쿠데타'(golpe civico)라고 부르는 이들의 행위는 지역공항을 점거하고 산타 크루스와 다른 지역을 연결하는 고속도로를 막기도 했다.

모랄레스가 정치적 입지를 확고하게 다지면서 동부의 저지대에서는 본격적으로 좌파정부에 대항해서 산타 크루스 지역을 중심으로 자치운동이 발생하였다. 2005년에 상대적으로 부유한 동부의 산타 크루스, 베니, 타리하, 판도 지역에서 자치를 요구하기 시작했다. 이들이 제기하는 문제는 자원의 국유화, 아이마라나 케추아 원주민 등 외부의 종족집단에 의한 토지 몰수, 학교와 도로 건설을 위한 과다한 세금 징수에 관한 것이다. 주로 지역의 사업가, 목축업자, 농부들이 모랄레스 정부가 제정한 새 헌법에 반대하면서 시위를 벌였다. 서부의 고지대는 소수의 백인과 다수의 케추아, 아이마라 원주인으로 구성되어 있지만, 동부의 저지대에는 상대적으로 메스티소들이 많다. 2005년에 수십만 명의 군중들이 모여서 자치를 원한다는 시위를 벌였고, 중앙정부에 대해 인구 증가에 따른 적절한 대표성을 요구했다. 이런 요구를 반영하여 볼리비아 의회는 인구가 감소한 고지대의 의석은 그대로 두고, 인구가 증가한 저지대의 의석을 늘렸다. 정부는 산타 크루스의 자치 요구가 자유시장과 인종차별주의 등 부르주아 이념에 의해 발전된 것이라고 주장했다. 그러다가 2007년 12월 15일에 산타 크루스, 타리하, 베니, 판도 지역이 중앙정부로부터 자치를 선언했다. 또한 이들 지역은 볼리비아의 새로운 헌법으로부터 독립한다고 주장했다. 이어서 2008년에도 동부지역에서 자치를 요구하는 시위가 발생했다. 볼리비아는 미국이 이런 시위를 돕고 있다고 비난하면서, 헌법에 자치에 관한 조항을 포함시켰다. 이런 노력에도 불구하고 이들의 항의와 시위는 계속되어 2008년 5월 4일에 지역자치를 위한 주민투표를 실시했다. 투표의 결과는 비록 자치를 지지하는 표가 많았지만 기권한 사람이 많았고, 국내외적으로 투표가 불법이고 헌법에 위반된다는 판정을 받았다. 모랄레스는 2008년 9월 10일에 골드버그 미국대사를 볼리비아와 민주주의에 관해 음모를 했다는 명목으로 추방했다. 그 다음날인 9월 11일에 우파들이 주도한 폭력사태가 발생했다. 얼마 지나지 않아서 농업과 산업의 또 다른 중심지역인 판도 주의 엘리트들이 산타 크루스 사람들과 보조를 맞추어 무장한 사람들을 대동하고 코히바(Cobija) 시 근처에서 모랄레스를 지지하는 원주민들에게 총격을 가했다. 이런 대결이 과열되면서 13명이 죽고 수백 명이 부상을 입었다. 사회적 불안이 증가한 가운데 모랄레스가 2009년 선거에서 64%의 득표율로 재선되었다. 그리고 같은 해에 새로운 헌법이 국민투표에서 60%의 지지를 얻어 승인되었다.

모랄레스와 MAS는 의회에서 2010년에 인종차별주의와 모든 형태의 차별을 반대하는 새로운 법을 통과시켰다. 그러나 최근에 산타 크루스의 과격한 젊은이들은 고지대에서 온 것처럼 보이는 사람들을 공격하고 있는데, 특히 고지대 여성들이 입는 겹치마인 포예라(pollera)를 입고 있거나, 아이마라나 케추아어를 사용하는 사람을 대상으로 한다(Fabricant, 2011b: 25). 저지대의 반대자들은 국제적인 노력도 병행했다. 2010년 12월 13일에는 산타 크루스 시민위원회 의장인 루이스 누에스(Luis Núez)가 100만 명 이상의 서명을 받아서 미국의 워싱턴에 위치한 미주기구(Organization of American States: OAS)에 청원서를 제출했다. 청원서에는 국제기구가 모랄레스 정부가 볼리비아의 6개 주의 10명의 시민지도자들에게 저지른 인권위반 문제에 대해 조사를 벌여야 한다고 주장했다. 이들 10명은 볼리비아에서 모랄레스 정부를 전복하려는 음모의 혐의를 받고 있다. 이렇게 우파들이 선거에서 계속 패배를 경험했지만, 아직도 볼리비아 민주주의 운동에 이들이 위협적인 것은 사실이다. 이들은 항상 새로 합치고 효율적인 방법으로 조직을 구성하는 능력 때문에 타격을 입어도 빠른 시간에 회복하여 지속적으로 문제를 제기한다(Fabricant, 2011a: 31).

둘째, 원주민의 규모와 원주민의 종족정체성도 원주민 중심의 사회운동에 상당한 영향을 미친다. 볼리비아 사회는 원주민의 비중이 매우 높은데, 2001년의 볼리비아 인구조사 결과를 보면 15세 이상 인구의 63%가 자신을 원주민이라고 응답했다. 그러나 실제로 원주민어를 말할 수 있는 사람은 49.3%에 머물렀다(Howard, 2010: 181; Postero, 2010: 19). 즉 자신이 원주민이라고 생각하는 사람들 중에 일부는 원주민어를 사용하지 못한다. 원주민어를 사용하지 못하는 사람들의 원주민 정체성은 상황이나 필요에 따라 달라질 수 있어서 문제가 될 수 있다. 실제로 자신이 원주민이라고 주장하는 사람들 중에 원주민어와 문화를 잘 알지 못하는 사람들이 어렵지 않게 발견된다. 볼리비아에서는 스스로 자신의 정체성이 무엇이라고 생각하는지를 의미하는 '주관적 인지'(self-identification)가 원주민의 수를 파악하는 주요한 요소가 된다. 모랄레스가 대표적 예인데, 비록 그가 아이마라 사회에서 태어났지만, 그가 실제로 아이마라나 케추아어를 말할 수 있는지는 의문의 여지가 많다. 그는 원주민 거주지역에서 다른 지역으로 이주해서 코카 재배자들의 운동에 참여했기 때문에, 그의 원주민성은 장소나 언어보다는 정치적 관점에 근거한다고 보인다(Canessa, 2007: 199). 지역적으로도 현재 볼리비아에서는 점차 많은 원주민들이 도시에 살고 있어서, 원주민 정체성의 형성에 상당한 문제가 존재한다(Albro, 2010: 80). 또 같은 언어를 공유하지 않는 원주민 사회 사이에 문화적 차이가 크고, 같은 원주민어를 사용하는 원주민들끼리도 문화교류가 과거부터 지속되지 못하는 경우가 있으며, 문화가 달라지는 경우가 흔하다. 결과적으로 이런 이질성 때문에 볼리비아에는 많은 원주민들이 살고 있지만, 원주민들도 서로 문화와 언어, 관습이 달라서 서로 조화로운 관계를 맺지 못하는 경우가 많다. 또 과거에는 단순히 농민이나 도시의 메스티소라고 생각했던 사람들이 대거 스스로를 원주민이라고 말하기 시작했다. 이렇게 되어 원주민과 관련된 문제가 도시지역까지 확산되어 더욱 광범위해지면서, 볼리비아 원주민 운동의 정치적 과제가 더 많아졌다(Canessa, 2007: 198). 이런 과정에서 다양한 원주민의 성격으로 인해, 원주민들의 어려운 생활환경을 개선하려는 정부의 노력이 원주민 사이의 갈등을 유발시켜 오히려 원주민들로부터 거부당하는 일도 종종 있다.

셋째, 최근에 원주민 입장에 우호적인 모랄레스 정부와 원주민 사이에 갈등이 발생하는 경우가 많다. 특히 자원개발에 있어서 원주민과 정부는 다른 견해를 유지하고 있다. 국가의 경제적 이익을 고려하는 MAS는 원주민들의 의견과는 달리 광업 광산개발을 한국, 일본, 미국, 스위스, 캐나다 같은 다국적 기업에 넘겨주었다(Hylton, 2011: 243). 예를 들면, 2010년 4월에 기후변화 문제에 대처하기 위해 모인 해외의 대표들이 볼리비아 정부의 초청으로 코차밤바로 내려왔을 때, 원주민과 광부들은 볼리비아 남부에서 정부의 지원도 없이 일본의 한 광업회사와 투쟁을 하고 있었다(Hylton, 2011: 243). 2010년 4월 16일 볼리비아 남서부의 포토시 지역에서 약 900명의 농민들이 시위를 벌였다. 이들은 일본계 다국적 기업인 스미토모(Sumitomo)의 자회사인 산 크리스토발 광업회사(Minera San

Cristóbal)의 작업장을 침입했다. 시위대들은 납, 은, 아연 광석 약 20톤을 실은 화차 두 대를 전복시키고, 칠레로 광석을 수출하기 위해 만든 철로를 막았다. 산 크리스토발 광업회사는 2005년 세워졌고 세계에서 가장 큰 노천굴 중의 하나이다. 그런데 광업회사가 가뭄이 자주 오는 안데스의 고지대에서 많은 양의 물을 무상으로 사용하면서 불만이 고조되었다. 농민들은 수개월 동안 관계기관에 대책을 요구하였으나 아무 소용이 없었다. 이들은 광업회사가 지역사회에 물 사용에 대한 대가를 지불하고, 전력화 사업에도 비용을 부담할 것을 요구했다. 시위는 모랄레스가 주도하여 150개 국가에서 약 3만 명이 참석한 세계기후변화 회의 개막을 3일 앞두고 일어났다. 시위대는 이 지역의 광업회사가 모랄레스 정부와 공모하고 있다는 것을 알리기 위한 것이었다. 회의가 시작된 지 한참 후에 시위대와 회사, 정부 간에 대화로 해결하기로 타협했다. 기후에 관한 회의는 2000년 물 전쟁이 일어났던 코차밤바 근처에서 개최되었다. 이 지역은 2007년 이후에 거의 비가 오지 않았다. 작물을 재배할 수 없고 야마들도 야위어 갔다. 사람들은 아르헨티나나 칠레로 이주해야 했다. 일부의 주민들은 광산에서 일자리를 구했지만, 광업이 기계화가 되면서 모든 사람들에게 일거리가 주어질 수는 없었다. 2009년에는 라파스를 마주 보는 1만 8,000년 된 빙하가 사라지면서 도시의 물 공급이 위협을 받았다. 같은 해에 260만 명이 사용하는 티티카카(Titicaca) 호의 수위는 2.6 피트가 하락하여 1949년 이후에 가장 낮은 수위를 기록했다. 고지대의 우기는 최근에 6개월에서 3개월로 줄어들었다. 모랄레스는 전 세계의 가난한 사람들이 기후변화로 불평등한 위험에 처해 있고, 원주민의 문화와 운동이 기후 문제를 해결하는 데에 활용되어야 한다고 말했다. 산 크리스토발 광업회사의 사례는 채굴산업을 거부하는 원주민들과 이런 산업이 가난한 볼리비아인들을 위해 활용될 수 있다고 생각하는 중앙정부와의 갈등을 상징적으로 보여준다. 최근의 사태는 볼리비아의 원주민 문제를 다시 국가의 중심 무대에 올려놓았다.

MAS와 모랄레스는 원주민 문제를 지속적으로 제기하지만, 실질적으로 원주민들에게 영향을 주는 경제구조의 변화는 획기적인 성과를 거두지 못하고 있다. 인접국가인 아르헨티나나 브라질은 같은 시기에 절대빈곤과 불평등을 상당히 감소시켰지만, 볼리비아는 그다지 대단하지 않은 실적을 달성했다. 2005년과 2009년 사이에 빈곤층은 2.3%, 그리고 절대빈곤층은 6.3%가 줄었다. 즉 아직도 절대다수의 볼리비아인들이 빈곤에서 허덕이고 있다(Hylton, 2011: 243). 이런 실정에서 지속적으로 원주민들의 지지를 획득하는 데에 어려움이 발생할 수도 있다. 더욱이 모랄레스가 통치하는 동안 원주민과 농민들이 정부의 정책에 관해 서로 의견이 달라서 충돌하는 경우가 많았다. 원주민들은 사유재산의 상속을 금지하는 등 원주민 사회의 자치와 전통의 신성성을 지키려는 데 반해, 농민들은 1952년 혁명의 이념을 바탕으로 개인의 재산 소유권을 선호했다. 실제로 농민조합들은 모랄레스가 원주민들의 집합적 공동재산권을 인정하게 되면, 토지분배가 다시 이루어져서 궁극적으로 볼리비아 동부지역에서 또 다른 대토지 소유자인 아센다도(hacendado)가 등장할 것이라고 주장했다(Ellner, 2012: 110).

넷째, 볼리비아가 사회주의 정책을 내세우면서 미국과의 마찰이 커지는 것도 모랄레스 정부의 입장에서는 그다지 바람직한 현상은 아니다. 압도적인 볼리비아 국민들의 지지로 코카 재배자들의 지도자이자 가장 호전적인 사회운동가 중의 한 명인 모랄레스가 대통령에 당선되자, 미국을 비롯한 해외의 관계자들은 심각한 우려를 표명했다. 미국은 모랄레스가 정권을 잡은 이후에 강온전략을 병행하면서 볼리비아를 압박했다. 강경한 방법으로는 2005년 12월에 모랄레스가 선거에서 승리한 다음에 우파의 자치세력 등, 모랄레스에 대해 저항하는 세력을 노골적으로 지지했다. 미국의 볼리비아에 대한 강경대책은 2004년부터 시작되었다. USAID의 OTI(Office of Transition Initiatives)는 비교적 온건한 원주민들을 대상으로 반정부 세력을 규합하였다. 2005년 12월 선거 이후에 동부 저지대의 주 정부는 본격적으로 중앙정부에 반기를 들었는데, 미국은 상대적으로 온건한 시민사회 조직과 비정부기구들도 대대적으로 지원했다(Burron, 2012: 127). 온건한 대처로는 모랄레스를 반대하는 시민사회조직과 비정부기구들을 지원하는 것이었다(Burron, 2012). 최근까지 미 국무부는 모랄레스를 불법 코카 선동가이자 급진적인 MAS의 지도자로 분류했으며, 볼리비아 원주민 운동을 반체제 운동이라고 간주했다(Albro, 2006: 388). 미국의 정책결정가들은 남미의 원주민 운동이 범죄자와 테러리스트들의 반란이라고 규정하고, '테러와의 전쟁'이라는 개념으로 다루어야 한다고 판단했다. 미국뿐 아니라 라틴아메리카의 일부 지식인들도 모랄레스와 원주민의 사회운동을 부정적으로 보기도 한다. 페루의 작가 바르가스 요사(Jorge Mario Pedro Vargas Llosa)도 원주민 운동이 남겨 놓은 정지적·사회적 무질서를 지목하면서, 원주민 운동이 문명이나 발전과는 양립할 수 없다고 주장했다. 그러면서 그는 특히 안데스 지역에서 원주민 운동의 반민주적인 성격을 강조했다(Albro, 2006: 391).

미국은 모랄레스에 대해 불편한 심기를 보이면서 볼리비아 정부를 끊임없이 압박하고 있다. 미국의 지지를 받아 베니, 판도, 산타 크루스, 타리하 지역의 지도자들은 2008년 5월과 6월에 지역자치를 위한 주민투표를 통과시키며 MAS가 선도하는 헌법개정 계획에 맞섰다. 2008년 8월과 9월에 일부의 자치주의자들이 메디아 루나(Media Luna) 지역의 중앙정부기관과 원주민들을 공격하면서 중앙정부와 주정부의 갈등이 최고점에 이르렀다. 모랄레스는 이것을 쿠데타라고 비난했다. 당시에 필립 골드버그(Philip Goldberg) 미국대사는 산타 크루스로 가서 자치운동의 선봉에 서 있는 루벤 코스타(Rubén Costa) 주지사를 만나서 대책을 상의하기도 했다 (Fabricant, 2011a: 30). 그 뒤에 코스타는 중앙정부기관을 점거하라는 명령을 내렸다. 긴장이 고조되면서 필립 골드버그 미국대사가 반대자들을 지지했다는 이유로 출국하라는 요구를 받았다. 이에 대한 대응으로 미국은 구스타보 구스만(Gustavo Guzmán) 볼리비아 대사를 추방했다. 2008년 9월에 부시 행정부는 볼리비아가 미국의 기준에 부합하는 마약 근절 정책을 제대로 추진하지 않았다고 발표했다. 2008년 12월에는 안데스 무역 특혜조약(Andean Trade Preferences)에 의해 볼리비아에 주어지던 최혜국 대우의 지위를 중지시켜 미국시장에서 볼리비아 제품에 대한 무관세 혜택을 종료시켰다(Burron, 2012: 124-125). 볼리비아에서 수입하는 물품에 미국이 관세를 부과하면서 볼리비아에서 약 1만2,000개의 일자리가 사라졌고, 특히 엘알토 지역의 저소득층이 상당한 피해를 입었다. 볼리비아는 2008년 오바마 행정부가 들어서면서 관계가 개선될 것을 희망했다. 그러나 미 국무부는 볼리비아가 코카에 대한 단속을 성실하게 하지 않으며, 코카 재배를 오히려 장려한다고 비난했다. 오바마 행정부는 2009년과 2010년에 연속적으로 볼리비아의 마약통제 노력을 부정적으로 평가하면서(Kohl and Bresnahan, 2010a: 13), 미국과 볼리비아 사이의 관계개선이 쉽지 않는 상태에 있다. 2011년 미국이 시리아에 대한 나토의 군사적 개입을 지지하면서 볼리비아와 미국의 관계가 다소 불편하게 되었지만, 2011년 양 국가는 외교관계를 복원하기로 합의하였다. 그러나 미국의 마약단속국(Drug Enforcement Administration: DEA)이 볼리비아로 돌아오는 것은 거부했다. 이렇게 미국과의 관계가 악화되면서 정치와 경제 분야에서 볼리비아의 입지가 어느 정도 위축된 것은 사실이다.

V.

원주민 운동의
성과와 과제

1. 성과와 사회적 기여

아직도 라틴아메리카에서 원주민에 대한 사회적 차별이 심각하고, 문화적 동질화를 위한 정부와 사회의 노력이 꾸준하게 진행되고 있지만, 원주민이 완전히 사라지지 않았다. 그 이유는 지역혹은 전국 규모의 원주민 조직들이 여러 분야에서 투쟁을 하면서영향력을 행사했고, 또한 많은 원주민 마을들이 자신들의 문화를보존하기 위한 문화 부흥이나 회복 작업에 참여했기 때문이다. 그밖에도 원주민들은 자신들에게 동조하는 세력을 끌어들이고 국내혹은 국제적인 NGO의 도움을 받으며, UN 등과 같은 초국가적 조직에 호소해서 자신들의 국가가 다양한 국제적 협약에 참여하도록 압력을 행사한 것도 상당한 역할을 했다(Jackson, 2005: 172). 20세기에 들어서서 원주민 운동은 1960년대와 1970년대에 강력한군부독재정권이 득세할 때에는 그다지 힘을 쓰지 못했다(Langer, 2003: xviii). 그러다가 라틴아메리카에도 민주화의 물결이 영향을미치면서 원주민 운동에도 새로운 변화가 일어났다. 특히 잃어버린 10년인 1980년대에 경제침체가 지속되고 정치적 억압으로 인해국민들의 생활이 점점 더 어려워지면서, 이런 문제를 극복하기 위해 여러 형태의 사회운동이 등장했다(Vanden, 2007: 20). 이런 과정에서 원주민 사회에서도 그동안 수동적으로 머물던 것에서 탈피하여, 사회를 향해 자신들의 목소리를 내기 시작했다. 이렇게 원주민 운동이 등장하게 된 배경에는 권위적인 독재체제가 해체되면서 라틴아메리카 국가들의 권력이 약화되고 전통적인 정치적 정당이 쇠퇴하였기 때문이다. 또한 자유무역과 시장경제의 이름으로 국가의 역할을 축소시키려는 신자유주의 정책이 외부세력에 의해 강요되는 것도 영향이 크다(Safa, 2005: 308).

세계화와 더불어 신자유주의 정책이 시행되면서 1980년대와 1990년대에 불평등과 빈곤이 크게 증가되었고, 이런 현상은 경제 침체와 국가자원의 잘못된 분배로 나타났다. 소비, 소득, 그리고 건강과 복지가 극빈층에서는 악화되고 부유한 층에서는 좋아졌으며, 중산층은 점차 줄어드는 양극화 현상이 뚜렷해졌다. 이렇듯 불평등과 빈곤이 극심해지면서 생활이 곤란해진 원주민들은 국가로부터 보다 많은 지원을 요구하고 있으며, 문화적 자치도 인정받기를 원한다. 그러나 원주민들은 농민이나 여성들처럼 이런 권리를 단순히 국가의 시민으로서 요구하는 것이 아니라, 문화적으로 구별되는 집단으로서, 국가 내에서 자치를 바라는 것이다. 즉 정부가 지금까지의 메스티소화의 개념을 버리고, 동질화 정책이 펼쳐졌던 곳에서 문화적 차이가 인정받고 존중되는 정책을 구현해야 된다는 것이다. 문화적 차이를 존중하는 종족운동이 광범위한 지지를 받게 된 것은, 1970년대에 해방신학과 인권운동이 확산된 영향이 컸다(Safa, 2005: 309). 원주민 운동이 성장하게 된 또 다른 이유는 사회 내에서 세계화에 따라 정치적 기회가 증가하기 용이한 구조로 바뀌었기 때문이다. 이런 변화로 정책결정이 더 이상 정부에 의해 독단적으로 이루어지는 것이 아니라, 여러 행위자들 간의 상호작용의 결과로 나타나고 있다. 결국 전 세계에 걸쳐서 다양한 문제에 관심을 갖는 행동가들이 원주민 운동에도 관심을 가지면서 상당한 영향력을 행사하게 되었다(Martí i Puig, 2010: 79). 원주민들이 주도하는 신사회운동이 중점적으로 강조하는 것 은 원주민들에게도 법적인 평등권을 인정하고, 원주민의 문화적 규칙, 법적인 관행을 존중하는 한편 자신들에게 문화적·정치적 권리를 부여하라는 것이다(Petras, 2008: 495). 이런 과정을 거치면 서 원주민들에 의해 촉발된 현재의 사회운동은 신자유주의 체제 를 붕괴시키고, 나아가 정당과 의회 정치의 제도적인 틀을 바꾸어 놓는 성과를 달성했다(Petras, 2008: 512). 이 결과로 원주민 운동은 라틴아메리카에서 국가의 역할을 되새겨 보고, 시민과 국가의 관 계를 재고해 보는 계기가 만들어졌다(Mattiace, 2005: 238). 이렇게 됨으로써 라틴아메리카 사회가 과거와는 전혀 다른 모습을 갖게 되었다. 그런 의미에서 라틴아메리카 원주민들의 신사회운동은 현대의 사회변화에 중요한 역할을 담당했다고 말할 수 있다.

원주민들도 사회에서 자신들의 의사를 표현할 공간이 만들어 졌고, 원주민 문화와 원주민 사회를 새롭게 재평가하려는 사회적 분위기도 조성되었다. 이런 사회적 변화 속에서 일부의 라틴아메 리카 국가에서는 원주민 운동이 사회변화의 전면에 나서게 되었 다. 멕시코와 에콰도르, 그리고 볼리비아의 원주민들은 기존의 사 회운동과는 상이하게 자신들의 문화유산을 바탕으로 새로운 사회 를 건설하기 위한 노력을 시도했다. 원주민들은 시대에 뒤지거나 낡아서 쓸모없는 것이라고 간주하였던 자신들의 전통적인 고유한 관습과 제도를 새롭게 해석하여, 사회에 적용시키려고 노력했다. 이런 맥락에서 원주민들은 조직활동과 연합체를 구성하는 데에 문화유산을 정치적 자원으로 활용했고, 사회운동을 통해 대안적인 민주주의를 고안할 수 있었다(Albro, 2006: 389). 문화유산의 개념은 국내외의 NGO, 원주민 운동가와 지식인들의 협조를 얻어서 문화적·사회적·정치적·법률적으로 유용한 수단으로 활용되었다. 특히 정부의 구조조정 정책에 의해 파편화된 원주민 마을을 대상으로 도덕적인 집합적 정치의 의미와 유용성을 제시하였다. 원주민 사회의 근간을 이루는 대화와 토론, 숙의와 같은 효율적인 의사소통 방식과 권력공유의 원칙에 입각한 집합적인 정치는 현대사회에서도 대안적인 민주정치의 원천이 되었다(Albro, 2006: 403). 특히 개인을 중시하는 자본주의에 반해서 원주민들의 이념을 도입한 21세기의 사회주의는 사회적 복리, 박애, 사회적 유대를 촉진시키는 강력한 도덕적·윤리적 요소를 포함한다(Ellner, 2012: 106). 결과적으로 원주민들은 기존의 전통적인 노조나 농민운동이 강조했던 계급정체성보다 종족정체성을 내세우면서 자신들의 권리를 주요한 이슈로 제기하였다(Eisenstadt, 2006: 109). 이런 가운데 원주민들은 조직활동을 시작하면서 문화와 종족성의 차이를 강조하는 정체성의 정치에 몰입하였다.

　원주민들이 주도하는 신사회운동에서 주목할 것은 원주민의 전통과 관습을 인정하는 자치를 요구했다는 것이다. 원주민 사회는 역사적으로 백인이나 메스티소 등의 지배계급에 의해 사회경제적·정치적 불평등을 감수하며 생존할 수밖에 없었다. 정치경제적으로 매우 열악한 상태에서 이제는 자신들의 고유한 문화를 지키며 공동체를 유지하기도 어려운 상황에 빠져 있다. 그렇기 때문에 원주민들은 오랜 문화적 전통을 근거로 자신들 스스로 집합적인 정치경제 구조를 만들어 나갈 수 있도록 허용해 줄 것을 바란다. 멕시코 정부는 원주민들의 이런 요구에 대해 문화적 의미의 자치만을 인정할 수 있다고 말하고, 정치적 자치는 허용할 수 없다는 입장을 분명히 밝혔고, 에콰도르와 볼리비아에서는 멕시코보다는 상황이 유리하지만 실질적인 자치와는 아직 거리가 먼 상황이다. 라틴아메리카 정부는 원주민들의 자치 요구가 국가를 분할시키는 계기가 될 것을 우려한다. 그러나 원주민들이 제시하는 자치는 분리독립이나 '발칸화'(balkanization)를 의미하는 것이 아니라, 기본적인 욕구를 달성하기 위해 자신들의 의사결정이 존중되는 정치경제적 조건을 마련해 달라는 것이다. 멕시코에서도 원주민들의 주장을 보면 "멕시코에서 우리를 빼면 안 된다"는 구호를 내세우고 있다. 에콰도르 원주민들도 국가의 통합정책 자체를 거부하기보다, 그 정책 안에 내포된 문화적 동질화를 원하지 않는 것이다. 볼리비아에서도 사정은 유사하여 오히려 원주민들이 국가의 정책에 적극적으로 개입하려 노력한다. 심지어 에콰도르와 볼리비아에서는 분리독립주의와는 반대의 행보를 보여준다. 예를 들면, 원주민들은 정부가 국가의 자산을 외국의 이해집단에게 팔려는 행위를 비난하며, 구조조정의 과정에서 쉽게 헤어 나오지 못하는 사람들에게 정부가 무관심하다며 항의한다(Jackson, 2005: 168). 즉 원주민들에게 자치는 자신들의 영토의 권리를 인정받고, 자신들만의 정치활동을 할 수 있도록 문화적 차이를 인정받는 것이다. 또한 자치는 무제한적인 특권을 의미하는 것이 아니라, 책임 있는 참여를 통해 집단에 속할 권리를 얻기 위한 것이다(Safa, 2005: 316). 그러나 이런 노력에도 불구하고 자치에 관해 획기적인 성과를 아직까지 얻어내지는 못했다. 실질적으로 원주민들의 신사회운동이 심각한 난관에 처하게 된 것도 자치에 관한 요구가 충분히 실현되지 못하기 때문이다.

원주민 운동이 라틴아메리카 사회변화에 가장 크게 기여한 것은 다문화주의의 확산이라고 할 수 있다. 20세기까지만 해도 대부분의 라틴아메리카 국가들이 역사적으로 진행되었던 동질화 계획을 유지하고, 종족에 따른 차별정책을 당연한 것으로 간주하였다. 그러나 21세기 초가 되면서 원주민들의 주장을 반영하여 국가가 중심이 된 다문화주의를 내세워, 원주민의 존재를 헌법에서 인정하고 이들의 정치적 대표성도 인정하였다. 지난 20년 동안 원주민들은 자결권, 자치, 영토의 권리, 자연자원에 대한 권리, 정치적 개혁, 경제발전에 대한 통제, 군과 경찰의 개혁 등 광범위한 분야의 요구를 제시했다. 원주민 인구가 많은 지역에서는 새로운 다문화주의로 원주민들의 정치적·물질적·문화적 기회가 커졌다(Horton, 2006: 832). 다문화주의가 확산되면서 과거에는 부정적으로 평가 받던 원주민 정체성이 서구사회에서는 찾아보기 힘든 도덕적 자본을 소유하는 것으로 인식하게 되기도 했다(Jackson, 2005: 164). 물론 이런 과정이 순조롭게 진행된 것만은 아니다. 정부는 문화적 권리라는 개념으로 원주민 운동을 분할시키고 길들이려고 한다. 특히 신자유주의적 다문화주의라는 개념을 이용하여, 제한된 범위에서만 원주민들의 조직활동을 허용한다. 그래서 당장 다문화주의의 때문에 원주민들의 생활상에 획기적인 변화가 일어난 것은 아니다. 경우에 따라서는 정치적 선언이나 상징적 행위에 머물기도 했다. 라틴아메리카에서는 효율적인 정치적·사회적·문화적 평등을 이루기 위해서 제도적인 개혁이 절실하다. 여러 국가에서 다문화사회임을 헌법에 명시하고 있지만, 보다 현실적인 개혁이 필요하다. 다문화교육의 경우에도 재정적 지원이 있어야 가능하고, 교사들을 원주민어로 훈련시키는 것도 필요하며, 새로운 교과과정을 만드는 작업도 선행되어야 한다. 이런 것이 단계적으로 진행되려면 원주민들의 정치적 대표성이 제도적으로 보장되어야 한다. 결국 소수집단을 우대하는 정책도 제도적 개혁의 하나로 고려해 볼 수 있다(Postero and Zamosc, 2004: 19). 이렇게 다문화주의 정책을 시행한다는 말을 정치적으로 선언하는 것만으로 많은 것들이 저절로 이루어지지는 않는다.

그렇지만 다문화주의에 대한 관심이 증가하면 자연히 원주민들이 사회에서 적절한 대우를 받을 가능성이 과거보다는 커진다. 구체적인 사례를 보아도 다문화주의가 실시되어서 원주민의 목소리도 커지고 행동반경도 넓어졌다. 실질적인 민주주의가 이루어지고 정부에 원주민들이 직접 참여하면서 원주민들을 위한 정책과 법률 제정이 확대되었다(Horton, 2006: 833). 다문화주의가 시행되면 원주민들이 경제활동을 하는 데에도 과거보다 유리한 점이 많다. 전에는 눈에 드러나지 않는 종족성에 따른 차별이 만연해서 원주민들이 자신들의 사회를 벗어나서 메스티소나 백인들을 상대로 활발한 경제활동을 하기가 쉽지 않았다. 그런 의미에서 문화적 차이에 대한 관용이 인정된다면, 이것이 원주민들의 경제수준을 향상시키는 데에 조금이라도 유익할 것이다. 그러나 실질적으로 거의 대부분의 원주민들이 접근이 용이하지 않은 산악지역에 거주하며 농업이나 임업, 목축업 등에 종사한다는 점을 고려하면, 정부가 원주민들에게 토지와 자연자원에 대한 효과적인 통제를 할 수 있는 권한을 부여하지 않으면, 다문화주의의 장기적인 성과는 의외로 미미할 수 있다.

　사회운동의 방법의 차원에서 보면, 신사회운동은 과거의 운동과 많은 차이가 있다. 대규모의 의사소통수단과 저비용으로 접근 가능한 인터넷 같은 기술의 발전, 문맹률의 하락, 고등교육의 기회확대, 민주화 과정에서 정치적 자유의 증가 등과 맞물리면서 사회운동을 펼치기에 과거보다 훨씬 유리한 환경이 조성되었다 (Vanden, 2007: 21). 원주민들이 주도하는 신사회운동은 과거와는 달리 인터넷 등과 같은 정보교환 수단을 활용하여 짧은 시간에 전 세계로 퍼져 나갔고, 이들의 문제가 순식간에 국제적인 이슈가 되었다. 이것을 계기로 국내외의 네트워크가 형성되어 원주민들의 사회적 영향력을 한층 강화시킬 수 있었다. 이런 정보의 빠른 전달이 라틴아메리카 정부에게는 큰 압박이 되어서 정부가 과거처럼 원주민들의 주장을 일방적으로 무시할 수 없었다. 이를 바탕으로 원주민들의 사회운동은 지지세력을 용이하게 확대시킬 수 있었다. 앞에서 살펴본 멕시코, 에콰도르, 그리고 볼리비아의 사회운동은 지역에 기반을 둔 사회운동이 전국적인 그리고 세계적인 운동으로 발전되는 과정을 잘 보여주었다. 이들의 운동이 조직적으로 전개되면서 정치권은 원주민들에게 영향을 미치는 정책을 수정하거나 포기할 수밖에 없었다. 또한 아래로부터의 운동을 시작하면서 새로운 정치적 지평을 열었고, 탈권위적이며 참여가 핵심이 되는 정치문화를 이루었다. 앞으로의 문제는 이것이 계속적인 사회구조 개혁으로 이어질 수 있느냐 하는 것이다(Vanden, 2007: 29).

한편 원주민들의 신사회운동의 전략과 목표도 과거의 사회운동과는 판이하게 다르다. 사회변화를 가능하게 하는 유일한 수단이 권력을 쟁취하는 것으로 인식되던 과거의 혁명조직과는 달리, 새로운 전략은 지배계층을 전복시키지 않고 조직된 시민사회를 이용하여 국가를 변화시키는 데 필요한 반대세력을 키우는 것이다(C. de Grammont and Mackinlay, 2009: 22). 이런 정체성에 바탕을 둔 문화의 정치는 과거의 사회와는 차원이 다른 조화로운 인간관계를 발전시키는 목표를 갖고 있다. 물론 여러 사회적 행위자들이 상이한 문화적 의미와 행위에 의해 영향을 받으면서, 문화정치의 과정에서 상호 간에 충돌이 발생하기도 했다. 그렇지만 20세기 말부터 확산된 개인주의와 경쟁에 기반을 둔 신자유주의적 민주주의와 경제발전에 맞서서 의미 있는 대안을 제시하기도 했다. 즉 협동, 공동체, 연대 같은 원주민들의 전통적 가치가 그것이다(Swords, 2007: 79). 그 외에도 지도자와 지역사회 간에 신뢰를 형성하고 수평적 의사결정구조를 포함하는 새로운 관계를 형성해간다. 멕시코의 경우에 사파티스타 조직들은 대안적인 방식의 참여민주주의와 자치발전을 진전시키고 있다. 구체적인 내용은 '순종하며 이끌기', 정부의 불합리한 프로그램 저지, 협동조합의 강화, 생산의 다양화, 식량안전의 확보 등이다. 1994년에서 2004년까지 사파티스타 네트워크는 정치참여와 더불어 마을을 중심으로 하는 생존계획을 실시하고 심도 있는 민주주의를 추구하는 데 성공했다(Swords, 2007: 78). 물론 사파티스타들의 이런 노력이 아직 완성되지는 못했지만, 계속해서 이어 나갈 가치가 있는 내용이다.

다음으로 원주민들의 신사회운동은 여성들의 역할과 권리를 크게 증진시키는 데에 훌륭한 역할을 했다. 멕시코와 에콰도르, 그리고 볼리비아의 원주민 운동이 활발하게 전개되면서, 그동안 전통적으로 남성이 지배하던 사회에서 간과되었던 여성을 포함시키려는 노력을 경주했다(Ellner, 2012: 108). 전통적인 원주민 사회에서 사회운동에 여성들이 전혀 참여하지 않은 것은 아니었다. 그러나 원주민들의 정치적 관행에서는 여성들이 원주민 사회의 지도자가 되는 것이 쉽지 않았고, 일부의 원주민 마을에서는 여성들의 정치 참여를 원칙적으로 제한하기도 했다. 이런 실정에서 여성들의 지위는 낮을 수밖에 없었고, 여성들이 사회에 기여하는 것도 상대적으로 미진하였다. 그렇지만 새로운 형태의 원주민 운동이 시작되면서 여성들의 인권에도 적극적으로 관심을 보이면서, 여성들이 운동의 지도자가 되는 새로운 현상이 나타났다. 점점 더 많은 원주민 여성들이 목소리를 높이고 자신들의 조직을 결성하여, 가족 내와 사회에서 다양한 문제를 제기하고, 또 직접 해결하려 한다. 사파티스타 여성들의 경우에는 집안에서 남성들의 지배를 포함한 모든 형태의 위계구조를 폐지하려고 노력한다(Safa, 2005: 320). 여성들의 적극적인 활동이 늘어난 것은 라틴아메리카에도 페미니즘 운동이 성장하면서 원주민 여성들도 크게 자극을 받았기 때문이다(Safa, 2005: 318). 물론 아직도 원주민 운동에서 여성들의 위치나 이들이 해결하려는 여성 문제는 원주민들의 독특한 문화와 그들의 여성에 대한 태도에 따라 변화가 심하다(Langer, 2003: xviii). 그럼에도 불구하고 원주민들의 신사회운동은 여성들의 사회적 지위와 역할을 크게 증대시키는 효과를 가져왔다.

궁극적으로 원주민들의 신사회운동이 뚜렷한 성과를 이루려면 정치적인 힘을 얻는 것이 필요하다. 그런 의미에서 멕시코, 에콰도르, 볼리비아의 원주민들은 정치적 영향력을 얻기 위해 다양한 노력을 경주했다. 그러나 원주민 운동의 정치화는 세 국가에서 모두 동일한 과정과 결과를 얻은 것은 아니었다. 멕시코에서는 국내외의 다양한 조건으로 인해 원주민 집단들이 정당이나 정치세력으로 발전되지 못하였다. 반면에 에콰도르와 볼리비아에서는 원주민 정당을 설립하여 대통령에 당선되거나, 실제로 선거에 참여하여 자신들의 영향력을 발휘하기도 했다. 원주민 운동의 도움으로 정권을 장악한 모랄레스와 코레아 정부는 상당히 유사한 점이 많다. 먼저 이들은 단순히 원주민뿐만 아니라, 다양한 계급의 사람들이나 조직과 연대하여 정치적 힘을 증대시키며 권력을 차지했다(Ellner, 2012). 그밖에도 모두 포퓰리스트적인 좌파라는 특징을 공유하고 있다. 대통령이 된 다음의 구체적인 정치활동에서도 이들은 비슷한 과정과 결과를 거치고 있다. 즉 모두 압도적인 표로 당선되었고, 의회에서도 다수당의 위치를 차지했으며, 대통령 임기를 시작하면서 제헌의회를 선출하였고, 경제발전이나 생산성보다는 사회참여와 통합을 강조했다(Ellner, 2012: 97).

원주민 운동이 라틴아메리카 사회변화의 전면에 나서면서 국내외적으로 상당한 영향을 미치고 있다. 그중에서도 미국과 가장 가까운 위치에서 활약을 했던 사파티스타들의 이념이 많은 지지자들로부터 좋은 평가를 받고 있다. 사파티스타에 동조하는 사람들은 공통적으로 신자유주의의 대해 불만을 갖고 있다(Andrews, 2011: 145). 사파티스타들은 자신들에게 동조하는 사람들에게 구체적인 전략, 정체성, 그리고 희망을 제시하고 있다. 실제로 사파티스타들을 추종하는 사람들은 사파티스타들이 오랜 기간 새로운 형태의 민주주의의 가능성과 타당성을 보여주었기 때문에, 사파티스타들이 말하고 일하는 방식을 그대로 수용하고 있다. 이렇게 함으로써 자신들의 정당성이 확보된다고 생각한다(Andrews, 2011: 139). 국내에서도 새로운 사회건설을 목표로 하는 사파티스타 사회의 정치이념이 원주민이 많고 가난한 멕시코의 마을로 스며들고 있다(Zugman Dellacioppa, 2011: 131). 한편 국제사회에서도 사파티스타에 대한 관심과 열기는 끊임없이 지속된다. 사파티스타 운동을 둘러싼 국제적인 네트워크가 조성되어 국제적인 사파티스모가 확산되고 있다. 사파티스타들은 70여 개국 이상의 조직들과 협력관계를 유지하고 있으며, NGO, 싱크탱크, 영화제작자, 관광객, 학자, 학생, 페미니스트, 지역운동가, 농부, 원주민 조직 등이 여기에 포함된다. 일부의 조직들은 물질적·정치적 기부를 하기도 한다. 2005년에 라칸돈 정글의 6번째 선언에서 사파티스타들은 '또 다른 캠페인'을 시작하면서 멕시코와 전 세계의 운동세력과 네트워크를 형성한다고 발표했다. 이렇게 하면서 억압받는 유사한 조직들과 연대를 넓히고 다른 지역의 운동가들을 격려하여 사파티스타의 이념을 그들이 채택하도록 노력했다(Andrews, 2011: 142). 사파티스타를 지지하는 상당수의 조직들이 사파티스타의 구호를 사용하면서 자신들의 사파티스타 이념에 대한 지지를 확인하고 있다. 예를 들면, "이제 됐어"(Ya basta!), "질문하며 걷는다"(caminamos preguntando), "모든 것을 모두에게, 우리에게는 아무것도 없이"(todo para todos y nada para nosotros), "많은 세계가 머무는 하나의 세계"(un mundo donde quedan muchos mundos), "심장이 있는 아래로 왼쪽으로"(abajo y a la izquierda, donde el corazón) 등이 이에 속한다(Andrews, 2011: 144).

사파티스타의 철학과 조직형태는 다른 지역의 반세계화 운동에도 도움을 준다. 사파티스타에 의해 고무된 네트워크들은 수평적, 상호 간의 호혜적 연대를 구성하는 데에 앞장서고 있다(Andrews, 2011: 141). 이런 움직임의 대표적인 사례를 미국에서 찾을 수 있다. 로스앤젤레스의 사회운동에 EZLN이 미친 영향을 보면, 최근 몇 년 사이에 일부의 운동가들이 사파티스타의 정치 원리들을 실행에 옮기는 작업에 착수했다(Zugman Dellacioppa, 2011: 123). 로스앤젤레스의 에코 파크(Echo Park)에 위치한 카사 델 푸에블로(Casa del Pueblo)는 사파티스타의 조직원칙에 입각한 지역사회조직이다. 이것은 2002년에 공식적으로 시작한 것으로 주택이 고급화되면서 밀려난 지역 내의 이주자 가구들을 위한 주택조합의 결성이 주요한 목표이다. 이런 목표를 달성하기 위한 연구 모임이 2001년에 '로스앤젤레스 사파티스타 위원회'(Comité Zapatista de Los Angeles: CZLA)라는 명칭으로 출발했다(Zugman Dellacioppa, 2011: 126). 이런 과정을 거치면서 사파티스타 이념을 구체적인 사회변화에 적용시키려고 노력한다.

2. 과제와 향후의 문제

원주민들의 신사회운동이 남겨 놓은 많은 성과가 있지만, 원주민 운동 앞에 놓인 과제 또한 산적해 있다. 1990년대와 2000년대가 시작되면서 원주민들의 사회운동이 급격하게 확산되면서 사회적 관심을 유도했고, 상당한 정치경제적 성과를 이룰 수 있었다. 그러나 라틴아메리카의 사회운동은 2003년 이후에 급격히 쇠퇴하기 시작해서 참가인원과 사회적 영향력이 줄어들고 있다. 에콰도르와 볼리비아 등 일부 국가들의 경우에 대규모의 사회운동으로 정권교체가 이루어지기도 했지만, 그런 상태가 향후에도 계속해서 유지될지는 아직 확실하지 않다(Petras, 2008: 480). 한편으로는 라틴아메리카의 사회변화와 신사회운동에 대한 국제적 관심도 예전보다는 많이 줄어든 것이 사실이다. 그렇기 때문에 새로운 계기가 만들어지지 않는다면, 원주민들이 과거와 같은 영향력을 갖는 사회운동 세력으로 계속해서 남아 있기 어려울 수 있다. 상황을 더욱 불리하게 만드는 것은 원주민 운동의 활성화에도 불구하고, 사회에서 원주민들에 대한 좋지 않은 편견과 선입관, 그리고 부정적 인식은 크게 달라지지 않았다는 것이다. 라틴아메리카의 많은 정치엘리트, 군부, 그리고 일반시민들까지 아직 원주민들을 낙후되고 비생산적인 사람으로 보거나, 심지어 국가의 반역자 혹은 재교육이 필요한 아이로 간주한다. 원주민들은 이런 정형화된 편견에 맞서서 다양한 방식으로 저항했지만, 획기적인 성과를 얻기에는 사회적 여건이 매우 불리하다(Mattiace, 2005: 249). 원주민의 수를 고려하더라도 볼리비아에서는 원주민이 전체 인구의 다수를 차지하지만, 에콰도르와 멕시코에서는 원주민이 소수집단이어서 사회에 광범위한 영향을 미칠 정도의 규모에 이르지 못한다 (Postero and Zamosc, 2004: 15). 이런 산적한 문제들로 인해 향후에 원주민 운동이 안고 있는 과제를 완전히 해결하기가 그렇게 간단하지는 않다.

원주민 운동이 최근에 들어 주춤거리게 된 가장 큰 원인은 원주민들의 신사회운동이 핵심적으로 추구하는 원주민들의 자치가 현실적으로 실현되기 매우 어렵기 때문이다. 멕시코의 경우는 정부가 문화적 분야를 제외하고 원주민들의 정치경제적 자치를 허용하지 않는다는 주장을 고수하면서 전혀 진전이 없는 상태이다. 에콰도르와 볼리비아에서는 정부에 의해 다소나마 긍정적으로 평가받는 부분이 존재하지만, 실질적인 성과는 거두기가 쉽지 않은 실정이다. 예를 들어 정부가 수십 개의 원주민 집단의 자치를 인정한다면, 국가가 유지할 수 없을 정도의 소규모로 분할된다는 것을 의미한다. 그렇기 때문에 모랄레스도 완전한 의미의 원주민들의 자치적인 의사결정을 실행시킬 의도는 없다. 한편 정치적 자치는 경제적 기반과 실질적인 정책이 뒷받침되지 못한다면 불가능하다. 근본적인 토지 재분배와 같은 완전한 토지개혁이 실행되지 않는다면, 원주민들의 자주적인 정치적 결정에 필요한 경제적 기반이 마련되지 못한다. 그런 까닭에 원주민 운동의 확산에도 불구하고, 사회 내부에서 소득이나 재산의 불평등, 외국의 다국적 기업과의 계약, 예산의 사용 등은 별다른 영향을 받지 않고 있다 (Petras, 2008: 496). 볼리비아의 사례를 보더라도 2007년까지 모랄레스는 실질적인 토지개혁을 실행하지 못하고 있으며, 재분배된 토지도 거의 없다. 농촌의 불평등은 아직도 해결되기 어려운 암울하고 명확한 문제이다(Petras, 2008: 497). 심지어 문화적인 부문에서도 멕시코, 에콰도르, 볼리비아 모두 국제노동협약에 서명하는 등 다문화주의(multiculturalism 혹은 pluriculturalism)를 형식적으로 수용하지만, 실제로는 이중언어 교육에만 머물고 구체적인 정책은 실속이 없는 경우가 많다. 헌법에 의해 원주민의 권리가 인정되었다고 해도, 실제로 그것이 그대로 집행되는 것은 아니다(Mattiace, 2005: 248). 정치인들의 입장에서 보면 현재의 신자유주의 경제 모델에 어긋나는 재분배정책을 실시하는 것에 비해, 이중언어 교육을 지원하는 것이 훨씬 부담이 적고 용이하다(Mattiace, 2005: 244). 따라서 손쉬운 문화정책을 일부 수행하는 정도에 머문다. 이런 사실을 고려한다면, 문화적 측면에서도 아직 획기적인 변화를 달성했다고 말하기 어려운 실정이다.

원주민 사회 내부의 문제와 원주민 사회 사이의 다양한 성격, 그리고 상황에 따라 변화하는 원주민 종족정체성도 원주민들의 신사회운동을 어렵게 만드는 요인이 되기도 한다. 먼저 흔히 생각하듯이 원주민 마을은 어디나 화합이 잘되고 합의에 근거한 집합체일 것이라는 낭만적인 관점은 실상과는 약간 다를 수 있다. 적지 않은 수의 원주민 마을이 각종 갈등, 파벌, 위계구조, 일부의 구성원들을 배제하거나 주변화시키는 의사결정 구조 등의 문제를 안고 있다(Jackson, 2005: 174). 다음으로 원주민 사회 간에 문화적 차이가 심해서 원주민 사회가 일치되고 단결된 모습을 보이기 어렵다(Mattiace, 2005: 239). 역사적으로 오랜 기간 존재해 왔던 라틴아메리카의 원주민들의 문화는 서로 다른 점이 많다. 예를 들어 주거

형태나 생계전략, 정치적 조직, 사회구조, 종교적 관습, 그리고 종족 간의 관계도 상이하다(Levi, 2002: 7). 원주민들은 현실적으로 사회경제적, 정치적 지위와 원주민 사회의 지리적 위치, 역사적 경험, 문화적 특성에 따라 다양한 이해관계를 갖고 있어서 현실적으로 응집력을 극대화하기 어렵다. 이렇게 원주민마다 자신들의 종족적 자부심과 고유한 특징을 강조하려고 노력하면서, 전국 혹은 지역적 수준에서 많은 다양한 원주민 집단을 조직하는 데에 예상하지 못한 문제들이 발생했다. 일부의 원주민 집단은 다른 원주민들을 자신들의 집단의 일부로 포함시키려는 의도로, 자신들이 다른 원주민들에 비해 사회문화적으로 우월하다고 주장한다. 예를 들면, 북부 볼리비아의 아이마라 원주민들이 원주민 운동을 이끄는 과정에서 중부와 남부 지역의 케추아어를 사용하는 원주민들을 자신들보다 열등하다고 간주했다. 그밖에도 다른 이유로 원주민들의 다양성이 전국적인 조직활동을 방해하는 경우도 발견된다. 예를 들면, 같은 언어를 사용하는 원주민들 사이에서도 서로 다른 방언을 사용하면 갈등이나 차별이 생기기도 한다. 특히 멕시코나 에콰도르의 경우에는 원주민 집단이 매우 다양하며, 이들 사이의 유사성이 그다지 많지 않다. 그래서 때로는 더 많은 곤란한 문제가 발생하기도 한다(Langer, 2003: xvii).

원주민 사회 내부도 항상 동질성을 유지하는 것은 아니다. 당연히 원주민들의 조직도 내부적으로 다양한 성격을 지니고 있으며, 이질적인 요소도 많다. 게다가 정부관리들도 협상을 할 때, 원주민 전체와 직접 상대하기보다는, 젊고 스페인어를 잘할 수 있는 원주민 엘리트들이나 메스티소와 필요한 정보를 주고받는 것을 선호한다(Mattiace, 2005: 242). 그래서 원주민들이 자신들의 의사를 정책에 직접 반영시키기가 수월하지 않다. 또한 앞에서도 논의했듯이 원주민의 정체성이 존재한다고 해서, 그것이 항상 바람직한 방향으로 원주민 운동에 반영되는 것은 아니다. 다른 측면에서 보면 현대사회에서 원주민 정체성의 의미와 중요성은 사회적 상황과 그것을 활용하는 사람들에 의해 다르게 표현될 수 있다. 종족정체성은 정적이고 주어진 것이라기보다 유연하고 사회적으로 구성되고 변화한다. 사람들마다 자신들의 정체성을 재구성할 수 있지만, 모두가 동일한 선택을 하는 것은 아니다. 또 각 개인들마다 복수의 정체성을 가질 수 있다. 그리고 구조적인 조건에 의해 개인의 정체성이 원하는 대로 표현되지 못하기도 한다(Eisenstadt, 2006: 108; Yashar, 2005: 13). 더욱이 현대의 원주민 정체성은 단순히 종족성만으로 구성되지 않는다. 정체성은 각 마을이 처해 있는 생태적 조건, 생계의 기회와 방식 등의 요소들과 밀접하게 연결되어 있다(Healey, 2009: 85). 결과적으로 원주민 정체성은 사회적 상황과 담론에 따라 원주민들이 다르게 이해하거나 사용하기 때문에 상당히 불안정한 상태로 남아 있다. 그래서 향후의 원주민 운동의 미래에도 불안한 요소가 존재한다. 이런 어려움이 있지만, 원주민 지도자들은 원주민의 의미를 재분석하여 자신들의 상징적·정치적 자본의 잠재적 가치를 찾아내면서 자신들의 정체성을 부활시키거나 강화시키려고 노력한다(Jackson, 2005: 165). 이런 까닭에 멕시코와 에콰도르, 그리고 볼리비아에서 원주민 운동과 정체성의 정치는 많은 어려운 과정을 내포하고 있다.

한편 원주민들의 신사회운동이 효과적으로 정부나 다른 집단과 대항하기 위해 다양한 조직이나 세력과 연대를 맺으면서 일정한 성과를 거두기도 했지만, 상이한 이해관계로 대립하면서 갈등이 심화되어 어려움에 빠지기도 한다. 그런 까닭에 원주민 운동은 신자유주의를 맞이하여 어떻게 대처해야 되는지에 대해 통일된 반응을 보이지 못하였다. 반대로 원주민 운동은 복잡하고 다양한 층의 사람들이 참여하면서 지역, 국내 혹은 국제적인 문제에 가담하면서 다양한 목소리를 내게 되었다(Gustafson, 2002: 293). 이런 실정에서 장기적인 정책과제를 위한 준비가 미흡할 수밖에 없었다. 그래서 원주민 지도자들은 종종 중기적·단기적 목표를 설정하는 데 합의하지 못했다. 그들이 결정한 행동도 제대로 준비가 되지 않아서, 심지어 원주민들에게 동정적인 사람들도 만족시키지 못했다. 이렇게 된 이유는 완벽하고 효과적인 정치적 전략을 개발하는 데 실패하였기 때문이다(Jackson and Warren, 2005: 565). 멕시코의 경우를 보면 사파티스타 네트워크의 사회적 기반과 이해관계는 매우 다양하다. 이들은 종족, 성, 계급, 종교, 세대, 교육수준 등에서 차이가 심하고, 동맹의 형태와 정치전략의 차이도 무시하지 못한다(Swords, 2007: 80). EZLN은 문화적·이념적 그리고 정치적 다양성을 포함하는 요구조건을 내세우고 있다. 그러나 이것은 이들의 강점이 될 수도 있지만 다른 측면에서는 약점도 될 수 있다. 한편으로는 상이한 특징을 지닌 집단들의 차이를 인정함으로써 폭넓은 지지를 확보할 수 있지만, 이런 차이가 너무 광범위해지면 실질적인 투쟁을 하는 데에는 장애가 될 수도 있기 때문이다. 그래서 합의를 이끌어 내기 어려워서, 결정적인 시기에 보다 혁신적인 행동을 결정하지 못하는 때가 많았다. 즉 정부와의 타협을 어디까지 할 것인지, 그리고 정치세력화가 필요한지에 대한 논의도 이런 내적인 다양성 때문에 용이하게 결정하지 못했다. 에콰도르에서는 상황이 더욱 심각하다. CONAIE가 종말을 고하게 된 것은 많은 지도자들이 기회주의적 정치를 했기 때문이다. 일부의 구성원들은 NGO와 관련 있는 상향 이동을 추구하는 중산층의 전문직 종사자였다. CONAIE와 사회운동을 분석하는 사람들은 중요한 실수를 범했는데, 그것은 원주민과 농민들의 운동을 사회적으로 동질적인 것으로 판단했다는 것이다. 다시 말해 종족적 동질성을 내세우는 과정에서 분명한 계급적 차이가 묻혀 버린다는 사실이다. 사실상 CONAIE와 이것의 정치적 도구인 파차쿠티는 운송사업자, 사업 중개인, 변호사, 부유한 농민, 소규모의 상업적 농민들을 모두 포함한다. 이렇게 다양한 계급적 요소와 이해관계를 제대로 조정하기가 간단한 일은 아니다(Petras, 2008: 500). 결국 원주민 조직들은 외연을 확장하려는 시도로 다양한 외부세력과 협조했지만, 이것이 빠르게 효율적인 정책을 수행하거나 운동 전략을 수립하는 데에는 부정적인 영향을 미칠 수도 있다는 것이다.

다음으로 원주민 사회의 사회경제적 불안정성이 장기적으로 원주민 사회의 인구를 감소시키고, 원주민 의식의 발전에도 엄청난 지장을 줄 수 있다. 현재 거의 모든 원주민 사회에 시장경제가 도입되고 국가의 정책이 직접적으로 영향을 미치면서, 더욱 많은 원주민들이 소규모 토지를 근거로 한 가구경제를 지탱하기 위해 마을을 떠나 일자리를 찾고 있다(Safa, 2005: 319). 이전에 비해 날이 갈수록 더욱 많은 원주민들이 일자리와 교육, 계층 상승의 기회를 찾아서 농촌사회를 떠나고 있다. 그럼에도 불구하고 원주민

지도자들은 철저하게 농촌의 문화적 공간에 한정되어 있는 유토피아적인 원주민 자치의 담론에 과도하게 매달리고 있다(Hale, 2004). 특히 멕시코의 치아파스의 경우에는 21세기에 들어 대단히 많은 원주민들이 생계를 해결하기 위해 일자리를 찾아 미국으로 국경을 넘는 국제노동이주의 대열에 참여하고 있다. 이미 멕시코의 다른 지역에서 경험했듯이, 한번 이주의 문화가 형성되면 이주의 규모와 속도는 더욱 빨라진다는 것이다. 멕시코의 다른 주에서도 이미 많은 가난한 원주민들이 미국으로의 이주에 적극적으로 참여하고 있는데, 치아파스의 원주민들도 그런 움직임에 동참하고 있는 것이다. 이런 상황에서 원주민들이 신사회운동에 열심히 참여했음에도 불구하고 자신들이 목표로 하는 일정한 성과를 얻을 수 없게 된다고 생각하면, 더욱 많은 사람들이 원주민 마을을 떠나서 다른 지역이나 국가에서 새로운 경제적 기회를 얻으려고 노력할 것이다. 에콰도르나 볼리비아에서는 거리가 멀어서 아직 미국으로의 국제노동이주가 그다지 많은 것이 아니다. 그러나 최근에 페루를 중심으로 남미에서 미국으로의 국제노동이주가 빠르게 증가한다는 것을 고려하면, 이들 지역도 안심할 수 없는 실정이다.

원주민 운동이 현실정치에 직접적으로 참여하면서 예상하지 못했던 문제가 나타나기도 한다. 멕시코와는 달리 에콰도르와 볼리비아의 원주민 조직이 선거에 참여하면서 많은 문제가 드러나게 되었다. 두 국가의 사례를 보면 사회운동 세력이 선거에 참여한다는 것이 자신들의 통일성과 진실성에 심각한 위협을 초래할 수 있다는 것을 보여준다(Yashar, 2005: 302-305). 이런 문제를 구체적으로 알아보면 첫째, 원주민지도자들이 선거를 거쳐 정치적 직위를 갖게 되면서, 지도력을 충분히 경험하지 못한 상태에서 원주민 운동을 떠나게 된다. 둘째, 정치적 직위를 차지한 원주민지도자들은 국가의 정책을 수행하는 엄청나게 힘든 과제를 안게 되었다. 이들은 이념적인 순수함을 유지하면서 구체적인 정책의 목표를 달성하지 못하면서 무능하게 보이거나, 아니면 입법부와 타협하여 문제를 해결하고 운동의 이념을 배반하면서 연정을 실시하는 문제를 갖게 되었다. 셋째, 원주민 운동을 이끌며 존경을 받았던 지도자들이 잘 확립된 정치적 정당 체제에서 반드시 이상적인 관리로 인정받는 것은 아니다. 볼리비아에서도 CIDOB과 CSUTCB는 선거에서 실패한 경험이 있다. 그나마 모랄레스의 사례는 예외적으로 선거에서 비교적 좋은 결과를 얻어 왔다. 넷째, 원주민지도자들이 당파정치에 가담하면서 원주민 운동이 당파적 경쟁에 희생되어 운동을 분할시키는 정치적 분열에 노출될 가능성이 있다. 즉 정당정치의 경쟁으로 파벌이 발생할 수 있다. 또 원주민들의 지지를 받고 정권을 장악한 원주민 출신의 정치지도자들이 지나치게 선거를 중시하면서 장기적으로 정치적 안정이 훼손될 가능성도 간과할 수 없다. 모랄레스와 코레아 정부는 과거의 사회주의와는 단절된 새로운 형태의 참여민주주의를 실현하였다. 중요한 국가적인 안건에 대해 국민들의 여론을 반영하였고, 원주민 사회의 특성을 고려하여 그들만의 정치적 관행을 현대사회에서도 적용할 수 있도록 도왔다. 그러나 이에 따른 문제와 과제도 적지 않게 발생하였다. 예를 들면, 자신들의 통치행위에 대한 합법성을 확보하기 위해 수시로 소환투표, 국민투표 등을 실시하였다. 이때마다 높은 투표율과 득표율을 기록했고, 그에 따라 정치지도자들의 정치적 역량도 한층 강화되었다. 그러나 중요한 사안마다 자주 선거를 실시하여 합법성을 획득하려는 시도는 위험할 수 있다. 왜냐하면 한 번이라도 선거에서 패배하면 돌이킬 수 없는 치명적 결과를 초래하기 때문이다(Ellner, 2012: 98). 이렇듯 원주민의 신사회운동이 현실정치에 직접 참여하는 것은 원주민들만으로 해결할 수 없는 새로운 과제를 만들어 낼 수 있다.

앞에서도 살펴본 것처럼 에콰도르와 볼리비아에서는 자원의 개발을 둘러싸고 일부의 원주민들이 불만을 갖기도 했고, 정책에 따라 원주민과 농민, 그리고 도시의 노동자들이 서로 대립하여 갈등을 빚기도 한다. 그렇기 때문에 사회적 불만이 완전히 사라지지 않는 한 선거를 통해 자신들의 입지를 확보하려는 노력은 경우에 따라 상당히 위험한 결과를 초래할 가능성이 있다. 또 여러 집단의 이해관계를 정책에 포함시키려는 의도에서 지배집단을 다양한 인사들로 구성하다 보니 일관성 있는 정책을 펴기가 용이하지 않은 측면이 있고, 내적 갈등이 존재한다는 것이다(Ellner, 2012: 109). 게다가 정치적인 목적을 달성하기 위해 원주민들을 중심으로 하는 사회운동이 좌파세력과 손을 잡으면서 내부구조에 부정적인 결과를 초래하기도 했다. 에콰도르의 CONAIE와 볼리비아의 코카 재배자들의 원주민 운동도 이들이 좌파세력과 동맹을 형성하면서, 상당수의 농민들이 지지를 철회하였다(Petras, 2008: 486). 혁명적인 사회운동이 정치적 의제를 지배하면서, 우파세력들도 이것을 빌미로 대대적인 정치적 공세를 시작했다(Petras, 2008: 493). 보수적인 볼리비아의 동부 저지대에서 모랄레스에 대한 비판이 커진 것도 이런 이유였다. 이렇게 되면서 사회운동은 정치적 대결을 피할 수 없게 되었다. 이런 과정을 거치면서 농촌의 원주민 운동이 조금씩 쇠퇴하고, 원주민 운동가들이 좌파 체제에 종속되면서 원주민들이 주장하던 내용이 약간 변질되었다. 결과적으로 멕시코의 사파티스타 운동과는 달리 에콰도르와 볼리비아와 사회운동이 좌파 정치인들과 결합하면서 얻는 것도 있지만, 잃는 것도 많다는 것을 알 수 있다. 원주민들이 정부에 영향을 미칠 수 있는 지위를 획득한 경우에도, 정부의 정책에 관해 원주민들이 자신들의 견해를 정부관리에 전달하는 것도 순조롭기만 한 것은 아니다. 심지어 정부의 정책이 원주민들이 바라는 것과는 전혀 다른 방향으로 설정되기도 한다. 에콰도르의 사례에서 원주민과 코레아는 신자유주의 정책을 제한하는 데에는 의견이 일치하지만, 그 목적을 실행하는 방법에서 서로 충돌하였다(Stahler-Sholk and Venden, 2011: 8). 이런 문제로 인해 원주민 운동가와 정치인들의 관계는 매우 복잡하고 해결하기 어려운 난제 중의 하나이다.

VI.
결론

1980년대와 1990년대에 걸쳐 라틴아메리카의 원주민들은 사회에서 문화적으로 인정받고 정치적 권리를 획득하기 위해 국내 혹은 국제적인 범주에서 조직적인 시위를 벌이면서 정치활동에 참여했다. 특히 1992년에 원주민 조직들은 미대륙 전역에서 콜럼버스 일행의 '신대륙의 발견'을 축하하는 행사를 거부하는 시위를 벌이고, 그 대신에 '500년간의 대중과 원주민 등의 저항'을 기념하였다(Postero and Zamosc, 2004: 1). 이런 과정을 거치면서 원주민들은 자신들의 역사적 전통의 소중함을 대내외적으로 확인하고, 부당한 외부세력에 대한 저항에 참여했다. 20세기가 끝나갈 무렵에는 신자유주의와 세계화의 거센 물결로 인해 노동자 중심의 운동이 심각한 타격을 받아 활동하기 어려운 상태에 빠졌다. 물론 원주민들도 신자유주의의 도입으로 여러 분야에서 타격을 입었다. 원주민들이 입은 피해를 살펴보면 먼저 정치구조의 재편으로 원주민 집단과 국가의 관계가 달라졌다. 다음으로 수익성을 창출하려는 목적으로 자원의 채취를 강조하는 정부의 정책이 많아지면서, 상대적으로 자원을 많이 갖고 있는 원주민들의 토지가 위협받는다. 마지막으로 경제구조의 재편으로 경제 위기가 심화되어 가난한 원주민들이 가장 큰 피해를 입는다. 이렇게 되어 원주민 사회는 생존 자체가 위협받는 상황에 빠졌다. 지금까지는 라틴아메리카의 거의 모든 국가에서 토지개혁을 실시할 때에 원주민을 농민으로 규정하고, 이들을 국가형성과 근대화 계획의 중심적인 부분으로 인식하며 이들을 보호해야 된다고 규정했다. 그러나 신자유주의 개혁은 이런 조합주의적 모델을 포기하고, 개인의 시민권, 책임에 근거한 제도화된 모델을 대신 제시한다. 이런 개혁은 종종 농촌의 원주민과 원주민 사회의 존립에 필수적인 물질적 도움을 중단하는 것을 포함한다. 멕시코의 경우에는 국가가 농민들을 대상으로 실시했던 신용대출과 지원을 중단했을 뿐만 아니라, 헌법 27조를 개정하여 집합적인 자산의 소유제도를 약화시켰다(Postero and Zamosc, 2004: 21). 이런 상황에서 원주민들의 신사회운동은 새로운 사회변화를 요구하는 중요한 역할을 담당하게 되었다. 그동안 사회에서도 소외되고 별다른 관심을 받지 못했던 원주민들이 짧은 기간에 효과적인 조직적 활동을 펼칠 수 있었던 것은, 원주민 사회의 구성원리가 집합적이어서 개인이 아닌 마을 전체가 공동으로 참여할 수 있기 때문이었다(Lucero, 2006: 34). 이런 조직의 형태는 합의된 행동을 실천에 옮길 경우에는 강력한 힘을 발휘할 수 있다. 물론 정치적인 영역에서는 핵심적인 지도자의 역할이 중요한데, 다양한 성격을 지닌 원주민 사회의 경우에는 대표성을 명확하게 파악하기 곤란한 부분도 발생할 수 있다. 최근의 움직임을 보면, 볼리비아, 아르헨티나, 브라질, 에콰도르에서는 사회운동이 정체되어 있거나 쇠퇴하고 있지만, 새로운 형태의 자치운동이 다른 국가에서 일어나고 있다. 멕시코에서는 농촌의 게릴라들의 영향과 활동이 급격히 줄어들었다. 그러나 원주민들의 신사회운동은 도시의 노조운동과 지역운동에 상당한 영향을 미치고 있다(Petras, 2008: 508). 이런 맥락에서 원주민 운동은 장기적으로 새로운 모습을 보이며 변화할 것이다.

라틴아메리카의 원주민들은 처음에는 자신들의 열등한 정치적 지위와 함께 열악한 경제적 조건을 극복하려는 목적으로 사회운동을 시작했다. 그러나 점차로 원주민과 원주민 사회의 문제를 해결하기 위해서 원주민 정체성이 원주민 운동의 중심에 자리 잡아야 한다고 판단했다. 그렇지만 이렇게 원주민 정체성에 대한 기본적인 인식과 행위는 원주민 사회들 사이에서 유사하지만, 이것을 구체적으로 이해하고 정치적으로 활용하는 방식은 국가나 지역마다 다양하다. 원주민 운동은 자치의 권리, 그리고 영토와 자원의 주권에 대한 권리를 강조한다. 이런 주장은 3가지 원칙에 기반을 두고 있다. 먼저 원주민들은 자신들이 식민시대 이전부터 역사적으로 영토와 자원을 실질적으로 소유하고 이용해 왔으며, 종족적으로도 원주민들의 혈통을 이어 오고 있다고 주장한다. 둘째로 전통적으로 특정한 원주민 집단에 의해 점유되어 왔던 자연환경을 국가가 임의로 관여해서 변경할 수 없다는 것이다. 마지막으로 원주민들이 거주하는 지역의 자원과 토지를 자신들의 동의 없이 상업적으로 이용해서는 안 된다는 것이다. 이렇게 원주민들이 자신들이 사는 지역에 관련된 권리를 주장할 근거가 충분하지만, 원주민과 원주민 집단의 사회적·공간적 정의에 대한 문제가 남아 있다. 즉 많은 경우에 원주민들도 정치경제적 필요성에 의해 거주지를 옮겼기 때문이다. 또한 도시에 사는 원주민들을 원주민으로 인정하고 이들의 지역적 요구를 원주민 운동에 반영하는 것도 새로운 과제이다. 예를 들면, 원주민 운동의 활성화로 과거에는 원주민이라고 생각하지 않고 도시에 거주했던 사람들이 원주민 의식을 개발시키는 경우가 많아졌는데, 이렇게 되면 원주민 운동은 도시에 사는 원주민들의 생활에도 관심을 가져야 할 것이다.

원주민 운동은 계급과 종족에 기반을 둔 불합리한 위계구조와 원주민의 권리를 전혀 인정하지 않으면서 단일문화를 강조하는 국가정체성에 이의를 제기하면서 자신들의 입지를 구축하였다. 원주민 운동의 주요한 업적 중의 하나는 원주민 정체성의 법률적·상징적·물질적 의미를 변화시켰다는 것이다. 정체성의 정치는 현대사회에서 많은 변화를 유도하였다. 실제로 원주민 운동이 활발하게 전개되고 원주민과 비원주민들이 함께 운동에 참여하면서, 원주민이 아닌 많은 사람들이 종족적으로 자신들을 원주민이라고 분류하고, 스스로 원주민 정체성을 찾아나간다. 이런 방식으로 주관적 인지를 중심으로 종족성을 구분하는 사회에서는 원주민 인구가 증가하는 결과를 초래한다. 다시 말해 오늘날 원주민의 수가 증가하는 것은 단순히 출산율이나 사망률, 그리고 이주의 결과로 인구변화가 일어나는 것이 아니라, 정체성의 정치로 많은 사람들이 자신들을 원주민이라고 재정의하기 때문이다(Perz et al, 2008: 8). 이런 사실을 고려하면, 원주민 운동이 활성화되면 원주민 인구는 미래에 더욱 증가할 가능성도 있다(Perz et al, 2008: 28). 또 원주민 운동으로 인해서 원주민들이 많아진다면, 원주민들이 사회적으로 소외되는 것을 어느 정도 완화시키거나 극복할 수 있다(Perz et al, 2008: 10). 물론 앞에서 논의한 것처럼 원주민들의 신사회운동에도 불구하고 원주민 사회의 경제적 형편이 크게 개선되지 않은 것에 실망한 일부의 원주민들이 경제적 기회를 찾아서 외부사회로 이주하기 때문에, 원주민 수가 급격하게 늘어나는 것에는 분명히 한계가 있다. 그렇지만 이런 사회적 분위기가 조성된다는 것은 원주민 문제에 대한 국가적 관심을 증대시키는 부수적인 효과를 가져올 수 있다.

원주민 운동과 관련해서 가장 중요한 요소 중의 하나는 종족성과 계급의 문제를 어떻게 이해하고 정책에 반영하느냐 하는 것이다. 역사적으로 원주민의 입장에서 보면, 원주민이 다수인 지역에서는 사회계급과 종족성이 일치하는 '종족계급'(ethno class)의 형태를 띠고 있다. 즉 원주민이면서 농민인 사람들이 대부분인데, 이것은 국가의 정책이나 지원이 농민들을 중심으로 이루어지면서, 가난한 원주민들이 정부에 의해 농민으로 인식되거나 분류되었고, 상당수의 농민들도 이런 분류를 스스로 따랐기 때문이다 (Postero and Zamosc, 2004: 12). 실질적으로 멕시코나 에콰도르, 볼리비아의 원주민 운동도 세 나라 모두 농촌 지역의 경제적 문제가 극심해지면서 원주민 운동이 확산되었다. 이들 국가의 원주민들이 처음에 내세운 요구사항은 대부분이 가난한 농민들의 입장에서 경제적 조건을 개선하고 경제구조를 자신들에게 유리하도록 개편하라는 것이다. 즉 토지분배와 더불어 농촌의 빈부격차를 감소시키고, 일자리를 만드는 등 경제적 기회를 확대시켜 달라는 것이다. 이런 상태에서는 농민들이나 사회에서 불이익을 받는 다른 집단들과는 어렵지 않게 연대를 형성하여 사회운동에 참여할 수 있었다. 그러나 점차로 사회운동이 본궤도에 오르면서 원주민 사회의 역사적 전통과 관습을 주요한 의제로 제시하게 되었고, 자연히 자신들의 문화적 이념과 가치관을 포함하는 자치를 원하게 되었다. 특히 저지대의 원주민들은 자치가 중심적인 목표이다. 결국 원주민들은 자신들의 관습에 의거해서 자신들의 영토에서 살 권리를 요구한다(Postero and Zamosc, 2004: 16). 이렇게 되면 단순한 경제적 수준의 향상에 초점을 맞추는 농민들과 정치적 자치와 문화유산의 보존도 함께 원하는 원주민들 사이에는 분명한 괴리감이 발생하게 되었다.

우리의 입장에서 보면, 라틴아메리카 원주민들의 신사회운동은 현대사회의 사회운동을 새롭게 인식하게 만들어 한국사회에도 신선한 충격을 주었다. 정보화 시대를 맞이하여 원주민들의 문제가 세계의 언론이나 인터넷 등에 등장하면서, 다른 나라의 사회문제에도 관심을 가질 수밖에 없게 되었다. 한국에는 라틴아메리카 원주민 같이 역사적으로 의미 있는 종족집단도 없고 종족 간의 갈등도 존재하지 않지만, 세계화 시대에 다른 국가나 대륙에서 발생하는 사회적 갈등의 원인이 무엇이고 해결책은 무엇인지를 생각해 보는 계기를 마련해 주었다. 또 사회운동 조직 사이에 국제적 연대가 활성화되면서 다른 나라의 사회운동이 어떻게 이루어지고 있는지를 알아야, 우리의 사회운동과 관련된 문제도 보다 분명하게 알 수 있다. 그동안 우리는 국내의 현실에만 치중하여 계급과 같이 매우 좁은 의미에서 사회운동을 분석하고 이해하는 경향이 있었는데, 라틴아메리카의 신사회운동은 국제적으로 발생하는 사회운동의 다양성과 복합성을 새롭게 인식시켜 주었다.

한편 라틴아메리카 신사회운동의 사례를 통해 그동안 우리와는 지리적 거리가 멀어서 관심이 없거나, 알 기회가 적었던 지역의 현황과 문제를 새롭게 알아내게 되었다. 특히 그동안 원주민들의 신사회운동을 통해 현대사회에서 그다지 중요하지 않다고 생각되었던 원주민들의 전통이나 관습이 현대사회의 문제를 해결하는 데에 유익하게 작용할 수도 있다는 것을 파악할 수 있다. 또 사회적 여건이나 필요에 따라 과거의 문화적 경험을 새롭게 재해석하여 활용할 수 있다는 것도 알 수 있다. 즉 이미 지나간 시대의 제도나 관행이라고 하더라도 무조건 무시하거나 소홀히 할 것이 아니라, 현대사회의 맥락에서 다시 한 번 꼼꼼히 검토하고 적용해 보는 것도 좋은 결과를 초래할 수 있다는 것을 알 수 있다. 이런 의미에서 라틴아메리카 원주민들의 움직임은 우리의 과거 전통을 다시 되돌아볼 수 있게 한다.

라틴아메리카 원주민들의 신사회운동이 신자유주의의 확산과 이에 따른 서구사회 중심의 정책을 추진하면서 발생하고 발전했다는 점에서, 신자유주의의 피해와 문제, 대처방안에 대해 재고해 보는 기회가 만들어지기도 했다. 특히 신자유주의가 원주민 등 사회에서 가장 열악한 위치에 있고 가난한 사람들에게 어떤 고통을 가져다주는지를 잘 보여준다. 따라서 신자유주의의 영향과 결과에 대한 우리의 이해의 폭을 확장시켜 주었다. 더욱이 원주민 운동의 정치화 과정에서 원주민들이 어떤 문제를 해결해 줄 것을 정부에 요구했는지를 상세히 파악해 보면, 신자유주의 정책의 한계와 문제가 보다 뚜렷하게 드러난다. 여기서 주목해 볼 것은 국가가 경제적 이익을 창출하기 위해 개발정책을 추진하는 과정에서, 국가의 개발 담론이 원주민 사회의 이념이나 가치관과 충돌하는 원인과 과정을 잘 볼 수 있다는 사실이다.

마지막으로 원주민들의 신사회운동이 중요한 것은 이들이 자신들이 살고 있거나 통제하는 영역에 매장되어 있는 자연자원의 개발을 부정적으로 혹은 바람직하지 않다고 인식하고 있다는 것이다. 앞에서도 언급했듯이 라틴아메리카에는 많은 자원이 원주민 거주지역에 매장되어 있다. 그러나 원주민들은 자신들의 허락 없이 다국적 기업에 의해 자원이 개발되는 것을 원하지 않는다. 자원이 부족한 한국의 입장에서는 경제발전을 위해 해외의 자원을 적극적으로 개발하고 투자할 필요가 있다. 그러나 라틴아메리카에서는 이런 우리의 노력이나 관심이 뜻하지 않은 원주민들과의 갈등을 유발시킬 수 있다는 것을 알 수 있다. 따라서 라틴아메리카에서 자연자원을 개발하기 위해서는 원주민 사회와 어떤 문제가 발생할 수 있는지를 사전에 충분히 검토해야 한다. 비록 근래에 원주민 운동이 약간 정체되면서 원주민들의 활동이 과거보다는 약화되었지만, 원주민들은 자원을 둘러싼 문제에 관해서는 여전히 혹은 과거보다 더 강경하게 대처하고 있다. 원주민들도 정부나 다국적 기업과 충돌이 발생할 경우에 과거와 같이 소극적인 이의제기에 그치는 것이 아니라, 이제는 국제기구나 국내외의 여론의 도움을 얻어 효과적인 방법으로 대응하고 있다. 자원의 확보가 시급한 우리로서는 이 지역에 대한 투자나 개발을 시도할 때 보다 세심한 주의와 관심이 필요하다고 말할 수 있다.

참고문헌

주종택

1996, 「멕시코 종족문제의 역사적 배경과 오늘날의 상황」, 『지역연구』 5(2): 69-92.

1997, 「불명확한 메스티소 정체의식: 멕시코 농촌지역의 종족성의 정치경제」, 『한국문화인류학』 30(1): 53-80.

1998, 「멕시코 농촌지역의 정치적 참여: 정치행위와 정치문화」, 『라틴아메리카연구』 11(1): 39-84.

2000, 「라틴아메리카의 사회경제적 변화와 종교: 천주교와 개신교의 관계」, 『한국문화인류학』 33(2): 331-360.

2002, 「멕시코 원주민 정체성의 특징과 문화적 의미」, 『한국문화인류학』 35(1): 201-226.

2004, 「멕시코의 사회변화와 개신교의 발전」, 『라틴아메리카 연구』 17(1): 5-48.

2005, 「멕시코의 원주민 정책과 종족성: 메스티소와 원주민의 관계」, 『라틴아메리카연구』 18(4): 237-270.

Adams, Richard N.

1967, "Nationalization", in Social Anthropology, Handbook of Middle American Indians V.6, Robert Wauchope(ed.)pp.469-489, Austin: University of Texas Press.

Aguirre Beltrán, Gonzalo

1976, Obra polémica, Mexico City: Secretaría de Educación Pública e Instituto Nacional de Antropología e Historia.

Anderson, Benedict

1983, Imagined Communities: Reflections on the Origin and Spread of Nationalism, London: Verso.

1988, "Afterwords", in Ethnicities and Nations: Processes of Interethnic Relations in Latin America, Southeast Asia and the Pacific, Remo Guidieri, Francesco Pellizzi, and Stanley Jeyaraja Tambiah(eds.), pp.402-406, Austin University of Texas Press.

Albro, Robert

2006, "The Culture of Democracy and Bolivia's Indigenous Movements", Critique of Anthropology 26(4): 387-410.

2010, "Confounding Cultural Citizenship and Constitutional Reform in Bolivia", Latin American Perspectives 37(3): 71-90.

Allen, Andrea M. and Robert K. Hitchcock

2008, "Dos Gatazos: Indigenous Organization and Political Strategy in Two Andean Communities", Urban Anthropology 37(3/4): 251-282.

Anaya Muñoz, Alejandro

2004, "Explaining the Politics of Recognition of Ethnic Diversity and Indigenous Peoples' Rights in Oaxaca, Mexico", Bulletin of Latin American Research 23(4): 414-433.

Andrews, Abigail

2011, "How Activists 'Take Zapatismo Home': South-to-North Dynamics in Transnational Social Movements", Latin American Perspectives 38(1): 138-152.

Argueta, Arturo

1993, "La naturaleza del México profundo", in Antropología breve de México, Lourdes Arizpe(ed.), pp.215-244, México: Academia de la Investigación Científica.

Banks, Marcus

1966, Ethnicity: Anthropological Constructions, London: Routledge.

Barabas, Alicia M.

1986, "Rebeliones e Insurrecciones Indígenas en Oaxaca: La Trayectoria Histórica de la Resistencia Etnica", in Etnicidad y Pluralismo Cultural: La Dinámica Etnica en Oaxaca, A. Barabas and M. Bartolomé(eds), pp.213-256, México: Instituto Nacional de Antropología e Historia.

Bauer, Daniel Eric

2010, "Re-articulating Identity: the Shifting Landscape of Indigenous Politics and

Power on the Ecuadorian Coast", Bulletin of Latin American Research 29(2): 170-186.

Bebbington, Denise Humphreys and Anthony Bebbington

2010, "Anatomy of a Regional Conflict: Tarija and Resource Grievances in Morales's Bolivia", Latin American Perspectives 37(4): 140-160.

Becker, Marc

2011, "Correa, Indigenous Movements, and the Writing of a New Constitution in Ecuador", Latin American Perspectives 38(1): 47-62.

Bourgois, Philippe

1988, "Conjugated Oppression: Class and Ethnicity Among Guaymi and Kuna Banana Workers,"American Ethnologist 15(2): 328-348.

Bourne, Richard

2011, "Bolivia's Man of the Moment", NACLA: Report on the Americas 44(3): 42-44.

Bowen, James D.

2011, "Multicultural Market Democracy: Elites and Indigenous Movements in Contemporary Ecuador", Journal of Latin American Studies 43(3): 451-483.

Brass, Tom

2005, "Neoliberalism and the Rise of (Peasant) Nations within the Nation: Chiapas in Comparative and Theoretical Perspective", The Journal of Peasant Studies 32(3/4): 651-691.

Brysk, Alison

1994, "Acting Globally: Indian Rights and International Politics in Latin America" in Indigenous Peoples and Democracy in Latin America, Donna Lee Van Cott(ed.), N.Y.: St. Martin's. pp.29-51.

1996, "Turning Weakness into Strength: The Internationalization of Indian Rights", Latin American Perspectives 23(2): 38-57.

Burron, Neil

2012, "Unpacking U.S. Democracy Promotion in Bolivia; From Soft Tactics to Regime Change", Latin American Perspectives 39(1): 115-132.

C. de Grammont, Hubert and Horacio Mackinlay

2009, "Campesino and Indigenous Social Organizations Facing Democratic Transition in Mexico, 1938-2006", Latin American Perspectives 36(4): 21-40.

Cameron, John D.

2009, "Hacía la Alcaldía: The Municipalization of Peasant Politics in the Andes", Latin American Perspectives 36(4): 64-82.

Canessa, Andrew

2007, "Who is Indigenous?: Self-Identification, Indigeneity, and Claims to Justice in Contemporary Bolivia", Urban Anthropology 36(3): 195-238.

Chance, John K.

1978, Race and Class in Colonial Oaxaca, Stanford: Stanford University Press.

Cockcroft, James D.

1983, Mexico: Class Formation, Capital Accumulation, and the State, N.Y.: Monthly Review Press.

Collier, George A. and Jane F. Collier

2005, "The Zapatista Rebellion in the Context of Globalization", The Journal of Peasant Studies 32(3/4): 450-460.

Cornell, Stephen

1996, "The Variable Ties That Bind: Content and Circumstance in Ethnic Process", Ethnic and Racial Studies 19(2): 265-289.

Cornell, Stephen and Douglas Hartmann

1998, Ethnicity and Race: Making Identities in a Changing World, Thousand Oaks, CA: Pine Forge.

De la Peña, Guillermo

2005, "Social and Cultural Policies Toward Indigenous Peoples: Perspectives from Latin America", Annual Review of Anthropology 34: 717-739.

De la Torre, Carlos

2011, "Corporatism, Charisma, and Chaos: Ecuador's Police Rebellion in Context", NACLA: Report on the Americas 44(1): 25-32.

Díaz Polanco, Héctor

1997, Indigenous Peoples in Latin America: The Quest for Self-Determination, Boulder, CO: Westview.

Dietz, Gunther

2004, "From Indigenismo to Zapatismo: The Struggle for a Multi-ethnic Mexican Society", in The Struggle for Indigenous Rights in Latin America, Nancy Grey Postero and Leon Zamosc(eds.), pp.32-80, Brighton: Sussex Academic Press.

Doremus, Anne

2001, "Indigenism, Mestizaje, and National Identity in Mexico during the 1940s and the 1950s", Mexican Studies/Estudios Mexicanos 17(2): 375-402.

Dosh, Paul and Nicole Kligerman

2009, "Correa vs. Social Movements: Showdown in Ecuador", NACLA: Report on the Americas 42(5): 21-24.

2010, "Women's Voices on the Executive Council: Popular Organizations and Resource Battles in Bolivia and Ecuador", Latin American Perspectives 37(4): 214-237.

Eisenstadt, Todd A.

2006, "Indigenous Attitudes and Ethnic Identity Construction in Mexico", Mexican Studies/Estudios Mexicanos 22(1): 107-129.

Eller, Jack David and Reed M. Coughlan

1993, "The Poverty of Primordialism: the Demystification of Ethnic Attachments", Ethnic and Racial Studies 16(2): 183-202.

Ellner, Steve

2012, "The Distinguishing Features of Latin America's New Left in Power: The Chávez, Morales, and Correa Governments", Latin American Perspectives 39(1): 96-114.

Enloe, Cynthia H.

1986, Ethnic Conflict and Political Development, Lanham, MD.: University Press of America.

Eriksen, Thomas Hylland

1993a, Ethnicity and Nationalism: Anthropological Perspectives, Boulder, CO: Pluto.

1993b, "What is Ethnicity?" in Ethnicity and Nationalism: Anthropological Perspectives, Eriksen, Thomas Hylland(ed.), pp.1-17, Pluto: London.

Estrada Saavedra, Marco

2005, "The 'Armed Community in Rebellion': Neo-Zapatismo in the Tojolab'al Cañ adas, Chiapas(1988-96)", The Journal of Peasant Studies 32(3/4): 528-554.

Fabricant, Nicole

2011a, "A Realigned Bolivian Right: New 'Democratic' Destabilizations", NACLA: Report on the Americas 44(1): 30-31.

2011b, "Defending Democracy?: Human Rights Discourse in Santa Cruz, Bolivia", NACLA: Report on the Americas 44(5): 23-28.

Farriss, Nancy M.

1993, "Persistent Maya Resistance and Cultural Retention in Yucatán" in The Indian in Latin American History, John E. Kicza(ed.), pp.51-49,

Wilmington, DE: Scholarly Resources.

Friedlander, Judith

1975, Being Indian in Hueyapan: A Study of Forced Identity in Contemporary Mexico, N.Y.: St. Martin's.

García de León, Antonio

2005, "From Revolution to Transition: The Chiapas Rebellion and the Path to Democracy in Mexico", The Journal of Peasant Studies 32(3/4): 508-527.

Garrard-Burnett, Virginia

2000, "Indians Are Drunks and Drunks Are Indians: Alcohol and Indigenismo in Guatemala, 1890-1940", Bulletin of Latin American Research 19(3): 341-356.

Gonzalez, Mary Lisbeth

1994, "How Many Indigenous Peoples?", in Indigenous Peoples and Poverty in Latin America, George Psacharopoulos and Harry Anthony Patrinos(eds.), pp.21-39, Washington: The World Bank.

Greene, Shane

2005, "Incas, Indios a d Indigenism in Peru", NACLA: Report on the Americas 38(4): 34-39.

Grisaffi, Thomas

2010 "We Are Originarios······ 'We Just Aren't from Here': Coca Leaf and Identity Politics in the Chapare, Bolivia", Bulletin of Latin American Research 29(4): 425-439.

Gustafson, Bret

2002, "Paradoxes of Liberal Indigenism: Indigenous Movements, State Processes, and Intercultural Reform in Bolivia", in Politics of Ethnicity: Indigenous Peoples in Latin American States, David Maybury-Lewis(ed.), pp.267-306, Cambridge, MA: Harvard University Press.

Hagendoorn, Louk

1993, "Ethnic Categorization and Outgroup Exclusion: Cultural Values and Social Stereotypes in the Construction of Ethnic Hierarchies", Ethnic and Racial Studies, 16(1): 26-51.

Hale, Charles R,

1994, "Between Che Guevara and the Pachamama: Mestizos, Indians, and Identity Politics in the Anti-Quincentenary Campaign", Critique of Anthropology 14(1): 9-39.

1997, "Cultural Politics of Identity in Latin America", Annual Review of Anthropology 26: 567-590.

2004, "Rethinking Indigenous Politics in the Era of the 'Indio Permitido'", NACLA: Report on the Americas 38(2): 16-21.

Harris, Marvin

1964, Patterns of Race in the Americas, N.Y.: Walker and Company.

Harvey, Neil

1998, The Chiapas Rebellion: The Struggle for Land and Democracy, Durham: Duke University Press.

Healey, Susan

2009, "Ethno-Ecological Identity and the Restructuring of Political Power in Bolivia", Latin American Perspectives 36(4): 83-100.

Hellman, Judith Adler

1995, "The Riddle of New Social Movements: Who They Are and What They Do", in Capital, Power, and Inequality in Latin America, Sandor Halebsky and Richard L Harris(eds.), pp.165-183, Boulder, CO: Westview.

Hernández Castillo, Rosalva Aída

2006, "The Indigenous Movement in Mexico: Between Electoral Politics and Local Resistance", Latin American Perspectives 33(2): 115-131.

Hernández-Díaz, Jorge

1993, "Etnicidad y Nacionalismo en México: Una Interpretación", in Etnicidad, Nacionalismo y Poder, J. Hernández Díaz, L. J. Parra Mora, and M. Matus Manzo(eds), pp.7-64, Oaxaca, México: Universidad Autónoma "Benito Juárez" de Oaxaca.

Hewitt de Alcántara, Cynthia

1984, Anthropological Perspectives on Rural Mexico, London: Routledge & Kegan Paul.

Horton, Lynn

2006, "Contesting State Multiculturalisms: Indigenous Land Struggles in Eastern Panama", Journal of Latin American Studies 38(4): 829-858.

Howard, Rosaleen

2010, "Language, Signs, and the Performance of Power: The Discursive Struggle over Decolonization in the Bolivia of Evo Morales", Latin American Perspectives 37(3): 176-194.

Hu-DeHart, Evelyn

1993, "Yaqui Resistance to Mexican Expansion" in The Indian in Latin American History, John E. Kicza(ed.), pp.141-169, Wilmington, DE: Scholarly Resources.

Hylton, Forrest

2011, "Old Wine, New Bottles: In Search of Dialectics", Dialectical Anthropology 35(3): 243-247.

Israel, J. I.

1975, Race, Class, and Politics in Colonial Mexico, 1610-1670, N.Y.: Oxford University Press.

Jackson, Jean

2005, "Indigenous Peoples and Indigenous Movements in Latin America and the World", Reviews in Anthropology 34(2): 157-176.

Jackson, Jean E. and Kay B. Warren

2005, "Indigenous Movements in Latin America, 1992-2004: Controversies, Ironies, New Directions", Annual Review of Anthropology 34: 549-573.

Jameson, Kenneth P.

2011, "The Indigenous Movement in Ecuador: The Struggle for a Plurinational State", Latin American Perspectives 38(1): 63-73.

Jenkins, Richard

1996, "Ethnicity Etcetera: Social Anthropological Points of View", Ethnic and Racial Studies 19(4): 807-822.

Joo, Jong-Taick

1995, "Corn-Buying Peasants: The Capitalist Development of Forestry Production and Its Impact on the Diversity of Local Economy in Oaxaca, Mexico", Ph.D. dissertation, University of Connecticut.

Kaup, Brent Z.

2010, "A Neoliberal Nationalization?: The Constraints on Natural-Gas-Led Development in Bolivia", Latin American Perspectives 37(3): 123-158.

Kearney, Michael and Stefano Varese

1995, "Latin America's Indigenous Peoples: Changing Identities and Forms of Resistance", in Capital, Power, and Inequality in Latin America, Sandor Halebsky and Richard L Harris(eds.), pp.207-231, Boulder, CO: Westview.

1996, "Introduction" Latin American Perspectives 23(2): 5-16.

Knight, Alan

1990, "Racism, Revolution, and Indigenismo: Mexico, 1910-1940", in The Idea of

Race in Latin America, 1870-1940, R. Graham(ed), pp.71-113, Austin: University of Texas Press.

Kohl, Benjamin

2010, "Bolivia under Morales: A Work in Progress", Latin American Perspectives 37(3): 107-122.

Kohl, Benjamin and Rosalind Bresnahan

2010a, "Introduction, Bolivia under Morales: Consolidating Power, Initiating Decolonization", Latin American Perspectives 37(3): 5-17.

2010b, "Introduction, Bolivia under Morales: National Agenda, Regional Challenges, and the Struggle for Hegemony", Latin American Perspectives 37(4): 5-20.

Korovkin, Tanya

1997, "Indigenous Peasant Struggles and the Capitalist Modernization of Agriculture: Chimborazo, 1964-1991" Latin American Perspectives 24(3): 25-49.

Lalander, Rickard

2010, "Between Interculturalism and Ethnocentrism: Local Government and the Indigenous Movement in Otavalo-Ecuador", Bulletin of Latin American Research 29(4): 505-521.

Langer, Erick D.

2003, "Introduction", in Contemporary Indigenous Movements in Latin America, Erick D. Langer(ed), pp.xi-xxix, Wilmington, DE: Scholarly Resources.

Lerager, James

2010, "Taking the High Road: On the Campaign Trail with Evo Morales", Latin American Perspectives 37(4): 21-29.

Levi, Jerome M.

2002, "A New Dawn or a Cycle Restored? Regional Dynamics and Cultural Politics in Indigenous Mexico, 1978-2001" in The Politics of Ethnicity: Indigenous Peoples in Latin American States, David Maybury-Lewis(ed.), pp.3-49, Cambridge, MA: Harvard University Press.

Leyva Solano, Xochitl

2005, "Indigenismo, Indianismo and 'Ethnic Citizenship' in Chiapas", The Journal of Peasant Studies 32(3/4): 555-583.

Liss, Peggy K.

1975, Mexico Under Spain: 1521-1566, Chicago: University of Chicago Press.

Lockhart, James

1976, "Capital and Province, Spaniard and Indian: The Example of Late Sixteenth-Century Toluca", in Provinces of Early Mexico, Altman, Ida and James Lockhart(eds), Los Angeles: University of California Press.

1984, "Social Organization and Social Change in Colonial Spanish America", in The Cambridge History of Latin America, V. Ⅱ, Leslie Bethell(ed.) pp.265-319, Cambridge: Cambridge University Press.

Lucero, José Antonio

2006, "Representing 'Real Indians': The Challenges of Indigenous Authenticity and Strategic Constructivism in Ecuador and Bolivia", Latin American Research Review 41(2): 31-56.

Macdonald, Theodore, Jr.

2002, "Ecuador's Indian Movement: Pawn in a Short Game or Agent in State Reconfiguration?", in Politics of Ethnicity: Indigenous Peoples in Latin American States, David Maybury-Lewis(ed.), pp.169-198, Cambridge, MA: Harvard University Press.

Marino Flores, Anselmo

1967, "Indian Population and Its Identification", in Social Anthropology, Handbook of Middle American Indians V.6, Robert Wauchope(ed.) pp.12-25, Austin: University of Texas Press.

Martí i Puig, Salvador

2010, "The Emergence of Indigenous Movements in Latin America and Their Impact on Latin American Political Scene: Interpretive Tools at the Local and Global Levels", Latin American Perspectives 37(6): 74-92.

Mattiace, Shannan L.

2003, To See with Two Eyes: Peasant Activism and Indian Autonomy in Chiapas, Mexico, Albuquerque: University of New Mexico Press.

2005, "Representation and Rights: Recent Scholarship on Social Movements in Latin America", Latin American Research Review 40(1): 237-250.

McGee, R. Jon

1990, Life, Ritual, and Religion among the Lacandon Maya, Belmont, CA: Wadsworth.

Mora, Mariana

2007, "Zapatista, Anticapitalist Politics and the 'Other Campaign': Learning from the Struggle for Indigenous Rights and Autonomy", Latin American

Perspectives 34(2): 64-77.

Moksnes, Heidi

2005, "Suffering for Justice in Chiapas: Religion and the Globalization of Ethnic Identity", The Journal of Peasant Studies 32(3/4): 584-607.

Nagengast, Carole and Michael Kearney

1990, "Mixtec Ethnicity: Social Identity, Political Consciousness, and Political Activism", Latin American Research Review 25(2): 61-91.

Nash, Manning

1989, The Cauldron of Ethnicity in the Modern World, Chicago: University of Chicago Press.

Nelson, Diane M.

2005, "Chiapas: Ombligo del Mundo/Navel of the Neoliberal Militarized World", Reviews in Anthropology 34(3): 271-293.

Nutini, Hugo G.

1997, "Class and Ethnicity in Mexico: Somatic and Racial Considerations", Ethnology 36(3): 227-238.

O'Connor, Erin

2003, "Indians and National Salvation: Placing Ecuador's Indigenous Coup of January 2000, in Historical Perspective", in Contemporary Indigenous Movements in Latin America, Erick D. Langer(ed), pp.65-80, Wilmington, DE: Scholarly Resources.

Olivera, Mercedes

2005, "Subordination and Rebellion: Indigenous Peasant Women in Chiapas Ten Years after the Zapatista Uprising", The Journal of Peasant Studies 32(3/4): 608-628.

Oviedo Obarrio, Fernando

2010, "Evo Morales and the Altiplano: Notes for an Electoral Geography of the Movimiento al Socialismo, 2002-2008", Latin American Perspectives 37(3): 91-106.

Padden, Robert Charles

1993, "Cultural Adaptation and Militant Autonomy among the Araucanians of Chile" in The Indian in Latin American History, John E. Kicza(ed.), pp.69-88, Wilmington, DE: Scholarly Resources.

Pape, I. S. R.

2009, "Indigenous Movements and the Andean Dynamics of Ethnicity and Class:

Organization, Representation, and Political Practice in the Bolivian Highlands", Latin American Perspectives 36(4): 101-125.

Parra Mora, Léon Javier y Jorge Herández Díaz
1994, Violencia y cambio social en la región Triqui, Oaxaca, México: Universidad Autónoma "Benito Juárez" de Oaxaca.

Patterson, Thomas C.
1993, "The Inca Empire and its Subject Peoples" in The Indian in Latin American History, John E. Kicza(ed.), pp.1-20, Wilmington, DE: Scholarly Resources.

Paz, Octavio
1985, The Labyrinth of Solitude, N.Y.: Grove Weidenfeld.

Perz, Stephen G., Jonathan Warren and David P. Kennedy
2008, "Contributions of Racial-Ethnic Reclassification and Demographic Processes to Indigenous Population Resurgence: The Case of Brazil", Latin American Research Review 43(2): 7-33.

Petras, James
2008, "Social Movements and Alliance-Building in Latin America", The Journal of Peasant Studies 35(3): 476-528.

Postero, Nancy Grey
2004, "Articulation and Fragmentation: Indigenous Politics in Bolivia", in The Struggle for Indigenous Rights in Latin America, Nancy Grey Postero and Leon Zamosc(eds.), pp. 189-216, Brighton: Sussex Academic.
2010, "Morales's MAS Government: Building Indigenous Popular Hegemony in Bolivia", Latin American Perspectives 37(3): 18-34.

Postero, Nancy Grey and Leon Zamosc
2004, "Indigenous Movements and the Indian Question in Latin America", in The Struggle for Indigenous Rights in Latin America, Nancy Grey Postero and Leon Zamosc(eds.), pp.1-31, Brighton: Sussex Academic.

Poynton, Peter
1997, "Mexico, Indigenous Uprisings: Never More a Mexico without Us" Race & Class 39(2): 65-73.

Psacharopoulos, George and Harry Anthony Patrinos
1994, Indigenous People and Poverty in Latin America: An Empirical Analysis, Washington D.C.: The World Bank.

Purnell, Jennie
2002, "Citizens and Sons of the Pueblo: National and Local Identities in the

Making of the Mexican Nation", Ethnic and Racial Studies 25(2): 213-237.

Rahier, Jean Muteba

2004, "The Study of Latin American 'Racial Formations': Different Approaches and Different Contexts", Latin American Research Review 39(3): 282-293.

Rees, Martha Woodson

1996, "Ethnicity and Community in Oaxaca: Nursery, Hospital, and Retirement Home", Reviews in Anthropology 25(2): 107-123.

Regalsky, Pablo

2010, "Political Processes and the Reconfiguration of the State in Bolivia", Latin American Perspectives 37(3): 35-50.

Riding, Alan

1984, Distant Neighbors, N.Y.: Alfred A. Knopf.

Ross, John

2003, "The Zapatistas at Ten", NACLA: Report on the Americas 37(3): 11-15.

Rousseau, Stéphanie

2011, "Indigenous and Feminist Movements at the Constituent Assembly in Bolivia", Latin American Research Review 46(2): 5-28.

Rubin, Jeffrey W.

1994, "COCEI in Juchitán: Grassroots Radicalism and Regional History", Journal of Latin America Studies 26(1): 109-136.

Ruiz González, María Teresa

1990, "Los Zapotecos del Valle de Oaxaca", in Oaxaca: Textos de su Historia, M. Dalton(ed), pp. 52-56, Oaxaca, México: Instituto de Investigaciones, Gobierno del Estado de Oaxaca.

Safa, Helen Ⅰ.

2005, "Challenging Mestizaje: A Gender Perspective on Indigenous and Afrodescendent Movements in Latin America", Critique of Anthropology 25(3): 307-330.

Schryer, Frans J.

1993, "Ethnic Identity and Land Tenure Disputes in Modern Mexico", in The Indian in Latin American History: Resistance, Resilience and Acculturation, John E. Kicza(ed.), pp.197-214, Wilmington, DE: Scholarly Resources.

Shultz, Jim

2010, "'Evonomics' Gets a Second Term in Bolivia", NACLA: Report on the Americas 43(1): 4-5.

Scott, George M. Jr.

1990, "A Resynthesis of the Primordial and Circumstantial Approaches to Ethnic Group Solidarity: Towards an Explanatory Model", Ethnic and Racial Studies 13(2): 147-171.

Sieder, Rachel

2002, "Recognising Indigenous Law and the Politics of State Formation in Mesoamerica", in Multiculturalism in Latin America: Indigenous Rights, Diversity and Democracy, Rachel Sieder(ed.), pp.184-207, London: Palgrave Macmillan.

Spores, Ronald

1984, The Mixtecs: In Ancient and Colonial Times, Norman: University of Oklahoma Press.

1993, "Spanish Penetration and Cultural Change in Early Colonial Mexico", in The Indian in Latin America History: Resistance, Resilience and Acculturation, J. E. Kicza(ed), pp.89-108, Wilmington, DE: Scholarly Resources.

Stahler-Sholk, Richard

2007, "Resisting Neoliberal Homogenization: The Zapatista Autonomy Movement", Latin American Perspectives 34(2): 48-63.

Stahler-Sholk, Richard and Harry E. Venden

2011, "A Second Look at Latin American Social Movements: Globalizing Resistance to the Neoliberal Paradigm", Latin American Perspectives 38(1): 5-13.

Stahler-Sholk, Richard, Harry E. Vanden, and Glen David Kuecker

2007, "Introduction: Global Resistance", Latin American Perspectives 34(2): 5-16.

Stavenhagen, Rodolfo

1975, Social Classes in Agrarian Societies, Garden City: Anchor.

1997, "Indigenous Organizations: Rising Actors in Latin America", CEPAL REVIEW 62: 63-75.

Stein, Stanley J. and Barbara H. Stein

1970, The Colonial Heritage of Latin America, N.Y.: Oxford University Press.

Stephen, Lynn

1996, "The Creation and Re-Creation of Ethnicity: Lessons From the Zapotec and Mixtec of Oaxaca", Latin American Perspectives 23(2): 17~37.

Stern, Steve J.

1993, "Early Spanish-Indian Accommodation in the Andes", in The Indian in Latin American History, John E. Kicza(ed.), pp.21-49, Wilmington, DE: Scholarly

Resources.

Ströbele-Gregor, Juliana

1994, "From Indio to Mestizo······ to Indio: New Indianist Movements in Bolivia", Latin American Perspectives, 21(2): 106-123.

Swords, Alicia C. S.

2007, "Neo-Zapatista Network Politics: Transforming Democracy and Development", Latin American Perspectives 34(2): 78-93.

Taylor, William

1993, "Patterns and Variety in Mexican Village Uprisings", in The Indian in Latin America History: Resistance, Resilience and Acculturation, J. E. Kicza(ed), pp.109-140, Wilmington, DE: Scholarly Resources.

Tejera Gaona, Héctor

1993, "La comunidad indígena y campesina de México", in Antropología breve de México, Lourdes Arizpe(ed.), pp.189-214, México: Academia de la Investigasción Científica.

Teubal, Miguel

2009, "Agrarian Reform and Social Movements in the Age of Globalization: Latin America at the Dawn of the Twenty-first Century", Latin American Perspectives 36(4): 9-20.

Tiedje, Kristina

2002, "Gender and Ethnic Identity in Rural Grassroots Development: An Outlook from the Huasteca Potosina, Mexico", Urban Anthropology, 31(3/4): 261-316.

Tilley, Virginia

1997, "The Terms of the Debate: Untangling Language about Ethnicity and Ethnic Movements", Ethnic and Racial Studies 20(3): 497-522.

Trager, Lillian

1999, "Ethnicity and Identity in the Contemporary World", Reviews in Anthropology 28(2): 109-122.

Tresierra, Julio C.

1994, "Mexico: Indigenous Peoples and the Nation-State", in Indigenous Peoples and Democracy in Latin America, Donna Lee Van Cott, (ed.), N.Y.: St. Martin's. pp.187-210.

Valdez, Norberto

1998, Ethnicity, Class, and the Indigenous Struggle for Land in Guerrero, Mexico,

N.Y.: Garland.

Valdivia, Gabriela

2010, "Agrarian Capitalism and Struggles over Hegemony in the Bolivian Lowlands", Latin American Perspectives 37(4): 67-87.

Van Cott, Donna Lee

1994, "Indigenous Peoples and Democracy: Issues for Policymakers", in Indigenous Peoples and Democracy in Latin America, Donna Lee Van Cott(ed.), pp.1-27, N.Y.: St. Martin's.

Vanden, Harry E.

2007, "Social Movements, Hegemony, and New Forms of Resistance", Latin American Perspectives 34(2): 17-30.

Van der Haar, Gemma

2005, "Land Reform, the State, and the Zapatista Uprising in Chiapas", The Journal of Peasant Studies 32(3/4): 484-507.

Varese, Stefano

1996, "The Ethnopolitics of Indian Resistance in Latin America", Latin American Perspectives 23(2): 58-71.

Villafuerte Solís, Daniel

2005, "Rural Chiapas Ten Years after the Armed Uprising of 1994: An Economic Overview", The Journal of Peasant Studies 32(3/4): 461-483.

Vogt, Evon Z.

1990, The Zinacantecos of Mexico: A Modern Maya Way of Life, Orlando, FL: Holt, Rinehart & Winston.

Wade, Peter

1997, Race and Ethnicity in Latin America, London: Pluto.

2001, "Racial Identity and Nationalism: A Theoretical View from Latin America", Ethnic and Racial Studies 24(1): 845-865.

2005, "Rethinking Mestizaje: Ideology and Lived Experience", Journal of Latin American Studies 37(2): 239-257.

Wagley, Charles

1968, The Latin American Tradition, N.Y.: Columbia University Press.

Warren, Kay B. and Jean E. Jackson

2002, "Introduction: Studying Indigenous Activism in Latin America", in Indigenous Movements, Self-Representation, and the State in Latin America, Kay B. Warren and Jean E. Jackson(eds.), pp.1-46, Austin: University of

Texas Press.

Washbrook, Sarah

2005, "The Chiapas Uprising of 1994: Historical Antecedents and Political Conse-
quences", The Journal of Peasant Studies 32(3/4): 417-449.

Wasserstrom, Robert

1983, Class and Society in Central Chiapas, Berkeley: University of California
Press.

Webber, Jeffrey R.

2010, "Carlos Mesa, Evo Morales and a Divided Bolivia(2003-2005)", Latin
American Perspectives 37(3): 51-70.

2011, "A New Indigenous-Left in Ecuador?", NACLA: Report on the Americas
44(5): 9-13.

Wolf, Eric

1982, Europe and People without History, Berkeley: University of California Press
Wolf, Eric R. and Edward C. Hansen.

1972, The Human Condition in Latin America, London: Oxford University Press.
Yashar, Deborah J.

2005, Contesting Citizenship in Latin America: The Rise of Indigenous Movements
and the Postliberal Challenge, Cambridge: Cambridge University Press.

Zamosc, Leon

2004, "The Ecuadorian Indian Movement: From Politics of Influence to Politics of
Power", in The Struggle for Indigenous Rights in Latin America, Nancy
Grey Postero and Leon Zamosc(eds.), pp.131-157, Brighton: Sussex
Academic.

Zugman Dellacioppa, Kara

2011, "The Bridge Called Zapatismo: Transcultural and Transnational Activist
Networks in Los Angeles and Beyond", Latin American Perspectives 38(1):
120-137.

색인

주종택 ———

서울대학교 인류학 학사
미국 University of Texas at Austin 인류학 석사
미국 University of Connecticut 인류학 박사
미국 University of Connecticut 인류학과 강사
서울대학교 지역종합연구소 연구원
국립민속박물관 학예연구사
현) 순천향대학교 인문대학 국제문화학과 교수

라틴아메리카의
종족성과 신사회운동

초 판 인 쇄| 2012년 12월 31일
초 판 발 행| 2012년 12월 31일

지 은 이| 주종택
펴 낸 이| 채종준
펴 낸 곳| 한국학술정보㈜
주   소| 경기도 파주시 문발동 파주출판문화정보산업단지 513-5
전   화| 031) 908-3181(대표)
팩   스| 031) 908-3189
홈 페 이 지| http://ebook.kstudy.com
E - m a i l| 출판사업부 publish@kstudy.com
등   록| 제일산-115호(2000. 6. 19)

ISBN   978-89-268-4066-5 93330 (Paper Book)
           978-89-268-4067-2 95330 (e-Book)